陶晓龙

Tao XiaoLong

U0808095

作 者 简 介

陶晓龙，安徽人，中共党员，经济学博士，研究员，硕士生导师，现就职于国土资源部土地整理中心，兼任中国土地估价师协会常务副秘书长。1994年9月经国家教委选拔进入中国人民大学中美经济学国际交流中心（福特第十期），接受中美经济学教育交流委员会与美中经济学教学与研究委员会联合培养。2001年6月毕业于中国社会科学院研究生院经济系政治经济学专业宏观经济研究方向，获经济学博士学位。

长期从事宏观经济、土地经济和土地金融等研究工作。参著中国经济发展研究论丛第二辑《微调论》、中国当代中青年经济学家论著文库《新政府干预论》、《社会主义市场经济学》、中共中央党校《土地经济学教程》、《土地管理制度与政策》等。2001年以来，先后主持或参加了国土资源部《土地收购储备与建立政府土地基金研究》、《改革土地制度与防止重复建设》、《土地供应与GDP增长关系研究》等20多项重点课题研究工作。参加了《土地储备管理办法》、《关于加强土地储备与融资管理的通知》、《国务院关于促进节约集约用地的通知》、《国务院关于严格规范城乡建设用地增减挂钩试点 切实做好农村土地整治工作的通知》等文件起草工作。曾获中国能源化学工会全国委员会“优秀科技工作者”称号。

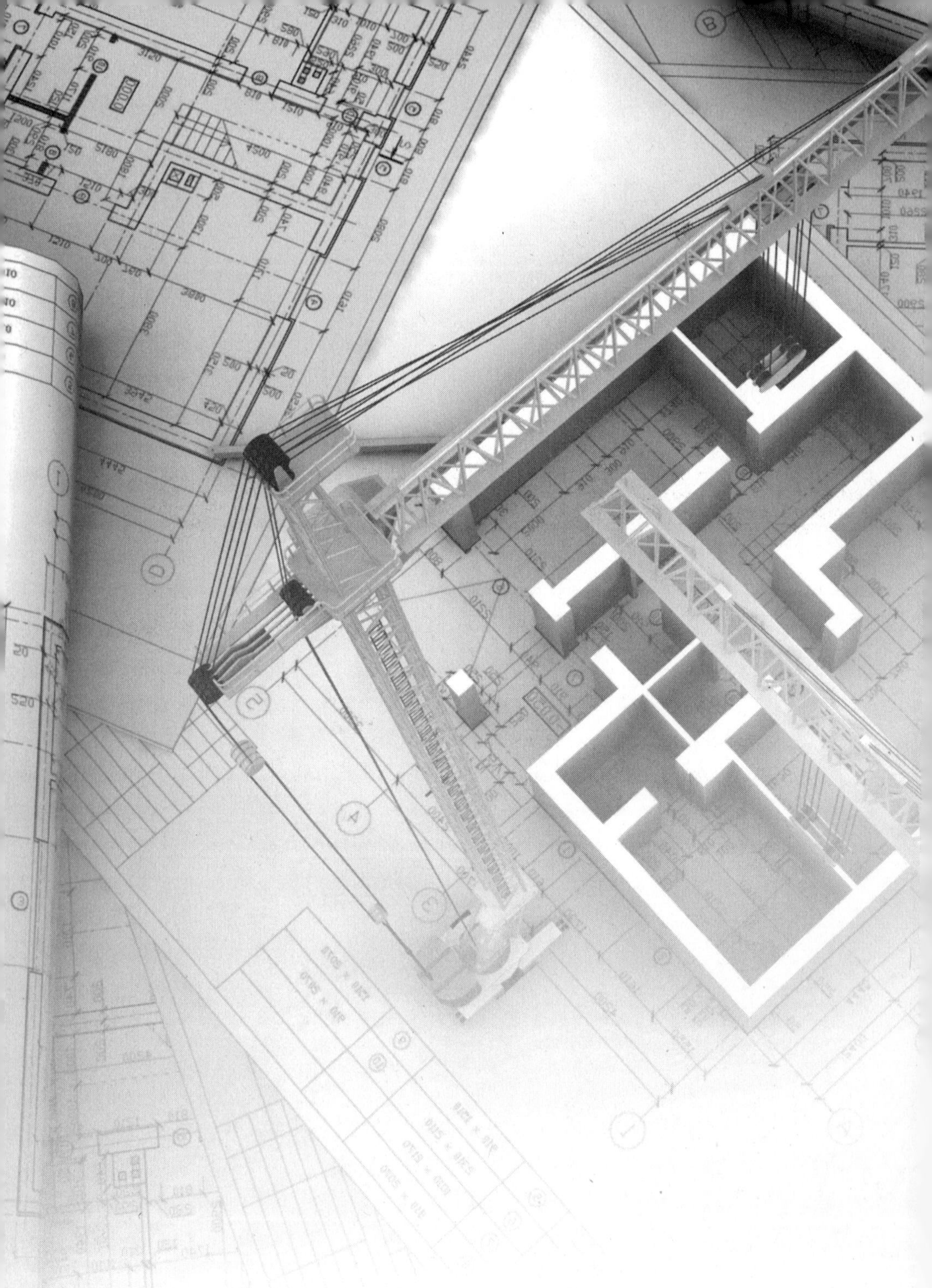

TUDI ZHENGCE YU HONGGUAN TIAOKONG

土地政策与宏观调控

——新时期土地市场政府干预理论与实践

陶晓龙 著

中国环境出版社·北京

图书在版编目(CIP)数据

土地政策与宏观调控：新时期土地市场政府干预理论与实践／陶晓龙著．—北京：中国环境出版社，2013.4
ISBN 978-7-80209-842-8

Ⅰ．土…　Ⅱ．陶…　Ⅲ．土地-政策-经济-调控
Ⅳ．X144　S153.7

中国版本图书馆 CIP 数据核字（2008）第 162449 号

出 版 人　王新程
责任编辑　周艳萍
责任校对　扣志红
封面设计　王筱婧

出版发行　中国环境出版社
（100062　北京市东城区广渠门内大街 16 号）
网　　址：http://www.cesp.com.cn
电子邮箱：bjgl@cesp.com.cn
联系电话：010-67112765（编辑管理部）
010-67112738（管理图书出版中心）
发行热线：010-67125803，010-67113405（传真）
印　　刷　北京中科印刷有限公司
经　　销　各地新华书店
版　　次　2013 年 4 月第 1 版
印　　次　2013 年 4 月第 1 次印刷
开　　本　787×960　1/16
印　　张　12.25　彩插 2
字　　数　200 千字
定　　价　38.00 元

【版权所有。未经许可请勿翻印、转载，侵权必究】
如有缺页、破损、倒装等印装质量问题，请寄回本社更换

目　录

第1章

土地资源配置与宏观调控概述

中国特色的社会主义市场经济是在政府宏观调控下的现代市场经济，在我国社会主义初级阶段，政府宏观调控就是要纠正宏观经济运行过程中的“市场失灵”状况，其主要目的是努力实现经济稳定增长、物价稳定、充分就业、国际收支平衡等宏观经济目标，以及为实现国民经济供需总量和结构平衡所涉及的产业结构和收入分配结构的调整等。宏观调控手段主要包括财政政策、货币政策、汇率政策、产业政策、再分配政策等，其中财政政策、货币政策是最基本的手段。近年来，中央在实施财政政策和货币政策松紧搭配，进行相机抉择的同时，首次提出要将土地政策作为调控手段纳入国民经济宏观调控体系。

1.1 土地资源配置概述

土地是一种不可再生的稀缺资源，对经济社会发展和国民经济增长有着十分重要的作用。在我国社会主义市场经济进程中，要充分发挥土地资源对国民经济的增长作用，就必须对其进行合理、高效配置。土地对社会生产与再生产过程中各种经济活动的载体作用，以及对其他要素资源配置的“瓶颈”制约作用，决定着土地要素投入与经济增长，土地供应量的变化与经济周期性波动之间密切相关。将土地政策作为一种重要的宏观调控手段，不仅能够调节国民经济的增长，而且也能够熨平经济周期性波动。

1.1.1 土地资源配置的作用

土地资源配置与国民经济运行关系密切。在现代社会，土地不仅是作为“资源”“场所”来发挥其生产功能，而且也作为一种“资产”“财产”来发挥其资本供给与社会稳定功能。因此，认识土地供给与国民经济的关系，不仅要认识到土地资源配置对于经济增长贡献的一面，还必须认识到土地资源配置对于保障经济稳定与安全的一面。土地资源配置与国民经济运行关系复杂。

（1）土地资源配置是国民经济运行的基础保障，“土地是财富之母”，土地与国民经济最直接的表现就是土地对经济发展的贡献。例如耕地，人类 88%的食物以及其他生活必需品由耕地提供的产品转化而来，以农产品为原料的加工业产值占到轻工业产值的 50%～60%。在我国，耕地还直接或间接为农民提供了 40%～60%的经济收入和 60%～80%的生活必需品；再如，房地产开发投资对 GDP 增长的直接贡献在我国大约为 1.3%，再加上间接贡献估计可达到 1.9%～2.5%。

（2）不同的土地资源配置方式制约着国民经济发展的方向与效率。不同的土地制度决定着不同的土地使用方式，从而决定着不同的土地生产力方式，也最终决定着社会经济形态的发展；同样，土地资源配置方式的不同也决定着土地利用效率，例如通过市场配置土地资源与通过计划划拨用地在使用效率上存在着明显的不同，直接影响着国民经济的运行效率。

（3）国民经济运行从整体上也影响着土地资源配置的数量与结构。土地需求从根本上说是一种引致需求，国民经济作为一个系统，其良好运行必然要求土地资源的配置与其他社会资源能够相配合，在数量上具有均衡性，质量上具有级差性，时间上具有长期性，空间上具有全局性，共同支撑经济与社会的持久发展与稳定，实现自然持续性、经济持续性和社会持续性的统一。

1.1.2 土地资源配置与国民经济运行

相比在市场经济体系中的其他“要素市场”而言，土地的自然、经济和社会属性特征决定了“土地”能够为各方面和各行业提供“平台”。土地资源稀缺性决定着其对其他资源配置的“瓶颈”制约作用，因而土地对其他资源的市场化配置有着难以替代的调控作用。在国民经济中，数以亿计的城乡剩余劳动力的流动，资本的跨国和跨区域的转移，投资、兼并、收购、资产重组和资本运营，各项技术的外溢，以及各种专利的现场和网络信息发布等构成市场经济繁荣背后的潜流。而在这些商流、物流、信息流、货币流等合流之中的中流砥柱就是“土地”。土地是各种要素资源的“黏合剂”，是政府驾驭经济，调控市场的“舵”，是市场经济在航行过程中的“锚”。

1.1.3 土地资源属性与配置方式

1.1.3.1 土地资源属性

土地资源相对于其他资源而言，具有其独特的自然属性和经济属性。土地的自然属性主要有以下几方面：

① 土地位置的不动性，或土地位置的固定性。② 土地的肥沃程度和土地位置优劣的差异性。③ 土地使用的耐久性，即土地使用价值的永存性。④ 土地面积的有限性。

土地的经济属性，是人们在使用土地时引起的经济关系，主要表现为：

① 土地的有限性以及由此引起的土地经营的垄断性；② 在一定条件下土地报酬具有递减的可能性；③ 变更土地使用方向的困难性；④ 土地所有权的排他性和垄断性。

1.1.3.2 土地资源的配置方式

土地资源配置是指不同功能用地之间的位置关系与比例关系。以此为基础的理论主要有生态学派的土地利用理论、新古典主义土地利用理论及行为学派的土地利用理论。

生态学派的土地利用理论借用了优胜劣汰的理论解释了不同功能集团的竞争关系。即每一个努力竞争的经济集团及其活动的位置决定了与之相对应的土地价格。主要代表人物及理论是：1925 年伯吉斯的同心圆理论、1939 年贺伊特的扇形结构理论和 1954 年哈理斯与乌尔曼的多核心理论。值得指出的是以上三种理论都将城市中心界定为中心商务区（CBD），这是以市场经济下的优势活动是商业活动这样观点为前提的。

新古典主义土地利用理论强调运输成本与地价之间的互补性。这是源于 19 世纪屠能提出的土地利用的“城邦模型”。他认为土地价值主要是由运输成本决定的，地租是与土地区位距市中心的距离成反比的曲线。这两个理论都十分重视市场机制在土地资源配置中的重要作用，认为只有通过市场机制才能促进土地资源配置效率的提高。

行为学派的代表人物波尔和卡斯蒂尔发现了社会关系对城市土地利用模式的影响。波尔认为，在城市土地配置的过程中，地方政府、地产商、建造商、房地产经纪人以及物业用户都会从利益最大化这一原则出发，对城市空间的社会过程产生影响。他首次将政府的作用纳入了对城市土地利用的空间分析程序之中。卡斯蒂尔认为城市的空间形态反映了不同利益集团社会冲突的结果。土地和住宅不仅是商品，也是社会阶级的冲突所在，国家不能任由城市的空间结构在不同阶级的利益冲突中瓦解和分裂，进而他认为，国家从根本上是反映统治阶级利益的，但在城市空间的结构和再结构过程中，国家必须协商不同利益集团之间的关系，以便维持劳动力的再生产。国家干预土地市场的作用可以归结为以下三点：① 维护市场机制的正常运行；② 国家作为不能以明确价格出现的各种利益的代表对市场机制进行补充；③ 国家为实现某宏观目标而实行干预。

综合以上分析，可以看出，市场机制和国家干预是土地资源配置不可或缺的两个方面。土地资源配置所面临的问题是如何通过适度、有效的国家干预使市场机制纳入正常有序的轨道，使土地资源配置走上可持续发展的道路。因此，国家干预下的市场经济体制是土地利用的必由之路。

1.2 资源配置的理论分析

1.2.1 资源配置的理论基础

建立和完善社会主义市场经济体制的一项重要内容，就是构建规范的市场经济新秩序。中国社会主义市场经济体制是脱胎于传统高度集中的计划经济体制，是政府实施强制性制度变迁的产物，这与西方市场经济经过漫长的自发诱致性制度变迁形成了鲜明的对比，体制变迁的“路径依赖”决定了市场体系中的各种要素市场的培育有一个艰难的历程。在传统计划经济体系内，计划也是一种秩序，特别是指令性计划；而西方发达的市场经济在实质上是一种法制经济和信用经济。由于计划和市场对资源配置方式、决策方式等的不同，使得从计划体制向市场体制演变过程中，市场主体行为不规范，市场体系不健全，市场法治不完备，则导致经济秩序的混乱，因此，整顿和规范市场经济秩序，逐步形成统一、开放、竞争、有序的现代市场体系是中国市场经济体制演变过程中，由于路径依赖所决定着的旧体制的延续和经济行为主体的思维习惯问题，及其与新体制之间的“磨合”过程使得市场秩序问题不可回避。

1.2.2 资源配置方式的简要回顾

“政府”和“市场”是资源配置可供选择的手段。在经济学发展史中，从1776年英国经济学家亚当·斯密在《国富论》中提出经济的“自由放任”思想，到1936年约翰·梅纳得·凯恩斯在《就业、利息和货币通论》中提出“政府干预”政策主张以来，近两百多年来有关政府和市场之间如何分工就成为一个经久不衰的话题。斯密第一次系统地论述了经济自由发展的思想，认为没有自由，就没有效率，就没有市场经济的存在和发展。随着经济的发展，特别是20世纪30年代世界范围内的资本主义经济危机表明，市场这只“无形的手”有时也会失灵，这样，政府干预理论及其政策也就应运而生。但也就是在30年代的著名的有关批评当时苏联社会主义计划经济的“社会主义大论战”中，以英国伦敦学派的主要代表人物哈耶克（在其1944年的《通向奴役之路》和1969年的《自由宪章》中）和前西德自由主义经济学派的米塞斯一起对新诞生的“集中计划经济”模式发动猛烈抨击，认为只有自由是市场经济的本质，自由才能实现人的本性，必须通过个人自由来提高效率。

相反的观点是强调政府干预的作用，具体表现为李嘉图在《税赋论》中强调运用贸易和税收政策对一国国民经济平衡增长的作用，凯恩斯从“大萧条”中有效需求不足的原因分析中给出了实施赤字财政和膨胀货币政策的良方，克鲁格曼则注意到新兴工业化经济的外汇管制的重要性，斯蒂格利茨赞成规制和政府适度干预的作用。特别是20世纪末，一场亚洲金融危机更引发了一个“回到斯密，还是回到凯恩斯？”的争论。因此，从历史时空和世界范围内可以明显看出经济发展中“市场自由”或“市场主导”和“政府干预”或“计划主导”曾交替出现的脉络。如“大萧条”以前的“市场自由”到罗斯福“新政”的“政府干预”，再到两次石油危机的“市场自由”，最后到亚洲金融危机的“政府干预”。

就一国国民经济发展而言，混合型的经济调节模式占主流。经济的发展需要政府干预，但是怎样干预，干预政策的力度和出台时机等都值得研究。从一定程度上来说，在货币市场、资本市场、商品市场，乃至于技术市场等方面，中国政府的宏观调控手段和调控能力在实践中得到了不断提高，但是于一国国民经济体系之内，相对于其他商品而言，土地资源具有自身特有的自然和社会属性，尤其是其不易流动性、不可分割性、不可再生性，以及人类经济活动对其需求不易替代性，和对其他资源配置的瓶颈制约作用决定着其市场化进程相对缓慢。因此，对土地资源配置的制度创新显得十分重要。

1.2.3 “政府”与“市场”的功能分工

一般而言，“政府”和“市场”都是资源配置的手段，西方自由市场经济的实践和“政府”与“市场”之间“互替性交易”和“互补性交易”的制度经济学解释在理论上能够说明二者之间的合理分工。“计划（政府）和市场都是经济调节的手段”实际上是制度经济学中有关政府干预理论的中国版本。

一个交易究竟应该是由政府来做，还是应该交给市场来完成，可以通过一个交易分工模型加以认识。

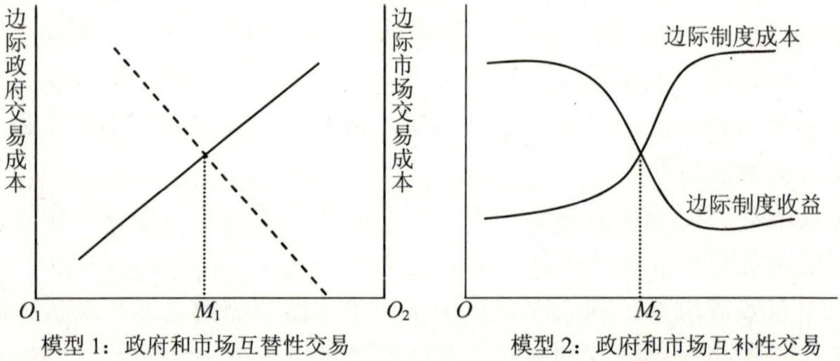

图 1-1 政府与市场的“互替性”和“互补性”交易功能分工

模型 1 给出了政府和市场互替性交易的规模选择。左纵轴代表边际政府交易成本，即该项交易由政府执行时所额外增加的成本，右纵轴代表边际市场交易成本，即某项交易由市场执行时所额外增加的成本。横轴表示经济活动中所有交易，从左至右，表示由政府执行成本渐增的交易（逐渐趋向“政府失灵”的交易行为）；反之，从右至左，表示由市场执行成本渐增的交易（逐渐趋向“市场失灵”的交易行为）。M_1 点为政府和市场功能的分界点，向右表示边际政府交易成本大于边际市场交易成本，则该项交易应该由市场来执行；反之，则应该由政府来执行。因而政府和市场互替性交易情况下，最优政府干预经济的规模为 O_1M_1。

模型 2 给出了政府和市场互补性交易的规模选择。纵轴代表边际制度成本或边际制度收益，横轴表示交易量。边际制度成本表示额外增加某项交易（提供制度安排）所承担的成本（行政管理和工资费用等）。边际制度收益则表明由于该项制度安排所带来的益处（安全、公平和秩序等）。M_2点为政府最优规模分界点，因而政府和市场互补性交易情况下，最优政府干预经济的规模量为 OM_2。

1.3 土地资源配置特点与效率

1.3.1 土地资源配置特点

我国土地资源配置进入以行政划拨为主导的行政配置、以协议出让为主导的准市场配置及以招标拍卖挂牌出让为主导的市场配置等三种配置方式并存的多轨制阶段。随着土地使用制度改革的不断深化，土地资源配置总的发展趋势是以行政主导的配置方式向以市场为主导的配置方式发展。当前经营性用地已基本采用招标拍卖挂牌出让为主的市场配置方式；工业用地虽然绝大部分仍采用协议出让为主的准市场配置方式，但不少城市进行了工业用地挂牌出让试点，取得了良好的社会经济效益，采用市场化方式配置工业用地的条件已逐步成熟；采用行政划拨方式配置的土地资源则严格限制在社会公共利益用地及少数政策性、特殊性领域用地。

以行政划拨为主导的行政配置方式，是我国传统计划经济体制时期对应于土地无偿无限期无流动使用制度下的土地资源配置的基本方式。该配置方式的基本特点是，土地供给遵循“先立项，后得地”的基本程序，即由计划管理部门根据项目立项批地，土地管理部门以行政手段把土地资源无偿分配给土地使用者。用地者只要有计划立项，就可以申请用地，无需竞争，且使用者获得土地后只能自用，不准转让、流动，土地使用者所支付的征地费用也大大低于土地的实际价值，实质是一种“需求定供给”供地机制下的行政配置方式。城镇土地使用制度改革以来，城市基础设施用地和公益事业用地等非营利性项目用地仍按这种方式配置。

我国城镇土地使用制度和配置方式改革的核心就是通过推进土地使用权有偿出让制度，最终发挥政府宏观调控下的市场对土地资源配置的基础性作用。但在渐进式改革的进程中，由于土地管理制度改革的滞后，对土地流转程序和模式并没有做实质性变革，仍沿用计划部门负责立项，城市规划部门负责选址，土地管理部门负责供地的“需求定供给”思路。由于“需求定供给”机制体现的是供给服从需求的原则，从而颠倒了土地供应与土地需求间的关系，变成了一种“保障需求”的机制。这种供给机制不仅造成“多头供地”，而且使得国家难以真正垄断土地一级市场供应，致使招标拍卖挂牌等市场化程度较高的方式难以有效推行，造成相当长的时间内土地有偿出让主要以协议方式为主导。协议出让是一种一对一的谈判机制，在国家土地所有权实际缺位的条件下，其实质上仍是一种行政定价模式。因此，严格意义上讲，“需求定供给”机制下的协议出让配置方式只是一种准市场配置方式，虽然一定程度上引入了市场机制，但市场机制配置的作用范围和程度仍非常有限。

以招标拍卖挂牌出让为主导的市场配置方式则是我国土地使用制度改革和管理制度改革深化过程中的创新产物，招标拍卖挂牌是市场经济中产品（商品或资源）的“价格发现机制”。该配置方式通过建立土地收购储备制度，变“需求定供给”的传统土地流转程序为“供给引导需求”的土地供给新机制，使土地资源在土地利用总体规划、城市规划和土地供应年度计划等的严格控制下，通过招标拍卖挂牌等公开市场模式配置到最佳的土地使用者手中，达到通过土地的实际供给能力引导经济建设对土地的需求，通过土地供应的政策措施对经济增长方式进行调控。当前商业、住宅等经营性用地、工业用地和部分基础设施和公共用品基本上通过这种方式，在一定程度上实现了市场化配置。

1.3.2 土地资源配置的效率分析

不同的资源配置方式所形成的土地资源配置效率是不一样的。土地资源行政划拨配置方式，在“财政统收统支、统一核算”的传统计划经济体制下，由于地方投资项目及建设资金全部通过自上而下的计划安排、行政调配来实现，地方政府手中一无资金，二无项目，没有发展的自主权，故地方政府之间基本上不存在投资项目的相互竞争，是否出现低水平重复建设完全取决于国家计划部门的安排，土地供给则完全附庸于国家计划实现的需要。而当前城市基础设施用地和公益事业用地等非营利性项目用地的行政划拨配置方式，不仅未能通过价格机制来约束地方政府的开发行为，还形成资源的浪费。

同样，协议出让为主导的准市场配置方式，在“需求定供给”的供给模式下实质上仍是一种行政配置方式，地价形成并非是市场供求关系的反映，且市场机制难以发挥有效作用。特别是当前工业用地普遍采用的协议出让方式，对招商引资“需求”极度膨胀的地方政府则缺乏有效约束，致使地方政府可以大肆通过随意压低地价，甚至“零地价”为优惠条件开展恶性竞争，盲目招商引资、进行低水平重复建设；同时，过低的出让地价也弱化了作为用地者的企业投资决策的理性化，助长了企业待价而沽的土地投机心理，导致土地资源的低效或无效配置。

由此可见，从土地资源配置方式上分析，土地资源配置就是要提高土地资源市场化配置的程度，健全土地市场价格机制和竞争机制，通过地价杠杆对土地供求双方的行为形成有效的经济约束，彻底改变当前服务于地方政府“自我需求、自我供给”的缺乏供求约束的土地低价甚至无价无限供给的模式，建立“供给引导需求”机制下的以招标拍卖挂牌出让为主导的土地资源市场配置方式，充分发挥高效的市场机制、合理配置土地资源，引导产业合理布局的基础性作用。

1.4 改革开放以来我国国民经济宏观调控回顾

1.4.1 改革开放以来国民经济增长与宏观调控

1978 年改革开放以来我国国民经济发展较快，取得了 GDP 以年均 12% 的高速增长。整个国民经济的增长可以明显地划分为五个阶段：1978—1984 年，1984—1986 年，1986—1991 年，1991—1998 年，1998 年至今，其中 2003 年以来中国经济进入新一轮上升通道。由于宏观经济的景气循环，与此相应地，中央政府进行了 5 次宏观调控。

第一次是 1979—1981 年计划经济体制时期供给短缺型的宏观调控。调控对象是 1978 年的经济过热，当年经济增长率达 11.7%，1980 年全国零售价格上涨率达 6%，这是改革开放以来物价上涨的第一个高峰，也是当时自 1962 年以来最大涨幅。宏观调控的主要政策手段是扩大进口，重点是从国外进口一些国内急需的资源与技术，提高国内生产能力，增加国内产品的有效供给。这次宏观调控措施出台的政策背景是：以经济建设为中心，满足人们日益增长的物质和文化需要，急于发展经济，缓解长期计划经济所形成的供给短缺。这是宏观调控的雏形，调控时间很短，带有计划经济的深刻烙印。随着十一届三中全会召开后，中央提出适度发展经济而完成短暂的历史使命。

第二次是 1986—1987 年有计划的商品经济体制时期信贷扩张型的宏观调控。调控对象是针对 1984 年的经济过热，当时经济增长率达 15.2%，1985

年物价上涨率达 8.8%，为改革开放以来物价上涨的第二个高峰。宏观调控的主要政策手段是严格控制财政支出，控制信贷投放。这次宏观调控措施出台的政策背景是：十二届三中全会通过了《关于实行经济体制改革的决定》，明确提出要建立有计划的商品经济体制。这是中国经历长期计划经济体制后，总结经济工作正反两方面的经验和教训，对社会主义经济理论进行了历史性的重大突破，第一次提出要实行商品经济。根据相关经济统计资料显示，1984 年 12 月一个月份的贷款增长量就相当于 1984 年全年贷款增长量的 40%～50%，结果导致了 1985 年出现经济过热。中央从 1986 年开始进行调控，并一直持续到 1987 年。

第三次宏观调控：1989—1990 年。1987 年经济增长率达 11.6%，1988 年达 11.3%，1988 年物价上涨率为 18.5%，为改革开放以来物价上涨的第三个高峰。宏观调控的主要政策手段是遏制预算外投资规模膨胀。这次宏观调控措施出台的政策背景是：1988 年 8—9 月就出现了一次全国性大规模抢购，银行储蓄存款大幅下滑。结果："政府随之开始了改革开放以来第三次宏观调控，严格控制固定资产投资增长，严格控制银行贷款增加，并大幅度提高存款利率。"这次调控基本是经济的"硬着陆"。

第四次宏观调控：1993 年下半年至 1996 年。1992 年经济增长率达 14.2%。1993 年物价上涨率为 13.2%，1994 年通货膨胀率为 21.7%，为改革开放以来物价上涨的第四个高峰。这次宏观调控措施出台的政策背景是：1992 年，邓小平发表视察南方重要讲话，使中国经济进入了新一轮快速发展阶段。"中国经济进入了又一轮快速发展阶段。到 1993 年上半年，经济又出现严重过热，通货膨胀率又超过两位数。"政府开始运用金融财政等手段，利用税收、利息等工具来进行调控。到 1995 年底，第四次宏观调控基本到位，经济过热得到遏制，经济基本实现了"软着陆"。但是由于随后仍然采用财政和货币双紧缩政策，导致中国经济步入随后连续六七年的通货紧缩时期。经过从 1998 年开始实行的六七年的积极财政政策，到 2003 年才基本扭转了这种局面。

第五次是宏观调控 2003 年下半年以来的社会主义市场经济体制初步建立后控速降温型。这次调控的政策背景是：中国经济进入新一轮上升通道，与此同时，地方政府片面追求经济增速，银行信贷出现井喷式增长，导致固定资产投资增速过快，土地和能源短缺问题凸显。

1.4.2 我国土地资源宏观调控的历程

在每一次固定资产投资的高峰期，都是占地比较多的时期，导致耕地大量流失。在每一次重复建设发生时期，国家都从土地制度方面采取了一些治理措施，土地制度在国家经济运行及参与宏观调控过程中得到不断完善，逐步由事后调节向事前调节转变。

1.4.2.1 20世纪80年代中期土地宏观调控

20世纪80年代中期，随着国民经济迅速发展，各项建设占用土地大量增加，乱占滥用耕地现象日趋严重，在1985年爆发了第一次建设占用耕地的高潮，随之而来的是全国农业大减产。这期间采取的土地方面的宏观调控措施主要有：

一是严格控制非农建设占用。对全国年度非农建设用地特别是耕地占用开始实行指令性计划管理，计划的编制、下达纳入国民经济和社会发展计划。同时，初步确定了20个主要行业计划用地定额指标。

二是注重发挥全国土地利用总体规划的作用，1988年开始全国土地利用总体规划的编制工作，对我国的土地利用现状和后备资源潜力进行综合分析研究，提出全国土地利用的目标和基本方针，研究各类用地的控制指标，协调各部门的用地需求。

三是开始实行土地有偿使用。改变了改革开放前我国单一的行政划拨取得土地方式，按照土地所有权和使用权分离的原则，通过协议、招标、拍卖等方式将一定年期的土地使用权出让，提高了土地资源配置效率，有利于土地的集约高效利用。对建设占用耕地宏观上规划计划管理和微观上建设用地定额指标控制，以及土地有偿使用的推行，控制了非农建设占用耕地的总量，有效地抑制了耕地减少的势头。1985年非农建设占用耕地32万hm^2，1986年降为25.2万hm^2，1987年降为19.3万hm^2，到1989年下降到谷底。土地制度建设对于防止重复建设、乱占滥用耕地起到了一定的作用。

1.4.2.2 20世纪90年代土地宏观调控

1992年，固定资产投资快速增长，各地纷纷举办开发区和工业小区，以至出现“开发区热”，属于典型的重复建设，造成乱批滥占土地。全国范围内的低水平重复建设和大面积开发，进一步加剧了宏观经济过热。针对这种情况，国家通过修改《土地管理法》，对土地制度作出进一步完善，以期能够对重复建设问题起到防止和控制作用。这一时期土地管理的指导思想发生了很大的改变，土地制度与政策进行了一些变革。

一是土地管理从以保证建设用地供应为主转变为以保护耕地为主。提出实行世界上最严格的土地管理制度，严格限制农用地转为建设用地，控制建设占用耕地总量，对耕地实行特殊保护，划定基本农田保护区，确保国家耕地总量不减少。

二是建设用地的利用方式从粗放利用转变为集约利用。挖掘城市存量土地，少占用农地，提高城市土地的利用效率。

三是土地管理方式由限额审批制度转变为用途管制制度。将农用地和建设用地分开管理，对于农用地转为建设用地的，按照土地利用总体规划严格审批。调整征用土地的审批权，征用土地由国务院和省级人民政府两级审批，取消了省以下各级政府的征地审批权。

四是确立了以出让方式供地，国家垄断土地一级市场的土地供应制度。国家控制土地供应总量，避免各地从局部利益、眼前利益出发，在经济利益的驱动下，滥用批地权，使得土地供应量大增，造成土地闲置浪费。

1.4.2.3 近年来土地宏观调控

从 2000 年开始，各地兴办各类开发区和圈地现象又有上升之势，不少园区长期没有项目，或只有一些重复建设项目，还有不少园区名不副实。2003 年 2 月开始治理整顿。

一是严格控制土地供应总量，特别是住宅和写字楼用地的供应量，优化土地供应布局和结构，防止楼市动荡带来风险。进一步完善房地产开发土地供应政策，加大对房地产开发用地的监管力度。采取严厉措施治理整顿土地市场秩序。

二是加强土地的统一规划、统一征用转用、统一开发、统一供应的管理，健全土地交易管理的各项制度；加大出让后的监管力度，防止开发商圈占大量土地浪费资源和冲击市场。

三是加强基本农田保护。要求充分认识加强基本农田保护工作的重要性，严禁擅自调整土地利用总体规划，严格执行非农建设占用基本农田审批制度，加大基本农田保护的监督检查制度。

2003 年，我国加大了土地市场宏观调控力度，治理整顿开发区，加大耕地保护力度，对超速增长的钢铁、电解铝、水泥、钢铁等行业项目停止供地审批，但效果并不理想。2003 年全国耕地净减少 3 806 万亩[①]，明显高

① 1 亩=1/15 hm^2。

于 2002 年 2 529 万亩的减少数量。2003 年建设占用耕地 343.7 万亩，比上年增长了 17%。一些独立工矿，包括各类园区占用耕地增长幅度比较大，增长了 37%。这说明，自 2003 年 2 月就开始的全国治理土地市场工作还没能扭转建设大量占用耕地的局面。说明靠土地供应量调控经济没有发挥明显的作用。因为土地供应量调控有个滞后期。

2004 年，国土资源部进一步采取宏观调控措施，站在国家发展的大局，增强宏观思维能力和参与宏观调控的能力，加强与规划、财税、金融手段的协调配合，进一步发挥国土资源规划、计划、政策、信息在宏观调控中的作用，治理经济过热，防止低水平重复建设。2004 年，将农用地转为建设用地总量指标压减 20.3%，占用耕地指标减到 180 万亩，压减幅度达 23.4%。由此可以看出，土地的宏观调控作用初显成效。

1.4.3 土地政策参与宏观调控的由来

土地与国民经济宏观调控的关联是逐步显现的。为促使国民经济“软着陆”，中央政府采取财政和货币双紧政策，特别是自 1993 年实行的第四次宏观调控力度比较大，其中受影响最严重的是房地产行业，由于严格控制贷款规模，导致沿海地区如海南、北海、深圳等地“烂尾楼”的大量出现，银行不良贷款大量增加。前四次宏观调控针对的都是经济波动中已经出现的超过 11%的“大起”高峰，针对的都是经济的全面过热或总量过热，都是要治理严重的通货膨胀。总之，前四次宏观调控都是在经济“大起”到难以为继时，才不得不进行的被动调整。第五次宏观调控针对的不是经济增长率已经超过 11%的“大起”（2003 年经济增长率为 9.1%），而是为了防止经济出现“大起”，防止“大起”导致“大落”；针对的不是已经出现的全面过热或总量过热，不是投资和消费需求双膨胀，而是部分行业投资的局部过热；针对的不是已经出现的严重通货膨胀，而是物价上升的压力开始显现。总之，第五次宏观调控对于过热的部分行业来说，是及时的调控；而对于整个经济运行的全局来说，则是见势快、动手早、未雨绸缪、防患于未然的主动调整。

从调控手段来看，第一次至第三次宏观调控，主要采用的是行政手段。第四次宏观调控时，已改变过去单纯依靠行政手段的做法，开始注重运用经济手段和法律手段，如开始运用利率、存款准备金率、公开市场业务等市场性货币政策进行调控。第五次宏观调控，从一开始就注重了采用经济手段和法律手段，同时也辅之以必要的行政手段。

经过20多年的经济快速增长，以土地等资源投入来维持经济增长的方式已经逐步显现出弊端，中央提出实行经济增长方式由粗放型转变为节约型经济增长，资源配置方式由计划向市场转变。2003年10月党的十六届三中全会通过了《中共中央关于完善社会主义市场经济体制若干问题的决议》，提出完善社会主义市场经济体制的目标是，按照统筹城乡发展、统筹区域发展、统筹经济社会发展、统筹人与自然和谐发展、统筹国内发展和对外开放的要求，更大程度地发挥市场在资源配置中的基础性作用，增强企业活力和竞争力，健全国家宏观调控，完善政府社会管理和公共服务职能，为全面建设小康社会提供强有力的体制保障。

大力发展和积极引导非公有制经济。非公有制企业在投融资、税收、土地使用和对外贸易等方面，与其他企业享受同等待遇。实行最严格的耕地保护制度，保证国家粮食安全。按照保障农民权益、控制征地规模的原则，改革征地制度，完善征地程序。严格界定公益性和经营性建设用地，征地时必须符合土地利用总体规划和用途管制，及时给予农民合理补偿。

房地产已经成为国民经济重要支柱行业之一。据2003年央行调查结果，当时国内房地产开发投资额中约45%来自于银行贷款。而建设部等部委的调查则显示，房地产项目中61%的资金来自于银行，其中房地产开发企业的项目投资中20%～30%来自银行贷款，30%～40%来自建筑施工企业的垫付资金，而这部分垫付资金也是源于银行贷款，此外至少一半以上预付购房者申请了个人住房贷款。

从宏观经济层面看，我国固定资产投资占GDP的比重已经达到42%，远远超过韩国和泰国在亚洲金融危机前的水平。而在固定资产投资中占到了20%以上份额的房地产投资，2003年上半年增长率更达到了34%。这些数据说明，房地产投资不仅有增长过快之虞，而且对商业银行的间接融资存在着过高的依赖性。在一定程度上，土地和金融的结合支撑了整个城市化的投资，这种结合成为支撑这一轮城市化进程的得力杠杆，成为推动经济持续增长的重要动力。这个推动过程中的不良因素：一是推动工业化的进程中，依靠一级市场供地的方式，导致了土地以过低的价格甚至零地价供给，造成土地资源的不公平交易和浪费。二是尽管是以土地实物抵押，并且政府垄断了土地一级市场，但是一旦发生某些特殊情况，就可能造成整个资金链的中断，而资金链的中断可能会出现金融坏账，造成大的金融风险。

中央对于房地产业的宏观调控政策，已从重点控制信贷转向了重点控制土地供应，主要包括做好以下工作：一是完善供应政策，调整供应结构。

要加强经济适用住房的建设和管理，增加普通商品住房供应，控制高档商品住房建设；二是改革住房制度，健全市场体系；三是发展住房信贷，强化管理服务；四是改进规划管理，调控土地供应；五是加强市场监管，整顿市场秩序。

显而易见，如果要对房地产政策作出调整的话，着眼点将不是控制房地产信贷——至少主要不是房地产信贷——而是土地供应。中央对土地开发将有较强的政策约束，会更强调统一规划、统筹安排。中央宏观调控土地供应发挥重要作用。

人们在分析以往经济过热的原因时发现，每一轮的经济热潮中，“土地”供应都扮演着“推波助澜”的作用。经济学家认为，地方政府投资项目是投资增长过度的重要推动力，中国目前的经济过热从某种程度上是政府过热。而政府过热最终的结果是“土地”热。

实际上，基于各地经济增长的要求和冲动，各地的“大项目”、“大规划”纷纷出笼；建开发区、修宽马路、垒大广场，圈地运动席卷全国。据国土资源部统计，2003 年全年新增建设用地 641.7 万亩，比前五年年均高出 120 万亩，其中建设占用耕地 343.7 万亩，比上年增加 49 万亩，增长 17%。另据国务院五部委对全国土地市场的检查验收表明，截至 2004 年 6 月，全国共清理出各类开发区 6 741 个，规划用地面积 3.75 万 km^2，超过了全国现有城镇建设用地 3.15 万 km^2 的总面积。

同时，国土资源部对 2000 年以来新建、扩建（改建）钢铁、电解铝和水泥用石灰岩企业的用地情况进行了检查，对铁合金、电石等行业的土地供应采取了相应措施。停止不符合国家产业政策和市场准入条件的项目用地供应。控制一些地方大量占地建大广场、宽马路、行政办公楼和培训中心等项目。继续停止对高尔夫球场用地的供应。对房地产开发用地实行区别对待、适度从紧的供应政策，限制高档公寓等高档商品房开发用地的土地供应，停止别墅类房地产开发用地的土地供应。

运用土地政策参与国民经济宏观调控是中国社会主义土地制度的独特优势。中国实行城市土地国家所有、土地用途管制、农地转用、建设用地统一供应制度，使政府可以通过调节土地供应总量、安排不同的土地用途来抑制或鼓励市场需求，有效地引导投资的方向和水平，实现调控经济运行的目标。

土地是政府可调控的一种重要资源，国土资源部门应该积极地参与宏观调控。如何使中国宏观经济形势保持正确的方向，不发生大起大落、平稳发展。如果任凭不加节制地高速度发展下去，不仅与我国资源环境不协调，而且还会导致社会动荡；在忙于解决社会危机的情况下是不可能取得经济发展的，求得一时的发展很可能带来永远的不发展。

在宏观经济调控中实施土地市场治理的过程，实际上也是反思土地制度市场化改革的过程。从坚持中国经济市场化改革的根本大计出发，以市场规则为基础削弱政府调控土地资源的权利，是使中国走向健康发展的市场经济道路的重要保证。为深化土地资源的市场改革，2004 年《国务院关于深化改革严格土地管理的决定》（国发[2004]28 号）进一步完善了土地相关政策，为实现土地资源市场化配置和管理奠定了体制基础。为有效解决土地管理特别是土地调控中出现的一些新动向、新问题，特别是建设用地总量增长过快，低成本工业用地过度扩张，违法违规用地、滥占耕地现象屡禁不止等情况，严把土地“闸门”，2006 年出台了《国务院关于加强土地调控有关问题的通知》（国发[2006]31 号），明确了土地调控重点和方向，为保持土地市场和宏观经济的平稳健康运行发挥了主要作用。

第 2 章

土地宏观调控的土地市场结构分析

2.1 土地市场结构与均衡

市场是商品交易的场所，是商品交换中发生的经济关系的总和，所谓土地市场是指城市土地这种特殊商品在流通过程中发生的经济关系的总和。土地宏观调控的基础是整体市场经济体系的完善和土地市场自身的发育。土地市场是有效利用土地资源、促进社会经济长期持续增长的前提和条件，在任何一个市场经济国家中，土地市场都是不可缺少的生产要素市场，土地市场的主要作用可以概括为：有利于城市土地资源的合理流动和有效配置、有利于政府对城市土地资源的利用和宏观调控、有利于建立和完善市场经济体系。

任何市场至少包含市场主体、市场客体和市场运行机制三个基本要素。在土地市场中，市场的主体是土地交易双方，土地使用者产权有不同的层次和内容组合，包括使用权、抵押权、转让权等，因此土地市场包含丰富的交易内容和客体。在交易中所形成的市场主体之间、主客体之间的种种利害关系构成了市场这个概念。市场结构反映的是市场体系内部组成状况以及之间的相互关系，一般的观点将土地市场看作一个系统，而去分析其内部结构，其中包括土地市场结构类型、土地市场层次结构和土地市场组织结构。

2.1.1 土地市场结构

土地市场的土地具有用途的多样性，包括各类用地的市场，所以土地市场类型结构就包括各类用地市场。而各类用地市场相互作用、相互制约的结果，就形成了土地利用的数量结构和空间结构。

2.1.1.1 各类用地市场

城市各类用地市场的关系建立在土地用途间的竞争之上，由于同一区位上，不同的用途可能获得的收益是不同的，而同一用途在不同区位上所得的收益也有较大差异，土地需求者能够自由地选择最佳区位和用途，所以各用途对土地区位的竞争就随之产生，同时城市土地用途置换也会出现。

2.1.1.2 土地使用权市场

市场交易，从表面上来看是物与物的交换，但实质上是产权的交换，土地市场交易与一般商品市场交易一样，也是产权的交换，由于我国城市土地实行的是国有制，土地所有权不允许买卖，所以不存在土地所有权市场，以土地使用权为交易标的的产权市场就是土地使用权市场，因此土地市场类型结构还包括城市土地使用权市场。我国土地市场实质上就是土地使用权市场。

2.1.2 土地市场层次结构

从市场层次进行划分，按通行的做法，土地市场可以分为一级市场和二级市场。

2.1.2.1 一级土地市场

一级土地市场是指土地所有者在一定期限内将土地使用权让与土地使用者而形成的市场，反映的是土地所有者与土地使用者之间的经济关系。我国城市土地归国家所有，政府是城市土地一级市场唯一合法的供给者，所以一级市场是一种垄断性市场。目前一级市场存在三种交易方式：出让、出租和入股，其中出让是最为常用的交易方式，它又包括协议出让、招标出让和拍卖出让。

2.1.2.2 二级土地市场

二级土地市场是指土地一级市场的土地使用权受让者将剩余年限的土地使用权让与其他土地使用者而形成的市场，反映的是土地使用者之间的经济关系。二级市场的供给者不是唯一的，所以是一种竞争性市场。目前我国二级市场主要存在四种交易方式：转让、转租、抵押和入股。

一级和二级土地市场相互联系、相互作用，共同构成了整个土地市场系统。一级市场的供给、价格对二级市场的供给、价格有决定性作用，二级市场的供需状况和价格走向又会适时反馈到一级市场，从而影响和调节一级市场的供需和价格。这样形成了土地使用权流动和信息传导的闭合系统，其中的结构、内部调节、均衡机制分析是摸清市场情况的必由之路。

2.1.3 土地市场组织结构

从土地市场供求态势和微观经济学角度讨论土地市场的不完全竞争性质是了解土地市场的重要方面。不完全竞争可以达到怎样不完全的程度？极端的情况就是垄断：单一的出售者完全控制某一产业。单一的出售者是它所在产业里的唯一生产者，同时，没有任何一个产业能够生产出接近的代用品。完全纯粹的垄断在今天的实际情况中是很少的，经济学家将不完全竞争市场分为三种类型：垄断市场、寡头垄断市场和垄断竞争市场。

表 2-1 市场结构类型

结构	生产者的数目和产品的差别程度	一般经济领域	企业对价格的控制程度
完全竞争	许多生产者；完全相同的产品	金融市场、农产品	没有
不完全竞争			
垄断竞争	许多生产者；产品有许多真正的差别	零售业	一些
寡头垄断	几个生产者；产品的差别很小	钢铁、汽车	
完全垄断	单一生产者；产品具有某些差别	电力、自来水（自然垄断）	相当大，通常受管制

考虑我国土地市场的情况，土地隐形市场的存在、国家土地管理的政策等，我们可以将目前国家垄断的性质确定为完全垄断，即在维护国家土地所有权和宏观调控权的前提下，对集体土地向国有土地的转移以及城市土地的批租垄断，而对城市土地使用权在使用者之间横向转移上实行国家调控下的适度竞争。其原因在于划拨土地非法出让的时候，一般是以低于正常土地收购储备以及出让的平均成本，虽然这些非法出让的企业每个所占市场份额较少，但是总体规模较大。因此国家土地出让机构好比一头大

象，其他企业好比一群老鼠，如果市场没有规范的法律进行约束，没有有效的监督和惩罚机制，大象不仅奈何不了老鼠，甚至还有可能被老鼠吃掉。由于隐形市场的“非市场”操作，我们在经济分析中不可能也没有必要对其进行分析，只需要考虑国家土地收购储备、出让的定价以及生产规模。对于如何控制隐形市场，这只能从政策法规方面进行监督和惩罚。

为恰当选择符合我国国情的土地市场运行模式，我们有必要对土地市场运行的几种不同模式做一番比较。

（1）完全竞争型土地市场模式。

这种模式下只有市场机制，即供求机制、竞争机制、价格机制发挥作用。这必须具备两个条件，第一，完全、充分、自由出入、强大竞争的市场；第二，土地供求双方有充分的决策自主权，可以对对方作出选择。这种完全竞争排除了国家对土地经营的任何干预和任何直接垄断，也无法对土地价格进行统一控制，其优点在于市场机制得以充分利用。但是这种模式的运行不规则，稳定性较差，会直接导致土地经营者只追求短期利益和局部利益而不顾社会整体长远利益，会导致供求和地价的不稳定，伴随而来的可能是整个经济和社会的不稳定。同时单独的地产经营者只能依据过去的供求和现在的态势进行运作，无法精确地预测未来土地供求，如果出现决策失误，将会导致土地资源的极大浪费，这种土地资源利用不合理应该是我们尽量避免的。当代西方微观经济学也不否认，这种市场模式很大程度上只能为理论分析开辟道路，作为抽象理论难以形成于现实经济生活中。

（2）完全垄断型的土地市场模式。

这里指的是对一级市场和二级市场进行全面垄断，国家进行垄断，由于无市场竞争的压力，必然使各城市的土地供给优待土地储备机构和土地经营机构的经济利益，削弱了经济杠杆对房地产经济的调节功能，由政府伸出“看得见的手”来削弱或代替市场“看不见的手”，无法将土地资源做良好配置，同时也因为难以摸清土地市场供需量，而效率低下。对于房地产开发企业，没有利益驱动，无法使二级市场活跃起来，虽然在一定程度上保证了国有资产的不流失，但是距真正的市场价值和挖潜价值还是有一定距离。

（3）垄断竞争型的土地市场模式。

这种模式对于我国，能使计划机制和市场机制都发挥作用，土地供求双方存在着一定程度的竞争，也与我国经济体制运行计划符合。在市场机制充分运转的情况下，国家着眼社会利益，运用宏观手段调节土地市场，从而达到宏观和微观经济利益的统一。同时土地市场比较容易达到短期、中期、长期均衡，变无序市场为有序市场，同时也避免“有场无市”和“有市无场”现象的出现，还避免了盲目开发、过度竞争造成的不良后果。

综上所述，我们认为依照我国土地市场的现状和背景，应优先选择垄断竞争型模式，但目前我国绝大多数实行土地储备的城市属于寡头垄断形式。

2.2 土地市场均衡与价格调节机制

2.2.1 土地市场均衡

自由市场中，市场运作完全由一只“看不见的手”进行调节，就是市场机制，即“对市场经济体制中基于经济活动主体的自身经济礼仪，在市场中供给、需求与价格之间相互依存和作用，连锁互动所形成的自组织、自耦合机能的理论概括”。我们针对供需和价格两个方面进行分析。

（1）供需机制。

土地供需不是一个单纯的概念，而是由几个相互联系和区别的概念组成的范畴。城市土地和其他经济资源相比较供给弹性比较小，而人们对城市土地的需求却不断扩大，这种供不应求的矛盾将是长期的、绝对的。城市土地供给的扩大主要有两种方式，一种是外延式扩大城市土地供给规模，即通过减少其他用地如农业用地，绝对地增加城市土地供给面积，在我国通过政府向农民征用土地，然后在新征用土地上进行开发，使之成为城区的一部分，这是一种比较直接地扩大城市土地供给的方式；另一种是内涵式地扩大城市土地有效供给，即通过规划调整、增加单位土地投资等方法，集约利用现有城市土地（如城市空闲地减少、利用率提高，容积率增大使利用强度提高等），相对扩大城市土地经济供给，这是一种比较间接地扩大城市土地供给的方式。

随着社会生产力的进步和发展，人口向城市转移和集中的“城市化”过程已成为必然趋势，城市化导致人口集中化，进而城市土地需求也进一步增加，以前土地供求的总量失衡问题我们很早就有意识，但是对土地供给的结构失衡却认识不足，可以说我国土地市场的失衡表现为总量失衡和结构失衡两个方面，其主要形式仍然是总需求大于总供给，应把控制和抑止总需求作为土地市场的主要调节任务，充分利用价格、税收、利率等市场调节手段和经济杠杆对其进行宏观控制。目前在土地市场取得成绩的同时，暴露出许多深层次的问题，突出表现为：土地批租过程中寻租活动猖獗，土地流转过程中投机行为严重等，投资开发规模和结构失调等。在我国土地供给中，市场机制并没有起到主要作用，相反一些非市场因素却成为供给和需求脱节的直接原因。

城市大量存在的以行政划拨方式取得的土地产权残缺、使用期限不明确等，实际上也广泛地参与了现实的土地产权交易；许多城市政府把土地开发当做一项政绩来抓，在市场行为中掺杂了许多政治因素，土地供给无限制；各城市具体情况不同导致土地收购储备的运作类型、步调大为不同；这些机制障碍导致土地供给难以宏观把握，可以说供给机制和需求机制处于一种双层隔离的磨合阶段。

（2）供需约束。

土地一级市场和二级市场的供需受到众多条件约束：城市规划、土地管理体制、土地收益两级分配、地价、银行信贷、企业决策、资金（土地基金和房地产企业开发资金）、地税等。在这里我们主要讨论和土地收购储备直接相关的重要经济约束情况：

地价对一级市场土地需求的约束：一般而言，地价是企业生产经营的重要成本之一，企业为减少成本支出，首先就会进行经济技术分析，确定能够满足生产经营需要的最低土地量。若地价太低，地价对企业土地需求的这种约束力就会丧失；而太低的地价又能萌发企业土地投机的动机，从而刺激企业对土地产生更大的需求。另一方面，地价的高低会影响企业对土地的区位选择。目前一些房地产公司热衷于城市边缘地带的开发，其主要原因就在于城市边缘地带的地价较低。

土地收益分配对一级市场土地供给的约束：城市一级市场运行所产生的土地收益在地方政府和中央政府之间的分配约定至关重要。设地方政府和中央政府的土地收益分配比例分别为 K_1 和 K_2（$K_1+K_2=1$）。如果 K_1 不等于 0，地方政府为了获得更多的土地收益，会不断增加土地供给量，如果 K_1 等于 0，地方政府不管供给多少土地，都不能得到收益，在不考虑其他诱因的情况下，地方政府就会减少一级市场土地供给量。另外，土地供给又包括增量土地供给和存量土地供给。如果增量供给所产生的土地收益全部归中央政府，存量供给所产生的土地收益归地方政府，那么地方政府就会加大旧城区开发力度，增加存量土地供给而减少增量土地供给。

资金对土地供给的约束：这种约束内容分为两类，一是土地基金来源方式、资金还贷压力、经济波动等对收购储备的约束（一级市场）；二是房地产企业资金短缺对土地供给的约束（二级市场）。对于第一类约束，在其他土地基金方向的横向子课题中已经有充分的讨论，这里不再赘述；第二类约束的实际情况为房地产开发公司在购置土地后，不一定都能够愿意及时投入开发所需的全部资金，或进行企业土地储备，或致使开发项目被迫停工，这是一级市场的土地需求不能及时全部转化为二级市场土地供给的具体表现。房地产开发公司在一级市场上购置土地以后，若有充足的资金进行商品房开发，其一级市场的土地需求就会转化成二级市场土地供给，但由于商品房开发周期较长，在开发期内的某一时点上，二级市场土地供给量并不等于开发公司在一级市场上的土地需求量，这通常被称为“二级市场土地供给时滞”。

土地投机对于土地供需的约束：建立土地的市场配置机制和收购储备制度，必须有效控制土地投机行为。在这里我们与一些学术观点不尽相同，目前很多人认为应当严格防范土地投机，这是因为土地投机导致地价暴涨暴跌，不利于土地收益的公平分配，特别在经济高速发展时期，投资扩大，土地需求增加，城市土地供给在短期内缺乏弹性，土地供不应求，地价迅速上涨，此时如果再出现买进土地待机抛售的投机行为，土地供给和需求的差距就会进一步拉大，从而导致地价的非正常上涨。一般对于防范和消除土地投机的主要措施包括建立土地交易税制度和土地闲置制度。前者是对土地出售、出租、转租等流转环节施以税收管理制度，根据土地市场上的供求状况，随时调节税率，以交易税率来控制引导土地交易量，防止土地价格猛涨引致土地投机。后者主要对城市闲置土地征收惩罚性的高额土地闲置税，以防止土地投机者囤积土地，控制土地供给和需求，从而操纵地价。

我们认为土地的一级市场的活跃很大程度上取决于二级市场的活跃程度，应当在管住、管好一级市场的前提下，对二级市场尽量减少非必要的政府干预。这是因为土地作为不可再生的资源，只有通过市场竞争和价格杠杆的推动才能自发及时地调整使用结构，在动态中实现优化配置，土地作为资产也要在流动中需求保值、增值的机会。如果政府干预过多、限制过严，二级市场的死板将会使一级市场的需求萎缩，进而影响到房地产业。“炒地皮”、“炒楼花”和“炒股票，期货、外汇”一样，属于短期性的投资牟利行为，既然政策允许后者，也就没有足够理由来禁止前者。另外，从调整资产组合、分散投资风险出发，考虑差价不可能消失，我们主张从搞活流通出发，减少这方面的干预，但是提高对使用人的限制监督：如期付款，按期开发、是否违约或用途容积率变更等。

（3）供需均衡。

对于供需情况的分析，我们首先对土地供应和土地需求的情况孤立地考察，然后把市场的这两个方面放在一起，再次进行分析其均衡情况。

由于土地收购储备制度直接作用之一是调节土地市场价格，在市场过热的情况下，增加土地供应量，在市场疲软的情况下，控制土地供应，这是由政策导向和制度性质所决定的。同时我们也需要考虑另外一个目标市场——房地产市场的态势。由于房地产的产业关联决定了该产业对于国民经济相关行业具有巨大的推动力，所以房地产市场价格变动趋势与国民经济运行状态息息相关，其具体表现为：

① 房地产价格偏高时。

如 1992 年，宏观经济处于高涨期，国家支持房地产业的加快发展，房地产价格放开。由于经济的高速发展，居民收入水平的提高，全社会对房地产的各类物业，如商业用房、工业用房、写字楼及住宅别墅的需求急剧扩张，刺激了房地产价格的上涨。现在冷静地分析，当年的房地产价格所表现的并不是有效的供求关系，而是对房地产热时房地产供求关系虚假旺盛的扭曲反映，容易形成国民经济的泡沫成分。同时，由于对房地产投资的盲目追加，大量货币投入市场，房地产市场一旦出现波动，将沉淀大批资金，严重阻碍社会经济的运行。因而，过高的房地产价格所带来的经济效益是以牺牲宏观经济持续性发展为代价的，是一种短期的非良性效益。

② 房地产价格偏低时。

表明此时房地产市场低迷，经济效益低下。而宏观经济的衰退将进一步加剧房地产价格的下跌。当市场上存在大量空置商品房时，供给严重超过需求，使得房地产开发商的投资回报率难以保证，导致房地产产品开发量的减少。由于房地产业与其相关行业的关联度，大量的社会产品的供应量减少，房地产低价格—低效益—经济低增长的循环形成，导致宏观经济的进一步衰退。如 1994—1997 年，房地产价格持续下跌，此时社会经济处于衰退期，国家对房地产的指导方针由“加快发展”改为“持续、稳定、协调、健康”的发展。同时颁布了《房地产管理法》与《增值税条例》，对全国房地产开发经营机构进行全面资质检查，整顿金融秩序。目的是理顺房地产业，使其回到正常发展的轨道上来。

③ 稳定的房地产价格。

如安居工程用房、经济适用房等房地产商品的定价，一般是由政府定价，因而并不反映市场中开发经营活动的真正效益。这种政府指导价或管制价格，目的可能是在短期内维护市场的稳定。如将空置商品房中的一部分转化为经济适用住房，不仅缓解了商品房大量空置的压力，而且使得大量资金解套，可以投入其他的生产经营活动，为国民经济的增长作出贡献。但从长远的角度考虑，房地产价格在一定程度上的波动有助于合理调整经济效益。

由以上分析可以得到土地供给的曲线，显然就目前的情况看来土地供应和其他商品供应没有什么两样，但是我们应注意到该图反映的价格和供给关系，前提是社会经济处于稳定态势，供给无限量，忽略了土地的区域性和作为不动产的其他特性。因此我们不能简单地得到土地供给的曲线，必须考虑土地增量有限、存量土地整理开发成本高等情况，对其修正得到图 2-1，而一般供给曲线为图 2-2。

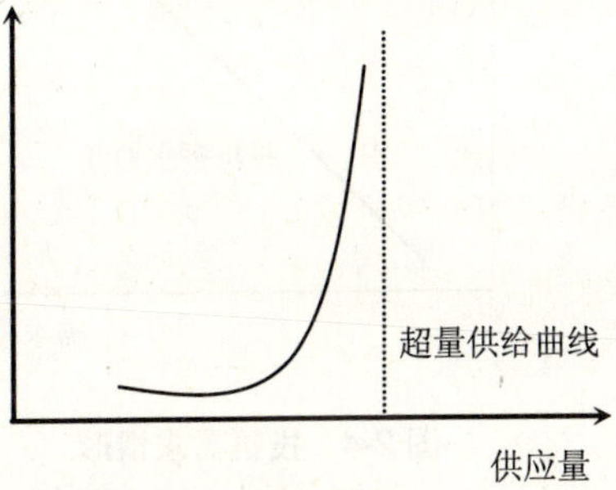

图 2-1　超量供给情形

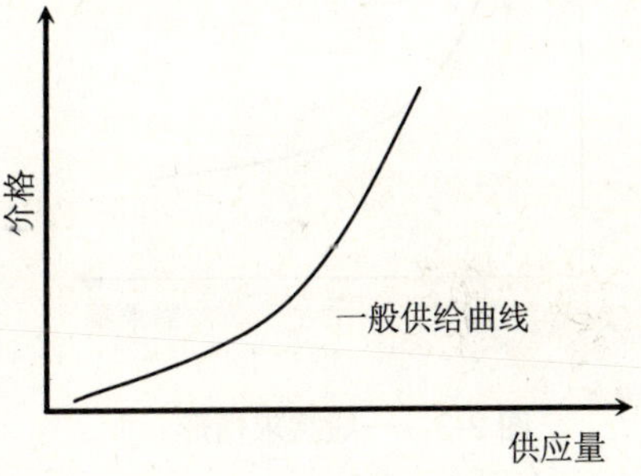

图 2-2　一般供给情形

这两图说明了在一定供应量的范围内，供给曲线为一般状态，即符合一般商品的供给情况，但是当城市土地收购储备制度实行较长的时间，增量土地供应几乎为零，存量土地供应十分有限的情况下，供给量无法再大规模增加，即使土地价格居高不下。

对于土地需求的曲线，和土地供应的曲线类似，不过是随着供应量增大而价格降低，随着供应量减少而价格上升。不过如果考虑土地市场中普遍存在的土地投机行为，就不能以常规的市场经验判定。因为一般投机行为不会去囤积低价、区位不好的土地，而是投资在具有极大升值潜力的较高价地段。我国土地市场的有效需求机制也没有形成，有效需求即有支付能力的市场需求，目前土地市场需求的无效性主要表现在：一是新旧体制的摩擦空间隐藏了土地市场相当部分的市场需求，在土地的行政划拨制度与土地批租制度并存的情况下，两种制度的摩擦空间为土地市场的部分有效需求提供了一种非市场的满足渠道，通过非市场的活动，可以购得低于市场价格的土地，从而使土地市场上的部分有效需求被隐藏甚至被消化。二是从房地产市场考虑，土地市场与房地产市场息息相关，可以说房地产的有效需求在很大程度上决定了土地市场的有效需求，但是目前房地产价格上涨速度远远超过国民收入增长的速度，它使居民对房地产的需求表现为一种无支付能力的无效需求。当前，我国大部分大中城市房价与居民家庭年收入之比平均为 10∶1 左右，大大超过了国际普遍水平。

需求曲线如下图。

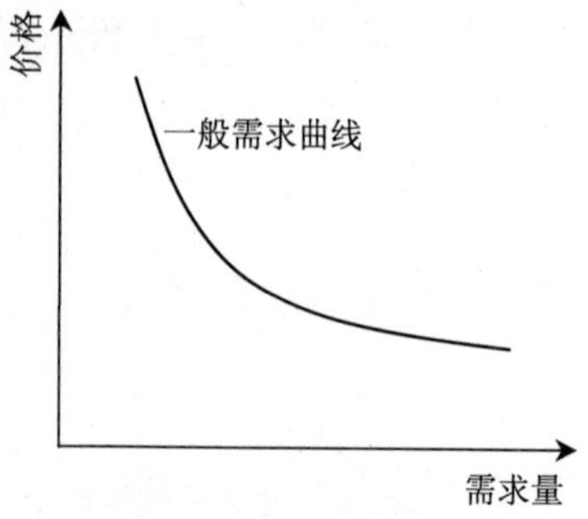

图 2-3　一般需求情形

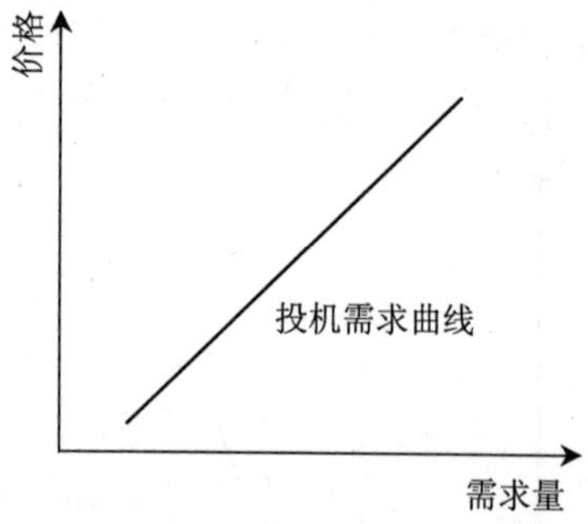

图 2-4　投机需求情形

现在我们将考虑供给和需求的力量相互作用的情况，此时产生了均衡价格和均衡数量，即市场均衡。值得注意的是，瓦尔拉一般均衡理论认为，市场供需只有一种正常状态，即供给等于需求，只有短期和个别时点才会出现供需不相等。但是现实土地市场运作中，不可能使供给和需求在数量上保持相等，总会出现或大或小的数量缺口。这种均衡理论建立在如下的假设条件之下：第一，供需双方只对价格信号作出灵敏的反应；第二，市场价格是根据供需状况而随时调整的。然而在土地市场中，这两种假设都不存在或者很难做到。一方面是供需不仅要受价格信号的影响，还要受非价格、非市场情况的影响；另一方面由于经济信息传递和获取的不完全性，相对于供给与需求的变化，价格具有一定的刚性，这就决定了供需缺口不可能通过价格瞬时变化来加以调节。

由上所述原因，一部分经济学家对上述均衡理论进行了批判和修正，逐渐形成了非瓦尔拉均衡理论。该理论认为在现实经济中，并不存在供需相等的理想状态，而是以差额保持在一定范围内的供大于求或求大于供的格局为正常状态（《市场理论及其应用》）。这就是说在一个经济系统里，虽然供给和需求不一致，但是供需之间的差额不超过一定的幅度，那么该经济系统仍然处于均衡状态。由此可见，非瓦尔拉均衡实质上是一种均衡，通常称为非均衡。我们研究城市土地市场供需运动是以非均衡理论为基础的。

第一，城市土地市场供给和需求是供给方和需求方“在交易之前传递给市场的一个信号”（《供需平衡经济学》）。

第二，土地市场可以通过自身的调节机制，在一定限度内承受供需之间的数量缺口，这是因为供需之间发生一定程度的偏离，既是市场机制作用的开始，又是市场机制作用的结果。

第三，供需平衡与否，不应该从一个时点上去把握，而应该将一个或长或短的时期作为整体来看。

第四，土地市场供需平衡，既包括供需结构平衡，又包括总量平衡；既包括一级市场供需平衡，又包括二级市场供需平衡。因此，土地市场供需平衡可以被表示成如下式子：

$$S_1=D_1$$
$$S_2=D_2$$
$$S_{1h}=D_{1h}$$
$$S_{2h}=D_{2h}$$

式中：S_1 和 D_1 分别为一级市场土地总供给和总需求，S_2 和 D_2 分别为二级市场土地总供给和总需求，而第三、第四个式子又分别表示一级市场某类用地的供给需求平衡和二级市场某类用地的供给需求平衡，第一、二个式子表示一级、二级市场的供需总量平衡，后两个式子表示一级、二级市场的供需结构平衡（刘洪玉、季如进，土地收购储备制度与土地市场关系研究报告，2001）。

2.2.2 土地市场价格调节机制

从经验分析和国外经济学家的土地市场模型看来，土地垄断市场的价格具有很强的刚性，或者认为是稳定性。这里以需求曲线来说明这个问题，为说明问题的方便，这里的需求曲线折弯，与前面给出的图形略有不同。

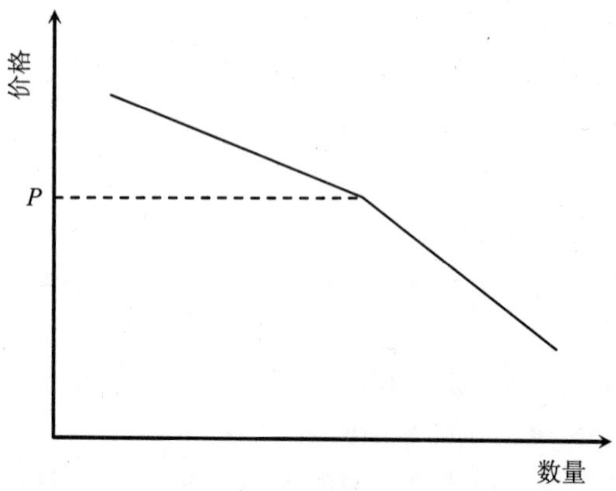

图 2-5　折弯需求曲线

图 2-5 说明一个具体情况，当国家垄断机构一段时期的土地价格为 P，供应量为 Q 时，如果降低价格，那些隐形市场的所谓“竞争者”为防止失去市场份额，也会纷纷降价。因此，当价格低于 P 时，需求曲线将会更陡峭，即弹性更小。相反，如果提高价格，其他竞争者却不会立刻随之提价，因为相对于国家寡头垄断势力，他们个体所占市场份额实在微不足道，这样国家垄断机构就会失去一部分市场份额，需求者纷纷找寻“非市场”渠道，这是我们不愿意看到的，这样的态势如果发展到极致，将会成为“有场有市”，成为地下蓬勃的完全市场竞争模式。

同其他市场结构一样，企业利润最大化时，必须选择边际成本等于边际收入时的产量和价格。如果边际收入大于边际成本，企业可以通过增加产量来使其利润增加。反之，则可通过降低产量而使利润增加。同时也容易看出，由于需求曲线是折弯的，从而其斜率——边际收入曲线是断开的，利润最大化的均等条件（边际成本＝边际收入）将变为不均等（边际成本处于边际收入的上限与下限之间）。结果是，边际成本在边际收入的上下限内的变动不会导致价格变动。同样，需求的小幅度波动，也不会引起价格的变动。总之，目前土地市场寡头垄断形式，其价格是相当稳定的，对供给条件和需求条件的变动反应不灵活。

土地市场的价格管制政策。目前我国各大城市已经有一部分制定了最低和最高价格，美国政府在战争时期和 20 世纪 70 年代初期经常使用价格管制政策，目的在于控制通货膨胀的压力。下面利用一般的垄断利润最大化理论，说明价格管理政策在什么情况下才可能产生有益的结果。

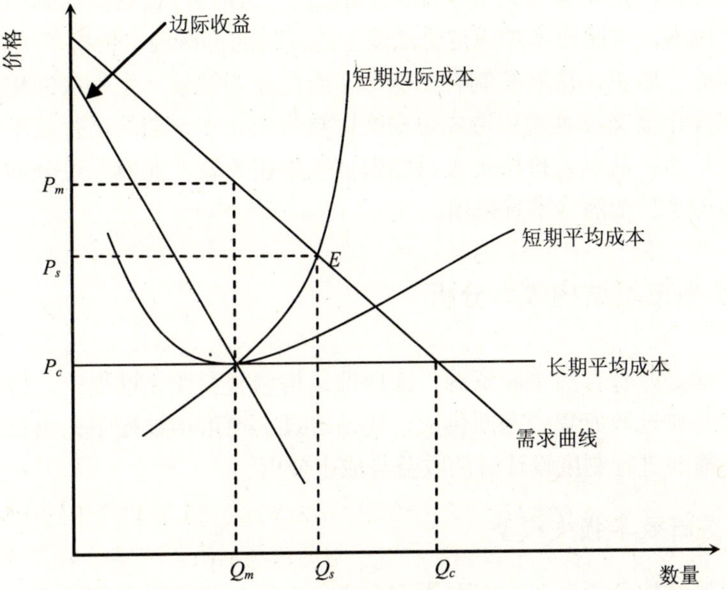

图 2-6　价格管制与成本曲线

假定未实行价格管制政策前，垄断企业的价格为 P_m，并按照短期平均成本确定了产量 Q_m。在政府实行最高限价 P_s 政策之后，垄断企业的新边际收入曲线变为位于 P_s 水平上的一条直线，垄断企业的短期边际成本曲线与需求曲线交于 E 点，相应的产量由原来的 Q_m 扩大到 Q_s，此时价格等于短期边际成本，限价政策达到了降低价格、增加产量的理想结果。

但是现实市场中，理想结果不是那么容易实现的，而且价格定于 P_s 仍可使垄断企业获取超常利润。制定价格政策的政府官员或专家会感觉结果并不理想，另一方面，价格政策制定者不可能确切知道 E 点恰恰是垄断企业的短期边际成本与需求曲线相交之处，这样，他们非常可能本着平抑低价的目的进一步压低最高限价。假设他们决定将限价定于单位成本最低水平 P_c。这时，垄断企业的反应将是把产量恢复到先前的 Q_m 水平，此点边际收入与长期边际成本相等。但问题是，当价格等于 P_c，产量等于 Q_m 时，存在 Q_c-Q_m 的供给缺口，随之必然出现隐形市场加剧或政府出面调控。事实上，只要价格定在 P_s 与 P_c 之间，就会出现这种情况。

从长期看来，如果限价位于 P_c 之上，垄断企业可能会沿其长期成本曲线扩大生产能力，从而最终消除短缺现象。但由于制定加额上限的政府官员并不可能清楚知道有关成本和需求情况，往往只好根据观测到的寡头企业单位成本，按照成本加成定价法或土地评估的价格制定价格范围。

因此一般说，价格管制有可能对垄断行业的绩效产生积极的作用，但在具体操作上又很难避免造成短期的短缺与失衡和长期的运行效率低，所以我们认为目前制定价格上限只能保证土地作为资产保值、过分炒作，其负面作用是长期的，不宜采用。

2.3 土地市场结构效率分析

土地是一种自然垄断资源，在内部结构调整和变化过程中，特别是增量土地是通过政府集中垄断供应，还是通过土地市场过程中完全竞争式的谈判，需要进行制度设计时的收益与成本分析。

2.3.1 垄断效率损失模型

市场结构分析表明，相对于完全竞争市场，就垄断本身而言，由于垄断者具有控制供给数量以影响价格，实现目标收益最大化的要求，无形中会造成一种效率的损失，即 DWL 的形成，一种福利或者说是生产者剩余和消费者剩余的损失。这正是不断寻求打破垄断，提高资源配置效率和国民福利的意义所在。

如图 2-7 所示，一个垄断资源的提供者，可以按照边际收益（MR）等于边际成本（MC）所决定的资源产量（Y_1）来安排市场供应，其获取的垄断收益就相当于阴影部分公式（1）$S_{ABP_1P_0}$ 面积的大小，此时该垄断资源供应者能够实现利润最大化。但是，潜在的福利损失却有阴影部分公式（2）面积 S_{ABC} 那么大。

$$S_{ABP_1P_0} = Y_1 \times (P_1 - P_0) \tag{1}$$

$$S_{ABC} = \int_{Y_1}^{Y_2} \left\{ D[p(y)] - MC(y) \right\} \mathrm{d}y \tag{2}$$

相比于完全竞争的市场而言，即生产者以 MC 为产量供给曲线，于是资源供给量为 Y_2，价格下降为 P_2。因此资源供给者（S）和消费需求者（D）的福利（效用）损失（L）分别为：

$$SL = \int_{Y_1}^{Y_2} \left[P_2 - MC(y) \right] \mathrm{d}y \tag{3}$$

$$SD = \int_{Y_1}^{Y_2} \{D[P(y)] - P_2\} \mathrm{d}y \tag{4}$$

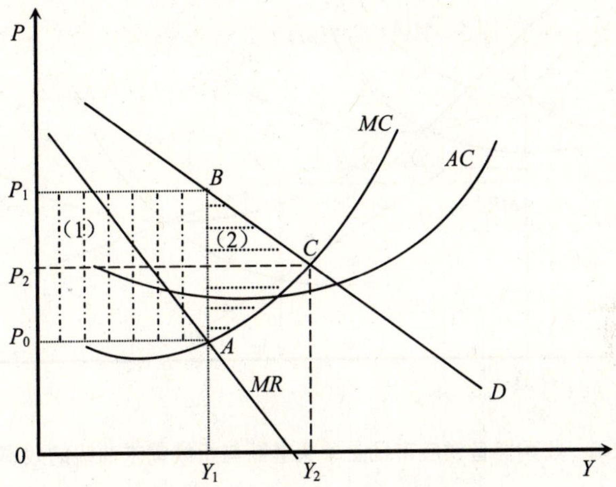

图 2-7　土地市场垄断的收益与效率损失

上述分析表明，资源的垄断会带来效率的损失，但对于处于自然垄断的资源来说，国家可以将垄断性收益通过一种制度性安排收为国有，防止资源收益流失。

2.3.2 土地供应市场单头垄断与折线需求分析

土地收购储备这一制度安排可以将分散的多头供应集中统一起来，在一个有形的土地交易市场里，实行招标拍卖，模拟一个近似完全竞争的市场，将一部分隐性的幕后交易公开，降低门槛，使得更多的土地使用者和开发者能够进入市场。

一方面，集中土地收购储备，实行规模开发，降低开发成本，形成一定的规模经济效应。另一方面，由于公开、公正和公平市场交易机制的形成，以及大量存量土地的入市，使得一些大量中小开发商能够突破市场进入障碍，资源的需求曲线会呈现出折线需求状态，如图 2-8 所示。

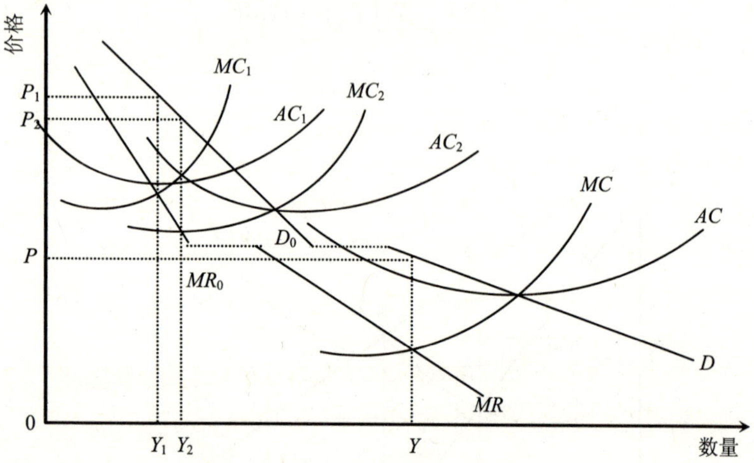

图 2-8　收购储备供应市场上单头垄断与折线需求曲线的效率分析

$$MC = \sum(MC_1 + MC_2 + \cdots + MC_n) \quad (5)$$

$$D = \sum(d_1 + d_2 + \cdots + d_n) \quad (6)$$

其中，D 为“门槛下降”折线需求曲线，d_1，d_2，…，d_n 为多头供应或市场分割状态下的各自需求曲线。

2.4 国外土地市场制度与土地调控

2.4.1 美国土地市场与土地管制

美国土地市场是一种“准完全竞争性”市场，政府通过经济手段和立法手段管理土地交易。美国土地所有制形式包括三种：私人土地、联邦土地、州及地方政府土地。私人土地约占 58%，联邦政府土地约占 32%，州及地方政府土地占 8%，另有 2%为印第安人保留地。美国土地所有制状况的形成取决于政府的土地政策，而土地政策本身又从属于美国政府的政治、经济、社会总体目标。美国政府对于土地的拥有、使用、交易都实行严格管理、法令众多、条目清楚。

美国法律保护私有土地和公有土地的所有权不受侵犯，允许土地买卖和出租，但政府拥有土地使用权的终决权，包括占有、控制、管理、优先购买权等。私有土地的所有权也不是绝对的“私有”，必须在合法的范围内，遵守法律程序规定的义务。美国对土地私有权限制和管理主要表现为：第一，对土地拥有权的限制，包括土地的取得和征收，拥有土地的种类、数量、位置等；第二，对土地使用的限制，包括土地用途、建筑高度、容积率、覆盖率等，而且禁止土地闲置；第三，对土地租赁、转让、交易的限制，包括变更登记、租赁期限和对土地投机的控制等；第四，为发展公共设施或保障社会利益而进行的某些限制，包括对某些行业提供廉价的土地，为中低收入者提供优惠住房用地等。美国的《联邦土地政策》和《土地管理法》都对城市土地的功能和利用作出了原则性的规定，业主在土地交易中不得违反规定。

但对于合法的土地交易，政府一般不粗暴干预，而让价值规律、竞争规律充分发挥作用，故房地产经纪人、地产金融异常活跃。由于城市土地的稀缺，地价波动很大，1980—1987年土地价格上涨率达到239%，政府主要通过基础设施、交通条件和产业政策等来影响地价。也就是说，美国虽然号称完全的市场经济，但土地作为一种特殊商品不完全由“看不见的手”控制，而是通过政府管制下的“准完全竞争性市场”来交易，这种市场模式并不取决于土地私有或公有的所有制形式，也不完全采用效益和公平的理性标准，而关键取决于政府一定时期内的社会经济总体政策。

2.4.2 日本土地市场与土地调控

战后日本出现了三次地价暴涨，第一次是20世纪50年代，经济高速增长，产业结构急剧变化，人口和产业大量向东京、大阪等大城市转移；第二次是60年代，政府推行列岛改造计划，人们预期地价上涨，纷纷买地；第三次是80年代中期，人们集中向大城市及其周围购置房地产。地价不断上涨，使价格远远背离了它的价值。如1974年地价比1970年上涨了2.4倍，东京市区地价每平方米有的竟然达到4 000万日元以上。土地问题成为制约经济发展和居民福利提高的十分关键的社会经济问题。日本政府便从限制土地交易入手，加强房地产交易管理。

日本房地产交易市场活跃，但土地需求和供应之间的矛盾突出，政府的有效管理和调控就愈加显得重要。日本国土面积只有37.78万km^2，人口密度高达327.37人/km^2。日本现有土地构成中，私人土地占65%，国家和地方政治团体占35%。国有和地方公有土地大部分是山林、河川、海滨，以资产而论，国有和国有土地资产仅占日本全部土地资产总值的6%，私人和企业是土地交易市场的主体，私人之间的地产交易非常活跃。全国有1.6

亿个地段，每年进行交易达 200 万个。各地政府确定不动产价格以鉴定土地并设有土地测量人员，实行土地交易许可制、土地交易监视区制度和空闲地制度。

（1）土地交易许可制是政府控制土地交易活动的重要手段。在城市规划区以内或以外，对于土地投机活动集中的地区，以及土地价格上涨过快或有可能上涨的地区，地方政府可以确定为“限制区域”。“限制区域”一经确定，该区域内土地交易超过一定面积标准，就必须得到地方政府的“许可”批准。各项“许可”审查，主要从交易价格和用途两个方面进行。地价以附近地价水平及政府确定的指导地价（限制价格）为依据。用途倾向于鼓励公益事业征用，住宅用地、公共福利事业项目、债权担保，以及公共事业的先买。

（2）土地交易申报制利于控制那些足以影响土地市价或土地用途的大规模的土地交易。在“监视区”，超过一定面积的土地交易要向地方政府申报。在非监视区，市区以内超过 2 000 m^2 的土地交易、市区以外规划区以内超过 5 000 m^2 的土地交易、城市规划区以外超过 10 000 m^2 的土地也必须申报。申报的主要项目也是地价和用途。地方政府对申报的土地，如认为地价过高或土地利用不合理，则可根据土地利用审查会的意见，向申报者提出降低或改变用途的劝告。多数听从劝告，修改原地价或用途；不服从劝告的，交易合同仍有法律效力，但将被公开“曝光”，很少有交易商去冒这个风险。申报劝告制实际上是日本宏观管理的调控地产市场的一种有力手段。

（3）土地交易事前确认制是对申报制的一种补充。交易双方价格和用途不违背申报制的基准，可以向地方政府提出事先确认申请，以简便手续。

（4）土地交易监视区制度用于监视地价上涨过快的小规模土地交易。除了通过申报制控制大规模土地交易外，日本也重视监视小规模土地交易。凡地方政府认为某一地区地价上涨太快，或由于上涨影响土地合理利用，均可依法确定为地价监视区，时效 5 年。如福冈市前几年地价涨幅大，已有 55%的土地确定为监视区。

（5）空闲地制度利于防止投机性囤积土地。“空闲地”的条件是：①市区以内 2 000 m^2 以上，市区以外规划区以内 5 000 m^2 以上、城市规划区以外 10 000 m^2 以上的土地；②该土地所有者土地已超过 3 年的时间；③该土地未做任何利用，或利用程度低，未按照土地利用规划进行利用。对于“空闲地”，政府提出利用意见；对于不服从者，地方政府选择地方公共团体购买者，通知当事人进行交易，还可根据城市规划或土地利用规划采取进一步措施。

2.5 市场导向的土地管理制度改革

2.5.1 土地市场化进程回顾

土地是重要的生产要素和资产，土地管理是国家管理职能中重要的内容之一。在市场经济条件下，土地市场是整个市场体系的重要组成部分。改革开放以来，中国土地市场发生了重大变化。中国的土地市场化始于 20 世纪 80 年代末的土地使用制度改革。从深圳的土地使用权拍卖第一槌到随后《中华人民共和国宪法》就土地出租、转让的修改，标志着土地供应无偿、无限期流动制度的结束，土地开始作为商品走向市场。1986 年《土地管理法》的出台，规定了行政划拨和有偿出让两种形式并行的土地使用模式，提出了建立土地市场的初步构想。

1987 年 11 月，国务院批准确定在深圳、上海、天津、广州、厦门、福州进行十地使用改革试点。深圳特区[①]在全国各城市中，最早认识到土地的价值。1988 年 4 月，全国人大对《宪法》进行了修改，在删除“土地不得出租”规定的同时，增加了“土地使用权可以依照法律的规定转让”的规定。按照修改后的《宪法》，1990 年 5 月国务院发布了《城镇国有土地使用权出让和转让暂行条例》，明确规定土地使用权出让可以采用协议、招标和拍卖三种方式。从无偿到有偿，从无期限到有期限，从无流动到有流动，中国土地使用制度改革掀起了第一个高潮。土地使用制度改革继续深化。从 1996 年提出耕地动态平衡的原则，到 1997 年提出加强土地管理的治本之策（1997 年中央 11 号文件）；冻结建设占用耕地，全面修订《土地管理法》，修编土地利用总体规划，确立土地用途管制制度。土地使用制度这些重大变革，为土地市场的建立健全提供了前提条件。《宪法》的修改、《暂行条例》的制定和颁布实施，在法律法规层面恢复了中国国有土地资产商品属性的同时，也标志着土地管理开始步入了商品化的轨道。在广泛征求社会各界意见的基础上，1998 年 8 月 29 日召开的第九届人大常务委员会第

① 1987 年 12 月 1 日，深圳市首次公开拍卖一幅 8 588 m^2 地块 50 年的使用权，44 家在深圳有法人资格的企业展开激烈角逐，一家房地产公司最终以 525 万元竞得。土地使用权在中国第一次作为资产进入市场，并且首开国有土地使用权招标拍卖的先河。

四次会议颁布了重新修订后的《土地管理法》。按照修订后的《土地管理法》，国务院于当年12月27日颁布了《土地管理法实施条例》。随着土地市场的建立，进入1997年以后，全国多数城市和地区的土地都采取了有偿出让的方式。

随着市场经济体制的建立，以市场配置土地资源、由市场确定地价的原则逐步确立。广东、江苏、浙江等市场经济发育程度较高的地区，对土地市场建设展开了积极的摸索，如杭州的土地收购储备制度、广东的有形市场建设等。广东、浙江等省还确定了经营性用地一律招标拍卖的制度，招标、拍卖在当地已经成为土地使用制度改革的一种潮流，土地市场建设轮廓逐渐显现。这些做法得到了国土资源部的充分支持。1998年国土资源部转发了《广东省城镇国有土地使用权公开招标拍卖管理办法》，1999年1月，国土资源部下发了《关于进一步推行招标、拍卖出让国有土地使用权的通知》。地方的大胆推动和国土资源部的积极引导，形成了土地市场建设的第二次高潮。

2000年1月6日，国土资源部颁布了《国土资源部关于建立土地有形市场促进土地使用权规范交易的通知》，建立健全了土地交易管理制度，规范了有形市场运作。国土资源部在《通知》中强调，在整顿和规范土地市场秩序中，要着重建立健全以下几项基本制度：一是建设用地供应总量控制制度。根据土地利用总体规划和当地各项建设的实际需要，对建设用地总供应量实行严格控制。二是城市建设用地集中供应制度。城市政府要统一控制新增建设用地供应，同一城市范围内的新增建设用地由市土地行政主管部门统一征用，统一提供，市辖区及各类园、区的新增建设用地也必须纳入市政府统一的供应渠道。三是土地使用权公开交易制度。计划出让的土地必须在指定场所或通过有关媒体向社会公布。按规定应招标拍卖的，必须公开招标拍卖；协议出让的，必须公布协议结果。四是基准地价定期更新和公布制度。基准地价原则上每三年更新一次，并根据市场变化，适时进行调整。五是土地登记可查询制度，除涉及国家保密要求外，土地登记结果要接受社会公开查询，做到查询资料全面，查证及时，鉴证准确。六是集体决策制度。对涉及建设用地审批、土地资产处置、地价确定等土地资产管理的重大事项，一律实行内部会审，实行集体决策。

2001年，国务院发出15号文件《关于加强土地资产管理的通知》，有针对性地从严格控制建设用地供应总量、严格实行国有土地有偿使用制度、大力推行招标拍卖、加强土地使用权转让管理、加强地价管理和规范土地审批的行政行为等六个方面，提出了具体的要求，并从源头和制度上加强土地资产管理，在土地资产管理制度上制定了一系列新的举措。土地有形市场、土地基准地价、信息公开制度等，也开始在全国许多县（市）建立起来。国务院 15 号文件，引发了土地使用制度改革的第三次高潮。它进一步完善了土地市场机制，大大发挥了市场配置土地资源的基础性作用，同时对规范土地审批行为，整顿市场经济秩序都起到了重要作用。

土地市场规范运行的基本制度是规范土地市场秩序的重要内容，在这些土地政策和法规的指引下，中国国土资源使用权从审批向拍卖快速转变，土地市场得到进一步规范。至 2001 年，一系列地方性法规和规范性文件的出台，初步建立完善了建设用地供应总量控制、城市土地集中供应、土地使用权公开交易、基准地价定期更新与公布、土地登记公开查询和集体决策制度。

2.5.2 新时期土地制度市场化改革趋势

人类思想智慧不竭的源泉在于人们对更加美好生活的追求和向往，而构成这一基础的物质财富的极大丰富取决于人们征服自然和改造自然能力的逐步提高，这就要求人们不断提高对经济发展规律的认识能力和水平，从而进一步促进社会生产力的发展。改革一些被实践证明了的制约和束缚社会生产力发展的体制和做法，也是解放和发展生产力的一种重要手段和途径。众所周知，中国正在进行着一场市场经济体制改革的实践运动，这一实践运动与西方市场经济体制的“自发诱致性”制度变迁相比较来说，是一次有着明显差异的“强制性”制度变迁，而与其他由计划经济体制向市场经济体制实行“休克式”疗法的体制转轨来说，却是一个“渐进式”的改革过程。

就政府主导的强制性制度变迁而言，首先，从制度变迁的主体和客体的功能定位来说，从宏观经济和制度经济学角度来看，需要政府有足够的智慧和勇气来正确处理好“计划”这只“有形的手”和“市场”这只“无形的手”之间的关系，要分清楚在政府和市场“互替性交易”中边际功能的划分，以及政府与市场“互补性交易”中政府作用的功能定位，因此，经济体制转轨时期的“双轨体制”特征和体制演变的“路径依赖”是制约着一些经济问题深层次矛盾的背景基础。这一总体性体制演变的框架也是构成土地经济问题不断演绎和发展变化的基础。

其次，从制度变迁的步骤和方法，即从市场体系的构成和发展完善来说，强制性制度变迁要求政府善于在计划体制中的某些薄弱环节寻求市场体制培育的突破口，也就是在旧体制内由政府着手市场培育的步骤及方式和方法问题。实际上，一种经济体制总是由一系列次级或者说是亚体制组成的，在这些亚体制中要处理好市场化的步伐和协调问题。回顾一下中国市场经济体制的逐步确立过程，我们就不难发现有着这样一个演变的轨迹。自改革开放以来，从有计划的商品经济，到计划调节为主、市场调节为辅，计划与市场调节相结合，乃至于党的十四大，科学地概括和评价了邓小平建设有中国特色社会主义理论及其在全党的指导地位，明确提出了在建立社会主义市场经济体制的制度演变进程中，我们可以看出市场的因素、成分和作用处于不断的量变积累和阶段性或部分性质变的过程之中。与此同时，各种生产要素的市场化也在规范发展中不断成熟。土地资源的市场化配置进程已经十分引人注目，同时也存在着土地与其他要素市场相互协调、有机结合和发展问题的进一步探索。

再次，从制度变迁的目标和演变方向，即从要素资源的自然属性和资产的社会经济属性来说，强制性制度变迁要通过市场机制来配置土地这种稀缺而又不可再生的资源，就需要利用市场价格机制来显化土地资源的资产价值。按照市场经济中将“最稀缺的资源配置到最需要它的地方去”的经济原则，充分发挥土地资源潜在资产价值，按照“价格”，从本质上来说，这就是一种财产权利的利益分配关系，根据这一经济运行机制，来实现资源性资产价值按照要素贡献分配模式下的增值和保值。因此，研究和探索土地和其他要素资产之间的多种结合形式，进一步加强土地资产及其收益分配管理，通过资产管理来强化土地资源管理是一种客观需要的必然趋势。

就向市场经济体制实行“渐进式”体制转轨来说。改革就是一种扬弃，就是一种破旧立新的变化过程，但是渐进式改革则更加注重质变中的量变积累过程，其价值取向就是以较小的社会经济等方面的波动，来完成经济体制框架性的结构变迁，就是要用“改革”和“发展”的双重手段来共同完成这一历史性的变革，但是它不可避免地在一定程度上会造成双轨体制的延续性和一些体制创新的阶段性。就中国具体国情而言，一方面，体制转轨需要政府推动制度的强制性变迁；另一方面，又需要对政府本身加以改革，改革主体和客体交融；既需要进行体制改革，又需要推动经济发展，改革和发展并重；既需要解决体制性改革的延续性和阶段性问题，又需要解决经济发展的不平衡问题，所有这些问题的复杂纷呈，形成了土地市场化进程中的艰巨性和复杂性，使得土地和其他资产之间的结合呈现出多样化的发展趋势，并且也逐步呈现出发展的阶段性和不平衡性。

总之，中国特色的社会主义市场经济的实质，在于充分发挥价格机制对资源配置的基础性作用。在市场经济进程中，土地资源的市场化配置，以及与其他实物及货币资源的优化组合能够实行“帕累托效率改进”。在土地和劳动力基础之上，进而衍生出技术、累积成财富以聚集成资本，人类才得以以迂回的生产方式来提高效率并加以扩大社会性的生产过程，土地与金融的结合方式是经济发展内在运行机制的必然要求。

在现实的经济活动中，作为一个发展中国家，在工业化进程中城市发展所必然涉及城市土地资源的增量选择和控制问题；我国经济结构和产业结构调整过程中需要对存量土地资产盘活，并加以优化组合；政府（中央和地方）宏观调控意图的贯彻，调控能力的提高所需要财力的来源、对逐渐成熟和规范的土地市场的调控，以及相关宏观经济问题的解决；土地市场培育和完善需要对市场主体和客体加以规范、引导和控制所必须进行土地收购储备和相关金融支持的问题；国有土地资源性资产的保值和增值，经营和收益分配等，所有这些问题合力为国民经济整体内在的有机机制，使得“土地的金融实践”或金融业“金融深化”显得尤为迫切。

2.5.3 中国市场经济体制演变过程中的“路径依赖”

土地资源的自然、经济和社会属性决定着在市场经济体系中土地市场及其秩序问题尤为重要。

2.5.3.1 土地资源配置市场化进程的缓慢进展

自改革开放以来，各种生产要素的市场化也在规范发展中不断成熟。由于在计划经济时代生产资料实行计划配置，而消费资料实行“商品化”配置方式，因此，这些有形商品的市场发展的最为成熟。我国市场体系的完善和市场化程度的提高过程，不仅是“市场”对“计划”的渐进式“浸润”的过程，而且也是由“商品”向“各种生产要素”的“逆向溯源”式的扩展过程。随之而来的是资金（货币）市场、技术市场、劳动力市场、外汇市场、房地产市场等市场的发育和完善。尽管“土地”这个最为古老而又较具稀缺性的不可再生性资源在这种“逆向溯源”式的扩展过程中终究要被“浸润”，但是鉴于体制性的路径依赖、资源性的自然属性和资产性的社会经济属性决定了其市场化进程较为缓慢，也许可以称得上是市场经济进程中最后一个“堡垒”，是政府稳控的最为重要的资源，同时也是政府“随意”处置尚有余地，且较为方便的重大资产，因此，对土地市场及其秩序的清理整顿和规范意义重大，难度也较大，这在一定程度上要取决于政府自身的诚信和对市场的信念。

2.5.3.2 政府对市场经济调控手段的变化

中国经济在“摸着石头过河”的实践过程中不断总结经验和教训，政府实行宏观调控的能力和技巧不断提高，调控手段日趋多元化，各项调控政策的出台时机和力度的把握明显改善。实际上对事物及其发展规律的认识在不断深化。一个明显的事例就是：关于对宏观经济的调控，党的十五大的提法是：“保持经济总量平衡，抑制通货膨胀，促进重大经济结构优化，实现经济稳定增长。”这个提法在总体上局限于计划经济思维的框架内，与标准市场经济所讲的宏观调控四大目标有较大的距离。其不足之处，一是将“结构”放进来，似有政府在宏观调控时“越位”、与市场调节功能“错位”之嫌；二是“总量平衡”与“抑制通胀”及“稳定增长”存在交叉、重叠，互相包含；三是没有提“就业”，而这是现代国家中政府宏观调控的基本内容，对作为劳动力大国的中国来说，实施追求“充分就业”的政策尤其重要；四是缺少“国际收支平衡”，而这也是“入世”后中国在宏观调控时要认真对待的重要课题。党的十六大报告纠正了这四个不足，新的提法是：“促进经济增长、增加就业、稳定物价和保持国际收支平衡”。这个新提法，完全回到了市场经济宏观调控轨道上，表明我国宏观调控政策理论已经基本成熟。

就宏观调控手段来说，从过去以直接手段为主转变为以间接手段为主，由过去的以行政手段为主转变为以经济手段和法律手段为主。在调控手段多元化的同时，随着经济的发展会出现新的变化。按照公共政策思路，政府财政应当逐步转到公共财政，财政手段也会因公共财政政策的改革而选择性的“淡出”；货币政策的一大特征就是通过货币传导机制有一个对经济的“平和稳健”的调控作用，比较适用于对经济运行进行“微调”；行业政策除了有关国计民生的重要领域和行业及产业政策之外，多带有指导性作用和性质；外汇政策也会随着我国“入世”承诺而有所松动。土地的“瓶颈制约作用”可以成为政府调控经济的一种手段，但因其力度较大，它的实施不仅要求政府正确处理好“政府”与“市场”之间的关系，还要切记市场经济有不完善的一面，也会发生“失灵”，同时政府也会“失灵”。

在市场机制尚没有完全建立起来的条件下，市场发育不足所造成的缺陷需要政府弥补。即使在市场机制比较完善的条件下，也会存在市场失灵，也需要政府矫正。规划是政府弥补或矫正市场缺陷或失灵的主要手段。但是，规划必须要反映一国国民经济的景气回升，也即经济周期的动态变化的要求。“普遍突破规划”一方面反映出建设用地的严重失控，但在一定程度上也可能反映出规划有可能不能够适应经济周期的发展变化的需要。

一个值得重视的问题是，我们的政策也得反思，经济的周期性发展是一个客观规律，加上在中国经济体制转轨时期“体制”和“发展”双重问题的困扰，会使得通过现象看本质更加复杂。政策的有效性取决于，对经济这个有机体“症状问题”的及时诊断，政策的力度和出台时机的把握等。我们必须要将土地问题纳入到整个宏观经济的视野中来加以分析考察和把握，避免就事论事，这对政府和部门分析和把握宏观经济发展趋势的能力有了新的要求。中国经济增长周期拉长，一方面表明中国政府宏观调控能力确实有了很大的提高，通过各种宏观经济政策手段来“熨平”周期；另一方面，对政府各部门及时发现问题增加了难度，大起大落的宏观经济时代已经过去，这就要求善于从事物的萌芽状态及时地了解其发展动态，防微杜渐。

2.5.3.3 目前中国土地产权特征以及土地市场本身结构特点决定着政府干预的必要性

我国实行的是以公有制为主体，多种经济形式共存的基本经济制度。就土地所有制而言，有国有和集体两种形式，这就使得土地这种资源在土地市场上的供给结构比较单一（部分国有土地使用权可以出让，经营性用地的招拍挂等，而集体土地中建设用地流转试点），这种基本经济制度决定的土地经济的运行体制和机制极大地影响并制约着土地市场结构的形成及其供求态势。

相对于自由竞争、寡头竞争、垄断竞争等市场定价或价格控制能力而言，垄断市场具有完全或高度的价格形成机制和控制能力，一方面它操纵着超额垄断利润，同时也会造成该市场结构中“消费者剩余”（土地需求者剩余）和“生产者剩余”（土地供应者剩余）的减少，这也就会形成“垄断的效率损失”（DWL），因此，政府来控制、分配土地收益，防止伴随着经济发展过程中土地显性资产和增值收益的流失。

2.5.3.4 土地资源配置的市场化进程对政府干预或调控手段和能力提出了更高的要求

随着社会主义市场经济进程加快和市场经济体制的确立和完善，发挥市场价格机制对各种生产要素资源的基础性配置作用也在不断加强，土地作为一种重要的要素资源也将在相关要素资源市场化的“牵引”之下逐步加快市场化进程。

在我国社会主义市场经济体制转轨过渡时期，在政府和市场分工过程中，习惯性的思维方式往往会退回到按照计划指令去具体实施，因为那样投资操作起来比较容易，但是毕竟它不代表市场经济进程中的发展方向。实际上，即使是行政指令性计划也应该充分尊重市场经济规律，因此，这些旧体制遗留的烙印和人们思维方式的惯性依赖是形成行政行为随意的主要原因。

还有一个重要原因就是政府经济学或制度经济学中所阐述的“理性人”的假定，政府本身是一种制度安排，它的一切行为最终总是由具体的人去实施，这也是造成除信息不对称，交易成本、监督成本过大之外的另一个导致“政府失灵”的原因。此外，经济发展的政治周期，各级政府领导的政治周期也会形成对约定规则的冲击。

政府介入市场也就同时肩负着有效地防止寻租行为，甚至是腐败行为的义务和责任。总之，市场已经对政府的调控能力和行为提出了较高的要求。

第3章

土地政策参与宏观调控的传导机制（一）

3.1 土地引发财政扩张的宏观经济效应

3.1.1 土地引发财政扩张的情况分析

财政政策也是国家为力求经济增长与稳定，缓和经济波动所运用的一种重要的政策工具。财政政策的实施主要是通过税收政策、预算政策和部门支持政策的各种措施来影响经济的增长的稳定。政府可运用财政政策来对经济进行调节，意味着不平衡的预算或者说赤字财政是允许的。所谓赤字财政就是政府依据实际的经济情况，为了执行某些任务，由于收入的不足，可以用卖出债券的办法来获得支配资源的能力，并利用这些资源来完成它所想要达到的目标。若社会上的确存在着相当的未被利用的资源，这时政府通过发行债券将其吸收来使之变成有效的社会需求，这就对经济的活跃起到一定的推动作用。比如，一国经济正处在衰退中，有相当的资源未被私营部门利用，这时政府把这些资源吸收来予以生产性地运用，就会对经济的增长与稳定起到较好的作用。

把财政政策结合进稳定计划并与维持较高的经济增长率相一致，这是一件极为复杂的事情。认真研究财政政策所包容的各种措施：增税、减税、增加预算支出以及其他方面的措施，对经济活动的各种参与者可能具有的影响，将有助于我们在运用财政政策来推进经济增长与稳定时达到更好的效果。

3.1.2 土地引发财政扩张的宏观经济效应（税费、财政、收入）

土地作为一种重要的资源，可以充分发挥其对国民经济的宏观调控作用，除了通过土地资源本身的配置来达到对其他资源的载体配置作用之外，其中一条重要的途径就是通过土地收购储备中的财政支出，来发挥其对国民经济的一定程度上的调节作用。

一个国家财政政策是影响经济基本面的一个重要的政策工具，财政政策和货币政策被分别用来处理内外平衡，以及它们之间的松紧搭配来灵活处理各种经济失衡已有很多的阐述（米德）。总体上而言，财政政策的政策力度比较大，对经济的作用比较直接明显，即使是维持财政收支平衡，其平衡乘数为：

$$Y_1 = X + aX + a^2X + a^3X + \cdots + a^nX = \frac{X}{1-a}$$

$$Y_2 = -(aY + a^2Y + a^3Y + \cdots + a^nY) = -\frac{aY}{1-a}$$

$$Y_1 + Y_2 = \frac{X}{1-a} - \frac{aY}{1-a} = \frac{X-aY}{1-a} \xrightarrow{X=Y} = X(=Y)$$

其中α为边际消费倾向。那么财政开支乘数即为$\frac{1}{1-a}$，税收乘数即为$\frac{-a}{1-a}$，收支平衡乘数即为 1。如果实行赤字财政，那么其乘数效应就会更大。对实际经济的影响也就更大。很显然，如果考虑一个开放性经济，那么财政支出的乘数会有所变化，但财政收支平衡乘数仍然为 1。

$$Y_1 = X + a(1-m)X + a^2(1-m)^2X + a^3(1-m)^3X + \cdots + a^n(1-m)^nX$$
$$= \frac{X}{1-a(1-m)}$$

$$Y_2 = -[a(1-m)Y + a^2(1-m)^2Y + a^3(1-m)^3Y + \cdots + a^n(1-m)^nY]$$
$$= -\frac{a(1-m)Y}{1-a(1-m)}$$

$$Y_1 + Y_2 = \frac{X}{1-a(1-m)} - \frac{a(1-m)Y}{1-a(1-m)} = \frac{X-a(1-m)Y}{1-a(1-m)} \xrightarrow{X=Y}$$
$$= X(=Y)$$

其中 m 为边际进口倾向，那么财政开支乘数即为 $\frac{1}{1-a(1-m)}$，税收乘数即为 $\frac{-a(1-m)}{1-a(1-m)}$，收支平衡乘数仍为 1。

3.2 土地财政性收益分配实证分析

财产权益是一个社会生产关系的基础。土地利益分配的不合理也是违法违规用地、建设用地无序扩张、乱占滥占耕地、盲目设立开发区等问题的根本原因，如在农用地征收过程中，土地价值成倍增长，这些增值流入地方政府、房地产开发商、企业等手中，隐藏在背后的土地利益分配问题不容忽视。随着我国经济的迅速发展、社会主义市场机制的不断完善，土地收益分配逐渐成为土地宏观调控的重点。要从切实保障被征地农民的长远生计、规范土地出让收支管理、调整建设用地有关税费政策、建立工业用地出让最低价标准统一公布制度等四方面对土地利益机制进行调整。如将土地出让金实行“收支两条线”管理，加大了土地出让金的透明度；而将土地出让金用于被征地农民社会保障所需资金的不足、用于农业土地开发和农村基础设施建设、用于廉租住房建设等，理顺了土地收益的分配。

农地转（征）用是我国公有制经济中二元经济结构条件下的土地财产权利的结构性变迁，其必然会引起收益分配关系的调整。在这种变化过程中有关税费的设置是否能够起到促进土地资源的合理配置，即在国民经济发展过程中既要满足工业化、城镇化对建设用地需求，又能够立足于我国的现实国情，实现保护耕地和保障粮食安全的重要政策目标需要认真研究。正确处理好这两者之间的关系关键在于要处理好国家、用地单位和被征地集体经济组织及农民个人之间的在土地财产权利变化过程中的利益关系，即土地收益分配关系。鉴于目前我们对相关问题的认识还仅仅停留在感性和直观判断上，对于我国现行制度下土地增值收益形成与分配的具体现状，尤其是当前土地税费体系和农民合法权益等问题认识不够，在理论和实践上也缺乏深入系统的研究，需要我们对我国农地转（征）用土地收益分配进行实证研究。通过对农地转（征）用过程中的土地收益分配的试点研究和实证剖析，理清我国现行农地转（征）用制度下，不同经济发展水平地区土地收益的形成与分配现状。

3.2.1 政府规费和税收情况

三省调查地区①土地征转用中发生的税费主要包括征地管理费、耕地开垦费、新增建设用地有偿使用费和耕地占用税，除此之外，各地还有一些名目的税费，如江苏征收的农业重点开发建设资金，安徽省的水利基金等。各项税费按照规定比例在中央、省、市（镇）之间进行的分配。以下就三个省调查地区的税费情况进行说明。

依据各省税费规定标准，同时根据样本的实际调查情况，得到 2001—2003 年三省试点地区农地征转用主要税费征收的总体情况，见表 3-1。

表 3-1　2001—2003 年调查城市政府主要税费平均值和总税费平均值

单位：元/m²

地　区	土地管理费	耕地占用税	耕地开垦费	新增建设用地有偿使用费	总税费
南　京	1.66	3.22	4.76	4.82	24.78
昆　山	1.49	6.57	6.45	8.58	26.66
马鞍山	2.3	4.3	5.9	19.5	33.66
桐　城	1.29	5.11	6.07	10.49	28.52
新　都	1.6	6.73	13.18	1.76	23.27
什　邡	0.65	6.44	25.5	10.0	42.59
平均水平	1.50	5.40	10.31	15.76	29.91

从表 3-1 可见，税费的平均水平为 29.91 元/m²，什邡市、马鞍山市的总税费征收水平高于 6 个城市的平均水平，其他城市的总税费征收水平低于平均水平。

① 2004 年 9 月至 12 月，国土资源部土地整理中心《农地转征用土地收益分配研究》课题组分别在我国东、中、西部地区选择江苏省南京市和昆山市、安徽省马鞍山市和桐城市、四川省成都市新都区和什邡市等 6 个地区，针对我国农地转（征）用过程中的土地收益分配情况进行了实地调查。在调查中，共收集农地转（征）用的单独选址项目和批次报批项目 234 个，其中江苏省 70 个，安徽省 104 个，四川省 60 个。同时，还对各调查地区 2001—2003 年的农地转征用、新增建设用地供应、相关土地税费收缴和土地供应收益等情况进行了一般调查。

3.2.2 土地收益分配情况分析

3.2.2.1 土地成本费用及收益构成分析

土地征用至出让过程中发生的各种收益，可以归纳为以下三个部分：给农民集体的土地补偿费用，即农民土地补偿收益；国家收取的税费，属于各级政府收益；土地供应价格扣除成本后的纯收益，属于城市地方政府收益。其中后两项为政府以不同形式获得的土地收益。根据调查数据汇总，三省六地土地收益分配构成情况如表 3-2 所示。

表 3-2　土地供应价格各部分单价及其占土地供应价格比例

单位：元/m²

地区		南京	昆山	马鞍山	桐城	新都	什邡
征地补偿费	费额	35.16	33.64	97.46	28.9	38.6	45.0
	%	14.36	12.08	17.02	21.31	28.55	40.72
政府税费	费额	24.8	35.5	33.6	28.5	23.3	42.6
	%	10.13	12.75	5.87	21.02	17.23	38.52
纯收益	收益	−21.68	44.0	260.9	−96.65	58.4	22.9
	%	0	15.80	45.56	0	43.20	20.71
开发成本	成本	206.52	125.26	180.74	174.85	14.9	0.1
	%	84.36	59.36	31.56	57.67	11.02	0.09
出让价格	价格	244.76	278.36	572.71	135.63	135.19	110.57
	%	100	100	100	100	100	100

如表 3-2 和图 3-1 所示，六个城市的征地补偿费占土地供应价格比重的变化幅度为 12%～41%，政府税费收益占的比重为 5%～39%，土地纯收益的比重为 0～46%，土地开发成本为 0.1%～85%，各地情况差异较大。其中，三个城市征地补偿费所占的比重为 20%以上；两个城市政府税费所占的比重为 20%以上；两个城市的土地纯收益值为负值，三个城市的土地纯收益的比重为 20%以上，两个城市的土地纯收益的比重为 40%以上；三个城市的土地开发成本的比重为 50%以上。

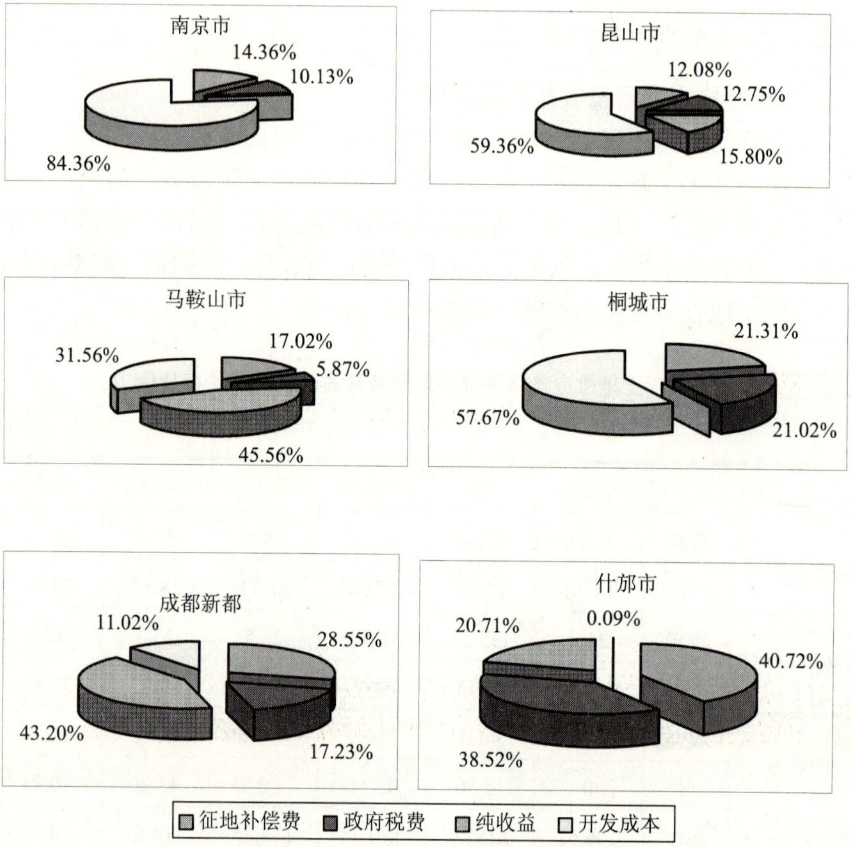

图 3-1　各地土地供应价格中成本费用及收益比例构成情况

3.2.2.2 土地收益分配及分析

土地收益分配一般情况分析。

（1）农民土地补偿收益情况。

由表 3-2 可知，三省调查地区的征地补偿费中，马鞍山的农民收益绝对值最高，达到 97.5 元/m^2，桐城的农民收益绝对值最低，只有 28.9 元/m^2，即安徽省内的差异较大；而江苏省两个调查地区农民收益绝对值都在 34 元/m^2 左右，省内差异最小。

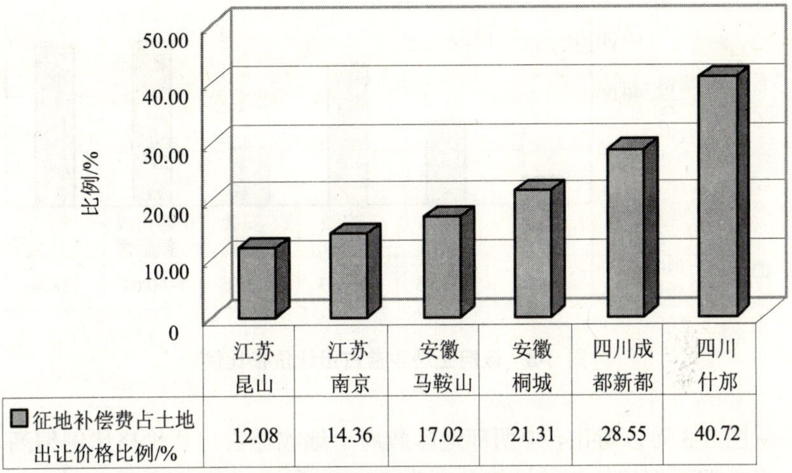

图 3-2 征地补偿费占土地出让价格比例

从图 3-2 中分配比例来看，征地补偿费占土地出让价格的比例，四川省什邡市最高，占到 40.7%；南京、昆山、马鞍山三个调查地区的征地补偿费比例在 20%以下，其中安徽省马鞍山市在 17%，江苏省南京市在 14%，昆山市最低，只占 12.08%；桐城、新都两个调查地区在 20%～30%，安徽桐城在 21%，四川成都市新都区在 28%。由几个地区间的对比可以看到，从东部到西部，征地补偿费占出让价格的比例逐步升高，即农民得到的补偿比例越靠近东部越低。

（2）政府土地收益分配情况。

政府土地收益包括政府税费和纯收益两部分。由表 3-2 可以看出，四川什邡市绝对值最高，达到 42.6 元/m^2；昆山、马鞍山两个地区税费收益在 30～40 元/m^2；南京、桐城、新都三个地区在 20～30 元/m^2。而在分配比例上，四川什邡市最高，达到 38.52%，安徽马鞍山市最低，只有 5.87%。江苏省内分配比例差异较小，都在 10%～20%；安徽和四川省内差异都较大，两个试点差异都在 10%以上。东、中、西部地区之间的规律不很明显。

由表 3-2 可以看出，江苏南京和安徽桐城的纯收益为负数，安徽马鞍山最高，在 260.9 元/m^2。同样在占出让价格的比例上，南京和桐城为零，马鞍山比例最高，占 45.6%，其次为四川新都区，占 43.2%，昆山和什邡都在 20%左右。

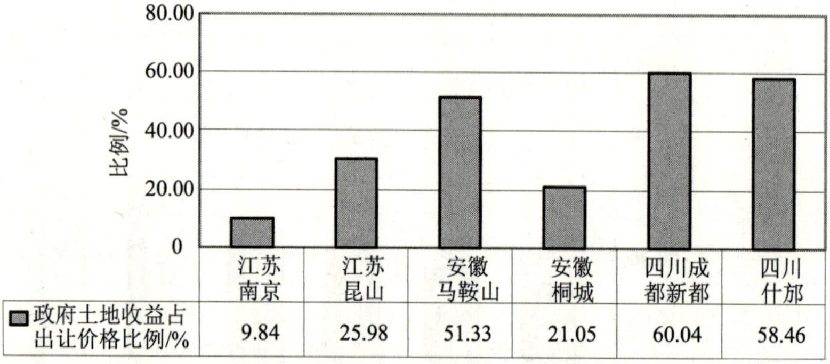

图 3-3　政府土地收益占出让价格比例

从图 3-3 可以看出，中西部地区政府土地收益占出让价格比例偏高，其中四川成都新都和什邡的比例分别为 60.04%和 58.46%。

政府收益主要在中央、省、市、县（区、镇）政府间分配。由表 3-3 可以看出，在中央税费收益中，四川什邡市最高，占到土地供给价格的 2.71%，四川新都区最低，只有 0.39%，多数地区比例在 2%左右；在省级税费收益中，安徽桐城最高，在 2.75%，四川新都区最低在 0.19%，其余多数在 1%～2%；除去中央和省级税费，其他大都为市或县（区、镇）级税费，加上土地纯收益就构成地方政府收益，如图 3-4 所示，四川两地区比例最高，分别占土地供给价格的 58.63%和 54.56%，另外安徽马鞍山也较高，占 48.47%，江苏昆山和安徽桐城占 20%左右，江苏南京最低，只占 6.55%。

表 3-3　政府土地收益各部分单价及其占土地供应价格比例

单位：元/m²

地区			南京	昆山	马鞍山	桐城	新都	什邡
中央	费额		5.10	6.29	5.86	3.15	0.528	3
	%		2.08	2.26	1.02	2.32	0.39	2.71
省	费额		2.97	4.99	10.51	3.73	0.26	1.5
	%		1.21	1.79	1.84	2.75	0.19	1.36
市	税费	费额	15.45	1.42	17.21	1.2	0.26	27
		%	6.31	0.51	3.01	0.88	0.19	24.41
	纯收益	收益	−21.68	—	260.9	—	—	—
		%	0	—	45.47	—	—	—

地区			南京	昆山	马鞍山	桐城	新都	什邡
县（区、镇）	税费	费额	0.58	15.65	—	20.46	20.614	10.44
		%	0.24	5.62	—	15.09	15.25	9.44
	纯收益	收益	—	43.98	—	−96.65	58.4	22.9
		%	—	15.80	—	0	43.20	20.71
合计	收益		2.42	72.33	16.37	−68.11	81.18	64.66
	%		9.84	25.98	51.33	21.05	60.04	58.46

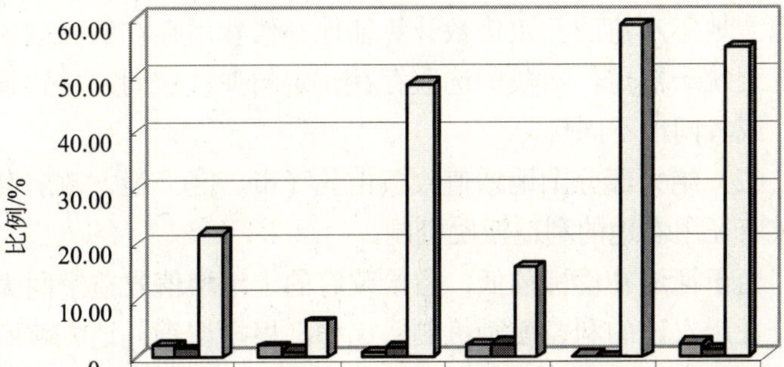

	江苏昆山	江苏南京	安徽马鞍山	安徽桐城	四川成都新都	四川什邡
中央政府收益比例/%	2.26	2.08	1.02	2.32	0.39	2.71
省级政府收益比例/%	1.79	1.21	1.84	2.75	0.19	1.36
地方政府收益比例/%	21.93	6.55	48.47	15.97	58.63	54.56

图 3-4　各级政府收益比例构成情况

调查数据说明，由于土地纯收益基本属于市县级地方收益，再加上地方税费，地方获得的收益占政府收益是各级政府中最高的，中央和省级收益与地方收益相比都只占很小比例。

3.2.3 土地收益分配存在问题和政策建议

3.2.3.1 存在的主要问题

（1）征地补偿标准低。

我国《土地管理法》规定，征用耕地的土地补偿费，为该耕地被征用前三年平均年产值的 6～10 倍。每一个需要安置的农业人口的安置补助费标准，为该耕地被征用前三年平均年产值的 4～6 倍。但是，每公顷被征用耕地的安置补助费，最高不得超过被征用前三年平均年产值的 15 倍。同时规定，支付土地补偿费和安置补助费，尚不能使需要安置的农民保持原有生活水平的，可以增加安置补助费。但是，土地补偿费和安置补助费的总和不得超过土地被征用前三年平均年产值的30倍。从试点地区的调查来看，征地补偿费的绝对额一般在3万元左右，占土地供应价格比例：除四川省什邡市占到40.7%外，其他地区都在14.11%～28.54%。以土地年产值为依据，在法律规定的范围内按照一定的倍数计算确定的征地补偿费，无论是与农民的基本生活保障要求相比，还是与农地转用过程中的土地增值相比，都显得很低。征地补偿标准低，使得失地农民的权益事实上受到了侵害。按照土地年产值的一定倍数计算征地补偿费用存在的问题还有：土地年产值缺乏统一规定，倍数的选取存在一定的弹性空间，导致征地补偿随意性大，或者同地不同价。

（2）绝大部分土地增值收益由县（市、区）地方政府分享，形成了地方政府征用农地的利益激励机制。

由于征地补偿标准低，留给政府的土地增值收益空间大，形成了地方政府征用农地的利益激励机制。比如，根据调查，地方政府土地收益占土地供应价格的比重：南京市82.35%，昆山市81.16%，马鞍山市80.12%，桐城市73.63%，成都市新都区70.88%，什邡市55.21%（注：这里将前期开发成本看做是政府取得土地收益后的公共财政支出，所以除征地补偿费、中央与省级政府土地收益外，其他土地收益都可以看做是地方政府土地收益）。而政府土地收益的绝大部分由县（市、区）级政府分享，中央对地方政府的土地出让收益缺乏必要的宏观调节，在土地收益分配中，县（市、区）级地方政府分享了绝大部分的土地增值收益，形成了地方政府征用农地的利益激励机制。

（3）耕地占用税税率偏低，并与耕地保护级别相脱节，难以有效发挥约束耕地占用的政策功能。

我国《耕地占用税暂行条例》规定的耕地占用税税额标准为：以县为单位，人均耕地在1亩以下（含1亩）的地区，每平方米为2～10元；人均耕地在1～2亩（含2亩）的地区，每平方米为1.6～8元；人均耕地在2～3亩（含3亩）的地区，每平方米为1.3～6.5元；人均耕地在3亩以上的地区，每平方米为1～5元。农村居民占用耕地新建住宅，减半征收。可以看出，耕地占用税的税额标准与基本农田等耕地的保护级别没有挂钩，特别是相对于农地转用过程中的土地增值和政府土地收益而言，耕地占用税的税额标准偏低。新都区农地转用过程中的政府规费和税收收入平均为

23.27 元/m^2，其中耕地占用税只有 6.73 元/m^2，占政府税费收入的 28.92%，其他规费占 71.08%，表现出税轻费重的特征；如果计算上政府的土地出让收益，耕地占用税只占政府各类土地收益（81.18 元/m^2）的 8.29%。耕地占用税税额偏低，同时又与耕地保护级别相脱节，使其失去了约束耕地占用、保护耕地的政策功能。

（4）耕地开垦费缺乏完善的系统的征收标准，使用管理监督制度不健全，在耕地占补平衡上不能很好地起到跨区域的调节作用。

《土地管理法》第三十一条规定，非农业建设经批准占用耕地的，按照“占多少，垦多少”的原则，由占用耕地的单位负责开垦与所占用耕地的数量和质量相当的耕地；没有条件开垦或者开垦的耕地不符合要求的，应当按照省、自治区、直辖市的规定缴纳耕地开垦费，专款用于开垦新的耕地。由于耕地开垦费的具体征收标准由各地规定，因此耕地开垦费在全国范围和一些省（区、市）缺乏系统的规范的执行体系。比如，耕地开垦费占土地出让金的比重，南京市为 1.94%，昆山市为 2.32%，马鞍山市为 5.9%，桐城市为 6.07%，成都市新都区为 13.18%，什邡市为 25.5%。以四川省为例，全省虽然明文规定成都平原耕地保护费的征收标准为土地补偿费、安置补助费之和的 0.5～2 倍，但是由于费用太高而没有执行；对于耕地开垦费，全省没有明文制定征收标准，各地按照约定标准（一般为 1 万元/亩左右）征收。同时，由于对耕地开垦费的使用、转移、管理和监督等缺少统一的严格规范，使得不能有效地通过耕地开垦费的转移，对地区之间的耕地占补平衡进行调节。

（5）新增建设用地土地有偿使用费收缴不到位，中央对地方政府的土地出让收益缺乏必要的宏观调节。

新增建设用地土地有偿使用费是国务院或省级人民政府向取得土地出让等有偿使用方式的新增建设用地的县、市人民政府收取的平均土地纯收益，其征收目的是保护耕地，促进存量建设用地的利用，抑制建设用地盲目扩张。从调查来看，新增建设用地土地有偿使用费收缴很不到位，存在减免、应缴未缴等现象。比如，在调查的新都区的 55 个农地转用征用项目中，地方政府缴纳了新增建设用地土地有偿使用费的项目只有 16 个。而从征收了的项目来看，实际征收的数额低于规定的标准。由于地区间的征地补偿费用差异较小，征地后的土地供应价格又相差很大，形成了地区间不同的土地增值空间和政府土地出让收益，而新增建设用地土地有偿使用费征收不到位，使得中央和省级政府难以对地方政府的土地出让收益进行调节，加大了地区间的土地出让收益差异。比如，在我们调查的成都市新都区，政府在经营性目的的农地转用和供应中取得的土地出让收益占土地供应价格的45%，占政府各类土地收益的73.30%；而在地处一般农区的什邡市，政府在经营性目的的农地转用和供应中取得的土地出让收益占土地供应价格的37.12%，占政府各类土地收益的34.92%。也就是说，由于对土地出让收益缺乏有效调节，导致城市地区政府的土地出让收益明显高于一般农区，城市地区政府的土地收益主要来自土地出让收益，而在一般农区地方政府的土地收益主要则来自土地规费。由于法律法规规定的土地规费和土地出让收益的使用方向不同，也就导致城市地区政府的土地收益绝大部分投向城市建设。

（6）土地收益分配、使用和管理在政策上缺乏统筹协调和综合安排，土地税、费、金体系不配套，土地节约利用的收益分配机制有待进一步完善。

首先，对征地补偿和政府土地收益缺乏统筹协调，征地补偿标准低，留给政府的土地增值收益空间大。其次，土地税费并存，相互重叠，费重税轻。在这种情况下，由于土地费收征收难度大、征收不到位，土地税收征收标准偏低，致使土地税费难以有效发挥应有的政策功能。再次，在土地出让金的征收管理上，存在低价出让和随意减免土地出让金的现象，导致国有土地资产收益流失和市场秩序混乱。最后，对土地税费和土地出让收入的使用缺乏全面统筹、综合协调和宏观调节，加大了城乡之间、地区之间的差距。比如，2001—2003 年，试点地区农地转（征）用税费占土地供应价格的比重南京市为 6.54%，昆山市为 7.16%，马鞍山市为 3.01%，桐城市为 16.97%，成都市新都区为 15.44%，什邡市为 33.85%。由于东部地区的地价水平普遍高于中西部地区，而税费标准的区域差异较小，因此基本上呈现出农地转（征）用税费占土地供应价格的比重由东到西逐渐升高趋势，但税费调控效果上就失去了调节区际平衡的作用。特别是，在我国现行农地转用制度下，土地增值收益由各级政府通过税、费、金分享并管理使用，农民集体不能直接参与分享，只能通过政府的公共投资来间接分享。由于土地有偿出让收益主要用于城市土地开发和基础设施建设，而在农业农村和失地农民社会保障的投入少，这就加大了城乡和地区差距，激化了农地转用中的矛盾冲突。总之，有利于保护耕地和节约利用土地、有利于保障农民权益、有利于城市化可持续发展、有利于城乡经济社会协调发展的土地收益分配机制尚有待进一步完善。

3.2.3.2 主要政策建议

（1）改革征地制度，提高征地补偿标准。

采取切实措施，使被征地农民生活水平不因征地而降低。要保证依法足额和及时支付土地补偿费、安置补助费以及地上附着物和青苗补偿费。依照现行法律规定支付土地补偿费和安置补助费，尚不能使被征地农民保持原有生活水平的，不足以支付因征地而导致无地农民社会保障费用的，应当批准增加安置补助费。土地补偿费和安置补助费的总和达到法定上限，尚不足以使被征地农民保持原有生活水平的，可以用国有土地有偿使用收入予以补贴。省、自治区、直辖市人民政府要制定并公布各市县征地的统一年产值标准或区片综合地价，征地补偿做到同地同价，国家重点建设项目必须将征地费用足额列入概算。

（2）完善失地农民社会保障体系，妥善安置被征地农民。

从土地出让收益中列支一部分资金作为失地农民的社会保障资金，按照“政府出一块、个人缴一块”的办法，完善失地农民的社会保障体系。在一般农区，可通过土地调整、农用地转让、土地开发整理、废弃地复垦、未发包地发包、机动地发包等形式，为失地农民重新安排土地，保障其就业。在 次性农地转用量大、失地农民数量多的城乡结合部地区，鼓励地方政府以“留地安置”等多种方式安置农民实现再就业。

（3）在耕地占用环节，着力改革和完善耕地占用税的征收和使用管理办法。

在加强耕地占用税征收管理的同时，进一步调整和完善税制，提高耕地占用税税额标准，同时，必须把税额标准与耕地保护的级别相挂钩，对占用基本农田的要提高征税税额，加大对建设用地取得和保有环节的税收调节力度。

（4）在土地供应环节，着力改革和完善新增建设用地土地有偿使用费的征收和使用管理办法。

为了保障中央政府对土地出让收益的有效调节，新增建设用地土地有偿使用费可改费为税，对土地出让收益征收相当于土地增值税的税收，作为中央和地方的共享税。该税由土地受让者在受让土地时直接缴纳，并从土地受让价款中抵扣。该税实行从价征收。

（5）在耕地占补平衡方面，着力改革和完善耕地开垦费的征收和使用管理办法。

根据地域差异、农用地等级和保护级别，制定和完善全国性的耕地开垦费征收标准，同时制定和完善有关耕地开垦费的使用、转移、管理和监督办法，使其在耕地占补平衡方面发挥应有的政策功能。

（6）进一步完善土地出让制度，建立土地收益专项基金管理制度。

对四类经营性用地，严格实行招拍挂出让；对于具有竞争性的工业用地要探索逐步纳入招拍挂出让的轨道。同时，要探索建立和完善土地出让收益专项基金管理制度，规范土地出让收益的使用、分配和管理办法。

3.3 土地储备制度的宏观效应分析

土地市场是基本生产要素市场，是社会主义市场体系不可缺少的重要组成部分，土地市场关系到宏观经济的健康运行。土地储备制度是土地使用制度改革和深化的产物，是城市政府适应社会主义市场经济发展而进行的土地资源配置的制度创新，是城市土地资源配置机制和管理体制的重大改革，也是实施土地政策参与宏观调控的重要手段。

3.3.1 土地储备制度变迁

土地储备是指市、县人民政府国土资源管理部门为实现调控土地市场、促进土地资源合理利用目标，依法取得土地，进行前期开发、储存以备供应土地的行为。土地储备制度是指市、县人民政府或国土资源部门委托土地储备机构，依据土地利用总体规划、城市总体规划和土地利用年度计划，将按照法定程序收回、收购、优先购买或征收的土地纳入政府储备，对储备土地进行必要的基础设施建设及管理，以备政府供应土地，调控市场的一种制度安排。土地储备制度变迁是在土地资源配置方式由计划配置转向市场配置，土地利用方式由粗放型为主转为集约型为主，土地管理从资源管理走向与资产管理并重，乃至资源资产资本一体化管理相结合不断发展变化，以及土地资源由部门管理不断走向协调联动与宏观调控的大环境和趋势下，经历了建立、发展、完善的过程，至今已有十多年的历史。土地储备实践和制度建设获得了长足发展，大体经历了三个阶段：

3.3.1.1 建立阶段（1996—2001）

1996 年我国第一家土地储备机构——上海市土地发展中心成立（为了合理控制建设用地总量，有序引导存量土地入市，促进房地产市场的平稳发展），到 2001 年《国务院关于加强国有土地资产管理的通知》（国发[2001]15 号）下发。国发[2001]15 号明确提出“为增强政府对土地市场的调控能力，有条件的地方政府要对建设用地试行收购储备制度。市、县人民政府可划出部分土地收益用于收购土地，金融部门要依法提供信贷支持。”这是随着土地有偿使用改革制度的深化，土地资源的资产价值逐步得到体现，也逐渐适应城市建设（建设用地资源配置、土地资产收益的投入）、企业改革（需要土地资产变现、协调各部门关系）、经济结构调整（宏观调控）需要。但由于当时国有土地资产通过市场配置的比例不高，透明度低；划拨土地大量非法入市，隐形交易；随意减免地价和挤占国有土地收益的现象严重，使得大量国有土地收益流失，因而必须加强国有土地资产管理，切实防止国有土地资产流失，土地储备作为一种集中统一供应和市场化配置的主要途径，来实现土地资源管理向资产管理的发展。

3.3.1.2 发展阶段（2001—2007）

从国发[2001]15 号下发，到 2007 年国土资源部、财政部、中国人民银行联合制定发布了《土地储备管理办法》（国土资发[2007]277 号）。国发[2001]15 号下发后，各地先后成立了土地储备机构，2001 年 11 月，全国各地的土地收购储备机构已超过 1 000 家。特别是 2002 年 5 月“经营土地、经营城市”理念的提出，对土地收购储备的发展起到了十分重要的作用，土地收购储备机构在全国各地迅速建立，2002 年 9 月，全国的土地收购储备机构已经接近 1 300 家。2003 年 3 月，原国土资源部土地整理中心对全国范围内的 421 家市、县级土地管理机构进行了初步调查。从调查统计情况看，自 1998 年以来，我国土地收购储备机构数量迅速增长，呈现出强劲的发展势头。其中，有 9%的地方在 1999 年以前就开展了土地收购储备工作，有 15%的地方在 2000 年开展了土地收购储备工作，有 30%的地方在 2001 年开展了土地收购储备工作，有 42%的地方在 2002 年开展了土地收购储备工作。从全国来看，各地开展土地收购储备工作的动因主要集中在以下几个方面：集中土地供应，调控土地市场，推行招标拍卖挂牌出让土地，提高土地收益，解决国企改革中的土地盘活问题，筹集城市建设经费，改变城市面貌等。这一阶段后期，土地管理特别是土地调控中出现了一些新动向、新问题，建设用地总量增长过快，低成本工业用地过度扩张，违法违规用地、滥占耕地现象屡禁不止，严把土地“闸门”任务十分艰巨。在此情形下，为进一步规范土地储备工作，2006 年《国务院办公厅关于规范国有土地使用权出让收支管理的通知》（国办发[2006]100 号）明确要求加强国有土地储备管理，建立土地储备资金财务会计核算制度。2007 年国土资源部、财政部、中国人民银行联合制定发布了《土地储备管理办法》（国土资发[2007]277 号），着重从国土、财政、银行三部门职能范围出发，最大限度地对土地储备工作予以规范，确定了土地储备中心法律地位与我国土地储备制度。同年，财政部制定了《土地储备资金财务管理暂行办法》（财综[2007]17 号），2008 年，财政部又出台了《土地储备资金会计核算办法（试行）》（财会[2008]10 号）。至此，土地储备基本制度框架业已建立。

3.3.1.3 完善阶段（2007 至今）

从土地储备管理办法的出台，到国土资源部、财政部、中国人民银行及银监会联合出台《关于加强土地储备与融资管理的通知》（国土资发[2012]162 号）。土地储备制度的建立意义深远、成效显著。理顺了政府供应土地的产权关系；增强了政府调控土地市场的能力，有力调控了土地供应总量、结构和时序；盘活了存量土地，促进了土地节约集约利用；显化了土地资产价值，支持了国有企业改革；保证了规划的实施，促进了城市土地利用、布局和功能合理调整；提高了土地价值，增加了政府土地收益；实行了净地出让，助推了招拍挂出让制度，促进了土地市场的发育。据统计，截至 2010 年 7 月，全国已有 2 000 多个市、县相继成立了 2 451 家土地储备机构。

经过十余年的实践，土地储备制度的实施有效调节了土地供应，促进了土地市场秩序的健康发展，已成为我国土地管理中不可或缺的重要组成部分，为促进经济平稳较快发展、土地参与宏观调控发挥了积极作用，较好地保障了中央调控房地产市场、百姓安居措施的落实。

3.3.2 土地储备制度环境的变化

在土地储备制度建设和不断完善过程中，相关制度环境和政策也在发生变化。特别是《物权法》、《国有土地上房屋征收与补偿条例》、《国务院关于加强地方政府融资平台公司管理有关问题的通知》以及国土资源部关于土地征收、“两整治一改革”等有关政策规定，构成了当前土地储备制度和机构建设面临的新环境，对土地储备相关工作提出新要求。

3.3.2.1 制度性交易成本的上升

土地储备管理办法将新增建设用地纳入土地储备范围界定为，政府依法办理农地征转用之后纳入政府土地储备。实际上，绝大多数市、县人民政府在土地取得过程中的征地补偿和安置补助，以及存量土地的房屋拆迁等成本费用，主要依托储备机构以融通资金先行支付，同时，随着征地补偿安置补助成本的不断提高，以及按照市场评估价格拆迁费用的不断上升，使得储备机构在自身必须承担储备土地前期开发所需大额资金的同时，进一步加大了土地储备机构对资金需求的压力。在现行财税体制下，迫使土地储备机构不得不主要倾向于寻求大量银行贷款。

3.3.2.2 差异性信贷政策的缺失

虽然全国各地储备机构已广泛建立，土地储备业已成为一种业态，但国家产业分类以及与之相适应和衔接的金融贷款行业类别并没有及时作出调整，仍然将土地储备作为房地产行业中的一个类别，并按照房地产行业贷款条件和要求来加以对待，对土地储备的政府行为和房地产开发的商业行为未严格区分。《中国人民银行关于进一步加强房地产信贷业务管理的通知》（银发[2003]121 号）的规定，对土地储备机构发放的贷款为抵押贷款，贷款额度不得超过所收购土地评估价值的 70%，贷款期限最长不得超过 2 年。银行贷款期限与储备土地的运营周期存在期限结构的不合理，土地储备从启动开始需要较长期地占用大量资金，土地储备的运营周期一般为 2～5 年，银行商业贷款期限规定最长不超过 2 年，导致土地储备机构在资金使用上面临周转困难的难题。储备土地抵押价值被低估，《土地储备管理办法》规定“政府储备土地设定抵押权，其价值按照市场评估价值扣除应当上缴政府的土地出让收益确定，抵押程序参照划拨土地使用权抵押程序执行”。同时，土地储备贷款只能用于对应抵押的土地，与储备资金使用方向不尽一致。实际上，能够合法抵押的储备土地都是已理清产权关系的“净地”，相对来说，这些土地本身前期开发所需资金较少，而资金需求量大的地块则由于产权关系尚未理清，无法进行抵押以获得贷款。

3.3.2.3 融资平台清理影响了储备资金的运作

在《国务院关于加强地方政府融资平台公司管理有关问题的通知》（国发[2010]19 号）、《关于贯彻国务院关于加强地方政府融资平台公司管理有关问题的通知相关事项的通知》（财预[2010]412 号）下发后，国家加强了对融资平台公司的融资管理和银行业金融机构等的信贷管理，收紧了融资平台公司的融资渠道，上收了贷款审批权限，严格了信贷准入条件。2010 年起，银监会将土地储备机构与其他纯粹代政府融资的平台公司等同对待，相比其他融资渠道，平台信贷审批流程长，限制条件多、贷款额度有限，大大提高了储备机构的融资难度。

3.3.2.4 部分土地储备机构出现机构异化现象

由于可变现的实物土地具有更高的债务清偿能力，因此部分地方政府成立了一些隶属关系不一、业务名目不同的融资平台，以土地储备名义开展融资活动，并将所获资金用于非土地储备业务的基础设施投资项目等，对土地储备机构管理和土地储备制度规范运行带来危害。特别是在国家严格地方债务和融资管理的背景下，融资平台公司新增贷款受到限制，银行业金融机构提高了贷款抵押品的要求，更加青睐土地抵押贷款。一些地方政府为解决融资难的问题，或将土地储备业务赋予融资平台公司用于贷款，或将储备土地交由融资平台公司用于贷款，或将土地储备机构直接当做融资工具，不仅混淆了土地储备的概念，影响了土地储备的正常发展，而且增加了以储备名义发放的贷款规模，进而增加了地方政府债务。因此，亟须加强储备机构的规范管理。

3.3.2.5 土地储备制度的功能定位有待完善

我国的土地储备在实践中出现了多种类型，各地对土地储备功能定位存在着不同理解。有的市、县储备的土地范围过大，将可以由使用者进入土地有形市场公开转让的土地也纳入了储备土地范围。有的市、县土地储备机构行使了国土资源管理部门供应土地的职能。还有的土地储备机构除履行储备土地的职能外，也兼营土地征收补偿、拆迁等关联性业务和非土地储备的其他业务。土地储备资金面临财政支持力度不够，融资渠道单一，过分依靠银行贷款，不能适应土地储备的持续健康发展。储备土地抵押贷款不规范，目前，我国对政府所有土地不颁发土地使用证，因此，土地储备机构在以土地抵押贷款时会受到影响。

3.3.3 宏观调控联动新机制的构建

土地储备有效调节了土地供应，促进了土地市场秩序的健康发展，已成为我国土地管理中一个重要组成部分。土地储备以先履行征收、收回、收购等程序理清了土地经济法律关系、明晰了土地产权，保障土地产权主体合法权益。储备土地“净地”出让，为政府招拍挂土地出让提供了标的，有效防止了土地闲置，提高了城市建设用地保障能力。在保证土地资源公开、公平、公正市场配置的基础上，土地储备提高了政府调控土地供应力和时效性。

3.3.3.1 加强土地储备机构管理

根据《土地储备管理办法》的规定，土地储备机构应为市、县人民政府批准成立、具有独立的法人资格、隶属于国土资源主管部门、统一承担本行政辖区内土地储备工作的事业单位。为理清土地储备机构与融资平台的关系，必须将符合《土地储备管理办法》规定的土地储备机构，以建立名录的方式与其他融资平台予以区别，名录相关信息与财政部门、人民银行机构和银监部门共享；列入名录的机构可以执行土地储备的相关政策，对名录内机构发放的贷款为土地储备贷款。

3.3.3.2 加强土地储备和融资规模管理

审计署2011年第35号公告显示，截至2010年年底，全国地方政府性债务余额10.71万亿元，其中政府承诺用土地出让收入作为偿债来源的债务余额为2.55万亿元。据银监会统计，截至2011年9月底，地方政府融资平台（含土地储备机构）的土地抵押贷款余额为1.48万亿元，土地储备机构贷款余额为7 754.2亿元。据人民银行统计，截至2011年11月，土地储备机构贷款余额 6 711.73 亿元。土地储备贷款规模虽然相对稳定，但总量仍然较大，还面临着地方政府盲目扩大建设，继续增加土地储备和融资规模的压力。为防止地方政府盲目扩大储备规模和融资规模，要合理确定土地储备规模和土地储备融资规模，强化土地储备机构对预算的申报和执行管理，强调国有土地收益基金的落实与管理。

3.3.3.3 调整土地储备贷款政策

土地储备机构的资金来源主要是银行贷款。财政返还的资金只够偿还以往项目的贷款，要开展新的土地储备项目离不开银行贷款的支持。为解决土地储备融资难、贷款政策与储备业务不协调的问题，应在严控土地储备融资金融风险，确保不增加地方政府性债务风险的基础上，允许土地储备贷款的期限延长至不超过 5 年；储备土地抵押贷款手续应齐全，贷款用途可不对应抵押土地，但必须符合规定的土地储备资金使用范围。同时规定，纳入储备的土地不得用于为土地储备机构以外的机构融资担保。名录内土地储备机构所属的储备土地，具有合法的土地使用权证，方可用于储备抵押贷款。

3.3.3.4 开展土地储备动态监测

一是土地储备机构名录将推进地方政府债务管理。建立土地储备机构名录，将理清土地储备机构与政府融资平台的区别与联系，在规范土地储备机构管理的同时，也为地方政府债务管理提供了直接、有效的抓手。二是土地储备监测将严格规范土地储备运行。土地储备监测的实施，使国家可在第一时间掌握各机构储备业务、储备资金及融资等状况，实现了国家对各地储备机构和土地储备运行全程的监管。三是土地储备监测将为土地管理提供实效的、第一手基础资料。土地储备监测以实时、准确的数据，为土地市场、土地参与宏观调控提供及时、真实的管理基础，使管理者做到“底数清、心里明”。同时，土地储备分析为开展土地市场管理、土地政策参与宏观调控工作提供了现实基础。

3.3.3.5 实现土地储备信息共享和联动监管

建立全国土地储备发展状况动态监测机制，适时全面掌握土地储备机构、业务及融资等信息，为行业监管提供平台与决策支撑。构建与财政、央行及银监等部门信息共享和联动监管机制，为调控土地市场、管理地方政府债务、完善土地基金制度等土地政策参与宏观调控提供现实传导途径和作用机制，实现“地根”和“银根”双闸联动和政策组合。

3.3.4 土地储备宏观调控作用

3.3.4.1 调节投资总量

投资、消费、出口是拉动经济增长的三驾马车，其中投资是调控经济增长的重要因素，从目前中国经济发展的模式看，投资的落实在一定程度上还要依靠建设用地的供应。土地储备通过征收、收回、收购等方式，将土地进行整合，纳入储备，进行必要的前期开发，达到必要的建设用地条件，这些变革使政府手中能够有效掌握建设用地资源，可根据经济形势决定土地供应总量、结构和时序，以实现对经济增长的调控，增强了政府调控土地市场的能力。据统计，2010 年通过土地储备方式出让土地的已占经营性用地供应的 70%以上，土地储备已成为政府掌控断土地一级市场、加强土地宏观调控的重要抓手，是政府通过土地供应调节土地需求的重要手段。

3.3.4.2 促进产业升级

国土资源部和国家发展和改革委员会发布和实施了《闲置用地项目目录》和《禁止供地项目目录》，对技术落后、污染严重、资源消耗量大的项目禁止或限制供地，向符合鼓励发展方向的产业供应土地，通过向鼓励类项目供地和限制淘汰类项目供地，促进产业结构的战略性转移、升级。土地储备制度的实施保障了这一政策落实。

3.3.4.3 优化资源配置

随着城市化进程的加快，原城市中出现了一些低效利用和闲置土地，通过个体之间的交易实现重新配置利用，效率低、效果差，整体性不强。通过土地储备制度的实施，可以按照城市发展的步骤，统筹考虑土地收储和供应，通过宗地整合、系统规划、用途提升，调整用地结构、盘活存量土地、提高土地利用效率，提高城市土地的节约集约利用水平，实现土地资源的优化配置。

在加快培育和完善我国社会主义土地市场及其体系进程中，土地储备业已成为我国现有经济体制下国有建设用地集中统一供应和市场化配置的主要途径，也是在我国工业化和城镇化加快推进过程中，对城市国有建设用地的需求急剧增长条件下，强化和实现土地资源、资产和资本三位一体管理有机结合的重要手段，加强土地储备管理是切实提高土地资源配置和利用效率，有效增强国有建设用地供给保障能力，充分发挥土地政策参与宏观调控最重要、最直接、时效性最强的政策工具。

3.3.5 土地储备理论基础与政府干预作用

3.3.5.1 理论基础

城市土地储备制度，是指由城市政府委托或授权的机构通过征用、收购、置换、到期回收、土地整理等方式，将城市规划用地或分散在用地者手中的城市土地集中起来，并由政府授权或由政府委托的机构完成其房屋拆迁等土地整治与开发等一系列前期开发工作后，再根据城市土地年度供应计划，有计划地将其储备后的城市土地重新投入市场的制度安排。

深刻认识政府在土地收购储备中的作用，归根结底要明确“政府”与“市场”在市场经济条件下的功能划分。经济自由主义者认为，市场是有效率的，它能够自动实现资源的合理配置，从而增加全社会的福利。实际上，哈耶克就强调“分散的制度结构（市场）在运转中所产生的各种结果会自动协调”，并“使国家财富最大化”（布坎南，1989）。但是，市场不是万能的，也有失灵的情形。在一定程度上，政府行为可以弥补市场行为的不足，纠正市场机制的缺陷。如同市场存在着缺陷一样，政府也会失灵。因此，当今占主导地位是“政府干预”与“市场调节”相结合的混合经济模式。由此可见，政府和市场均是资源配置的基本手段，两者具有各自的优势作用和功能缺陷。作为政府，必须从弥补市场缺陷的角度出发，认清自己应有的职责范围，使市场能更好地发挥其对资源有效配置的功能。

我国社会主义市场经济中“政府干预”与“市场调节”特点。在我国社会主义市场经济进程中，经济体制演变过程中“路径依赖”使得“政府”和“市场”在配置资源过程中，要比一般性经济体制更多一些政府干预的色彩。此外，我国实行的是以公有制为主体，多种经济形式共同发展的基本经济制度，公有制体制中的国有经济是以政府为代表来行使产权所有者角色的，这也使得政府在另一层意义上介入国民经济的运行调节。因此，这种体制性的特征决定了多重的政府职能。这样，从政府对经济的干预角度来说，政府对城市国有土地的收购储备具有两重性。一方面，政府发挥一般意义上的，鉴于政府与市场之间的职能分工的作用，需要发挥政府职能以弥补土地市场运行缺陷，并且我国经济体制演变的“路径依赖”使得政府干预土地市场更多的具有了一些体制色彩。另一方面，我国土地制度是实行公有制，城市土地归国家所有，政府作为土地所有权代表，必然还要承担管理国有土地的职能。

3.3.5.2 土地储备中的政府干预作用

（1）政府主导型土地收购储备是当前土地收购储备的主要模式。

从实践来看，目前土地储备主要有三种模式：以上海为代表的市场主导模式，以杭州为代表的政府主导模式，以及以武汉为代表的行政指导与市场引导结合模式。

① 市场主导模式。

这一模式的特点是：土地储备机构根据每年的储备计划和同级政府的要求，土地收购时，首先向规划部门申请确定规划条件，对拟收购地块进行评估，然后与原土地使用者协商，确定土地收购价格，签订收购协议，再按规定办理储备的相关手续，支付收购金，取得土地后，按现行规定办理土地过户手续。储备土地出让时，首先通过各种渠道广泛招商，依据资信、资质和业务等条件选择合适的开发商，然后与开发商协商，签订协议，再由政府行政管理部门办理土地出让手续。

② 政府主导模式。

这一模式的特点是：收购土地的范围由政府行政法规规定，规定范围内的土地统一由储备机构根据计划进行收购、储备、开发，对可收购的土地，由土地储备机构与原用地者签订收购合同，储备机构按合同规定支付土地收购补偿费用，取得土地使用权，土地管理部门根据用地需求用招标、拍卖等方式对储备土地实行统一出让。

③ 行政指导与市场引导结合模式。

这一模式的特点是：以土地储备制度实施为起点，将统一征用集体土地、土地收购储备、土地供应、土地交易和土地开发整理等多项联系紧密的业务工作组合在一起，形成以两个中心为核心（土地整理储备供应中心和土地交易中心）、两个制度为支撑（土地储备制度和土地交易许可制度），一个市场为纽带的运作机制，实现了土地整理、收购储备、土地交易一条龙管理体系。通过“三个进口”（统一收购、统一征地、交易许可）和“一个出口”（通过土地交易中心统一招标、拍卖、挂牌方式统一供应），实现了土地市场的规范化管理。

由上述模式的分析可以看出，无论是何种运作模式，土地收购储备中存在着委托—代理机制。城市土地资产是国有资产的一部分，但又不同于其他资产，它应作为特殊资产由政府部门加强对其进行调控、使用、周转并不断增值。土地储备机构就是受政府的委托，并在政府的监控下，开展土地资产运营的代理机构，具有垄断性、公共性和经营性。在土地管理工作中，它扮演着双重角色，既是一个公共政策的执行者，又是一个资产经营单位，不仅要保证资助性住宅用地和公益性事业用地等政府用地的需要，而且要保证土地的保值、增值。

作为政府主导型的收购储备模式，在机构设置中，除了成立专门的土地储备中心，作为具有独立法人地位的事业单位，具体负责储备制度的运作外，同时在地方政府的领导下，成立了由专职副行政长官以及计划、经济、财税、城建、规划、房管、土地管理等行政部门负责人组成的储备管理委员会，领导储备中心的工作，同时负责制定有关储备政策，进行重大决策，协调各部门之间的关系。也有一些城市仅成立土地储备中心，全面负责土地征购、储备及供应工作。

（2）政府干预决定着土地收购储备的性质定位。

土地收购储备中土地收购是一种“强制性的买卖关系”，即土地是否收购是政府的行政权力，服务于国家公共利益的需要，但收购价格则是以与被收购经济主体权力和利益相一致的市场价格确定。这种性质定位类同于欧美市场经济发达国家土地收购制度的性质定位，这种性质定位一方面确立政府在土地统一收购过程中的主导作用，确保政府建立和实施土地收购储备制度的宏观社会、经济目标的实现；另一方面也充分考虑被收购经济主体对经济利益的追求，使政府行政行为朝着市场化方向发展，适应我国建立社会主义市场经济目标模式发展的需要。

（3）政府权力界定着土地收购储备的范围。

根据我国城市用地的复杂性，大约有十类土地纳入了储备范围：市区范围内的无主地；为政府代征的土地；土地使用期限已满被依法收回的土地；被依法收回的荒芜、闲置的国有土地；依法没收的土地；因单位搬迁、解散、撤销、破产、产业结构调整或者其他原因调整出的原划拨的国有土地；以出让方式取得土地使用权后无力继续开发而又不具备转让条件的土地；因实施城市规划和土地整理，市政府指令收购的土地；土地使用人申请市土地储备中心收购的土地；其他需要进行储备的国有土地。另外，还应当从法律上规定对政府拥有的开发条件还不成熟的土地，可以依法实行年租或短租，并将租赁收益纳入城市土地储备基金进行管理。这样，政府授权或委托—代理就有着决定性作用。

（4）政府为土地收购储备提供了资金保障。

建立我国城市土地储备基金的可能资金来源主要有：一是政府拨款，目前各个试点城市政府都划拨一定数量的款项作为启动资金。二是政府贷款，城市土地储备机构的运行，必然带来较为可观的运行收入。因而，用于城市土地储备的政府贷款可以说是一种低风险甚至是无风险贷款。在初期启动阶段，城市土地储备与开发公司完全可以用贷款方式建立土地储备基金。三是政府预划拨部分城市土地给城市土地储备与开发公司。这相当于政府以土地资产实物的形式投入到城市土地储备基金之中。四是土地收益。城市土地使用制度改革已实施多年，城市土地有偿使用制度的引入，已经为政府积累了一笔可观的土地收益，这些收益一部分已用于城市基础设施和公益事业建设，剩余部分可列入城市土地储备基金。五是城市土地储备收益。城市土地储备制度运作一段时期后，将会产生土地储备收益，这些收益也可列入城市土地储备基金，滚动使用。六是由城市土地储备机构发行土地债券。土地债券通过城市土地储备收益来还本付息。七是其他资金，包括各种按有关规定可以进入土地储备基金的公共基金、社会基金，如各种保险基金、离退休基金、养老基金等。

由城市土地储备与开发公司来实际运作城市土地储备基金。作为城市土地基金运作主体，其职能是受城市政府委托，承担土地征用、城市土地使用权转让、租赁和回收以及存量土地的收购；组织城市土地供应、土地开发整理和土地资产的管理等公共事务工作。运作土地基金，既要接受政府计划指导，又要按照市场机制进行高效运作，确保国有土地资产收益的最大化。同时土地产业基金或准公益性土地基金与在土地收购储备中的权利有着一定的关系。

（5）政府行政权力为土地收购储备制度运行提供保障。

政府实施土地统一收购权力的核心问题就是确定政府实现建立土地收购储备制度的目的，如规范土地市场，盘活城市存量土地，增加城市土地供给，落实城市规划以及决定是否将原土地使用者的土地收回的强制性权力。土地收购储备制度作为我国土地使用制度改革的一项创新制度，目前我国还没有专门的法律或法规对其性质进行规定，自然没有专门的法律法规条文对这个问题作出专门的规定，但从列入土地统一收购范围的土地类型分析，政府或政府授权的机构则有权采取强制性的行政权力将需要进入储备中心的土地进行统一收购。

在实施土地统一收购过程中政府行使行政权，对需要收购的土地进行强制性收购，原则上符合我国现行法律法规的规定，也就是说土地统一收购具有强制性，可以行使政府的行政权力，事实上也只有政府具备强制性的收购权力才能保证土地收购储备制度顺利实施，实现政府建立土地收购储备制度预期的社会、经济目标。

从建立土地收购储备制度和成立土地收购储备执行机构的目的分析，土地收购储备执行机构显然不是一个单纯意义上的土地开发公司，仅以公司利益作为自己的主要经营或运作目标。它有规范土地市场，盘活城市存量土地，增加城市土地供给，落实城市规划等诸多社会经济目标。要实现这些目标必然需要一定程度的政府行政权力的保障。

（6）政府对土地收购储备发展起到了组织协调作用。

突破原有体制下部门分割的条条框框，建立具有高度综合性和较强协调能力的土地开发机构。城市土地收购储备开发，涉及发展、规划、土地、金融、税收、城建、财政以及各级土地所有者和开发企业，需各方面密切配合，政府的组织协调是土地收购储备工作健康运行的机制保障。实际上，土地收购储备从1996年开始酝酿成立后，就以其新生事物旺盛的生命力在全国各地踊跃发展，除了自身具有客观规律性之外，一个很重要的原因就是，政府强制性制度创新的推广普及效应。截至2003年年底，全国绝大多数地区，有1 700多家机构已经建立了土地收购储备制度。一种制度创新无论是自发性的还是诱致性的，获得政府强有力的支持就一定会加速发展。

（7）政府宏观调控作用深刻体现在土地收购储备作用的发挥之中。

国外储备土地大多是源于城市发展迅速，城市无法提供足够的住宅和高质量的环境；同时土地市场上投机严重，地价上涨过快。相应地实行土地储备的目的基本定位于以下三个方面：促进都市有计划而均衡地发展；提供住宅，改善都市生活环境；抑制土地投机，平抑地价。

构建城市土地储备制度有利于充分发挥政府的宏观调控作用，优化城市土地资源配置。目前，政府在土地层面上的宏观调控作用，主要是通过土地的规划权、土地用途管制、农地转用和农地征用的审批权、土地市场游戏规则的制定以及制定土地税费政策等手段来实现的。城市土地储备制度的建立可以使政府的用地宏观调控作用得以增强。城市土地储备制度建立后，城市政府能够完全垄断城市土地一级市场。城市土地储备机构通过征用、收购、置换、回收、土地整理等方式将各类土地集中，直接进入城市土地储备库或经过开发后进入城市土地储备库，然后按照城市土地年度供应计划并运用市场机制出让和出租这些储备的城市土地。城市土地储备制度还有助于规范土地市场的运行，消除灰色土地市场，防止国有土地收益的流失。城市土地储备制度的运作，可以确保经营性用地通过挂牌交易或招标、拍卖的方式，以市场机制有效配置城市土地资源，避免了城市土地“协议出让”中的“寻租”行为，从而保障了城市土地市场交易的公开、公正与公平。另外，城市土地储备制度的建立，使城市政府既能垄断土地一级市场，又直接掌握着一定量的储备土地，因而将大大提升政府对土地市场的调控能力。

（8）政府在土地收购储备中作用的国际比较。

国外土地储备最早起源于19世纪末，其原因是城市人口迅速膨胀引起住房紧张，政府通过大规模的土地储备，为城市人口提供价格低廉、经济实用的住房。后来，土地储备的服务范围不断扩大，包括：为公共公益设施建设取得土地，促进各种废弃地的开发利用，推动老工业基地改造以及工矿型、资源枯竭型城市的改造，在提高土地利用规划实施效率的同时，促进社会公平，抑制土地投机，促进土地供给，调控房地产市场等。历史上，荷兰、德国、美国、瑞典、法国、英国、加拿大、澳大利亚等都不同程度地开展过规模比较大的土地储备，以服务于大规模的土地开发和城市建设，其中比较著名的土地储备和开发建设项目有荷兰的围海造田、德国的鲁尔工业区改造、美国麻省的军事废弃地改造等。

可以看出，土地征收是政府从直接的公共目的出发实施的土地取得和供应行为。土地储备则是政府从宏观的、区域的土地利用规划控制和土地市场调控目的出发实施的土地取得、开发和供应行为。土地储备也具有公共目的的属性，只不过这种公共目的更多的是一种宏观性、全局性的，即土地储备不一定要求政府直接地为公共基础设施项目提供用地，它允许政府为了促进一定区域土地的整体开发和综合利用，更好地实施城市规划，促进城市的均衡发展，调节土地供求关系，控制地价而实施土地取得、储备和供应行为。

当今世界绝大多数实行市场经济的国家或地区为了公共利益或城市再开发都建立了具有强制性的土地收购制度。虽然在法律名称上各地有所不同，如英国法律称为“强制收买”或“强制取得”，日本法律称为“土地收用”或“土地收买”，中国台湾法律称为“土地征收”，中国香港法律称为“官地收回”，但其实质内容是一致的，主要包括 3 个方面：①土地统一收购属于政府的特有权力；②土地统一收购权力一直应用于公共目的；③行使土地统一收购权力必须给予合理的补偿。

目前杭州、上海等城市建立的土地收购储备制度的目的与这些国家或地区建立的土地统一收购制度，实质是同一个范畴。这些国家或地区的土地统一收购性质定位均是“强制性买卖关系”，行使土地统一收购权力补偿的核心就是土地价格补偿。与国际接轨也是我国市场经济体制发展的目标之一，市场经济条件下形成的土地收购储备制度也应顺应这一发展潮流。基于以上分析，土地统一收购性质定位应该是政府主导的“强制性的买卖关系”。这样，一方面确立了实施土地收购储备制度过程中政府的权威和主导地位，保证土地收购储备制度的顺利实施，实现政府建立土地收购储备制度预期的社会、经济目标；另一方面也顺应了建立我国社会主义市场经济体制目标模式的要求，在其实施过程中政府本身的活动也应该适应市场化发展的需要。

3.3.6 政府土地储备制度创新

3.3.6.1 政府土地储备制度创新理论基础

土地储备制度的建立和发展是一项重要的制度创新，必然会与某些传统观念、现存管理体制、既得利益乃至现行法律制度等发生冲突并产生一些问题，因此，土地储备制度在实践过程中存在着不少的困难和障碍。由于缺乏深入的基础理论研究和应有的法律规范，该制度自身运行也产生了许多问题，特别是人们对土地储备的理解、认识以及实际追求的目标和实践结果，都与原本意义上的土地储备制度有着较大偏差。因而，在新时期需要深入开展土地储备制度建设的相关基础理论研究，通过规范性制度安排引导土地储备的健康发展，促进土地储备制度的日臻完善。

制度创新需要一定的理论支撑，中外经济体制改革的实践表明，市场经济体制能够起到高效配置各种稀缺资源的作用。市场经济在本质上是一种交换经济。土地储备归根结底是一种交换行为，像普通交换行为一样，它也包括赊购（预征储备）、不等价交换（补偿性获取）、赊销（“记账式”划拨）、批发（集中供应）、零售（项目供地）等。从本质上来说，在市场经济条件下，土地资源的市场化配置，就是要使“土地”像其他“商品”一样，完成一种“W（土地产权）—G（货币资金）—W（让渡后的土地产权）”的变化过程，“土地”必须在与“货币”等金融资产的结合和媒介下才能完成其市场交易和资源配置过程。土地储备是社会主义市场经济中土地使用权的一种交易行为，交易就是一种商品的所有权或使用权的让渡行为。土地储备要在规范中不断发展，在改革进程中不断进行制度创新，就必然涉及交易主体、交易客体、交易媒介和交易价格等相关方面的功能性制度安排。

（1）储备交易主体。

由谁来从事土地交易似乎是一个简单的问题，但我国特定的土地产权结构，尤其是在建立和完善社会主义市场经济体制的过程中，则表现出复杂性。加之区域经济发展不平衡，市场经济发育程度不一，各地采取了各种不同制度创新模式。体制演变的路径依赖，政府权力经济意识，行政配置资源的驾轻就熟的便利条件，以及对未知市场经济驾驭能力和技巧的缺乏，以致“政府干预”主导着土地储备模式的选择。然而市场取向的改革毕竟是中外经济体制改革成败经验的总结，这也就构成了我国土地储备制度创新的客观环境。

很明显，当前土地储备机构性质是介于政府和市场化主体之间的多种形态。主要有三种主要的土地储备模式：市场导向型模式、政府主导型模式、市场互补型模式。这些模式具有三个特点：一是模式分布很不均匀，偏向于政府导向型。二是单一模式中也倾向于倚重行政措施。三是市场导向模式的不稳定性，在一定程度上导致了土地储备交易主体的不确定性，储备功能界定的混乱，使得土地储备交易职能无法相对独立，时常受到政府部门土地管理职能的侵蚀。

与此同时，由于特大型城市的较大经济容量形成了对土地的强劲需求和价值提升，以及较高的市场发育程度，一方面，形成了“政府主导，市场运作，企业参与”的土地储备新模式。即：一头抓土地供应的总量控制，有计划地储备开发和供地；另一头抓统一市场，公开供应土地；放开中间的土地一级开发环节，在建章立制后，由政府储备机构和有资质的开发企业共同实施。另一方面，一些地方不仅在土地储备的某些环节采取一定程度上的市场化做法，甚至还建立了“公司制”储备机构。

（2）储备交易客体。

储备交易的客体是土地的产权及其产权功能发挥的追加投资和配套设施（附加资产）。围绕着产权制度的变迁，一方面进行着所有权的易位，即土地征用，另一方面着重进行了使用权和经营权的市场交换，即土地使用权的有偿使用和出让，以及土地产品创新。储备交易客体主要包括储备土地的数量和质量两个方面。

就储备土地数量而言，在满足有效调控土地市场和促进政府相关政策落实的前提下，必须遵循效率原则，合理确定土地储备量和土地储备周期，以尽可能小的成本和代价实现政府土地储备的目标。可以根据现代经济学中交易成本和现代物流学的库存理论，来确定土地储备量和土地储备周期。土地储备周期的确定需根据土地市场的周期性波动来决定，萧条期和衰退期应该适当延长土地储备周期，而复苏期和高涨期则适当缩短土地储备周期。从经济效率的角度来看，土地储备周期的确定取决于土地收购成本和土地储备成本。根据成本确定一段时期内最佳的土地储备次数，然后确定土地储备周期。实际上，由于各种因素的影响，往往使收购后的土地不能按时入库，从而发生短缺现象，也可能因为需求量突然增加，使储备土地提前用完出现短缺现象。安全储备量是一项以备应付短缺情况的土地储备量。在实际工作中，要推行“适度做地”理念，是指从现有库存净地数量、土地市场需求情况及资金承受能力进行综合分析，把做地规模控制在一定数量以内，不再以扩大做地面积的数量增长模式来推进做地工作。

就储备土地质量而言，涉及土地产品的创新。产品是能够提供给市场以满足需要和欲望的任何东西，产品在市场上提供时要考虑五个产品层次，每一个层次都会改变或增进功能，增加了更多的价值，甚至影响着核心功能的发挥。产品在市场上包括实体产品、服务、经验、事件、人、地点、财产、组织、信息和创意等。产品的概念有五个层次，它包括核心利益（core benefit）、基础产品（basic product）、期望产品（expected product）、附加产品（augmented product）和潜在产品（potential product），它们依次构成了产品的多个消费者价值层级（customer value hierarchy）。产品创新也就是在这些层次上进行不断的改进，更好地满足生产和生活需要。

土地是一种产品，本身需要进行生产，以更好地满足使用者的需要，更好地作为投入品和其他生产要素一同组合生产出最终产品或服务。储备主体实际上就是进行土地产品的生产、交换以及实现多层次完整土地产品供应的组织形态。储备机构也是一个生产函数，将土地作为原材料产品投入，产出相对完整功能土地产品的过程。这一过程要实现土地产品的三个转变，从资源向资产的转变、从实物产品向权利产品的转变、从抽象使用权向使用权功能配套的转变。储备交易客体的创新也就相应体现在实体产品（地块）、服务（规划、建设许可、评估、功能配套等）、经验（土地利用建议）、事件（市场情况）、地点（有形市场）、财产（土地资产及附加值）、组织（协调供求）、信息（土地信息公布）和创意（案例策划）等方面。

围绕土地产品的概念的五个层次，储备交易客体的创新在一些地方也有所体现。如根据土地储备和土地市场形势，围绕“深度做地和梯度储备”的创新理念来进行土地产品关联创新。深度做地，是指针对储备地块的实际状况，工作重心从“数质并重，偏向数量”向“数质并重，偏向质量”转变，通过进一步做深、做精土地，尽可能使出让净地具备“基础设施齐备、配套设施完善、土地价值显著”的特征，真正开创“生地做成熟地，熟地做成精品”的做地新阶段，以扎实有效的实际工作来挖掘和提升储备土地的价值。梯度储备，是指及时根据市场形势调整做地进度，控制好资金运作成本，同时也能够规避储备地块管理难度大、成本高的矛盾。储备土地可分为出让土地、机动储备土地以及政府储备半成品土地。分层次、分深度地梯度储备土地能够灵活机动地根据市场需求情况及时调整，对于保证经营性土地产品的供应及政府宏观调控土地市场形成有力的支撑。

此外，产品组合投资策略对于储备土地也有一定的借鉴意义。优化投资组合是降低投资风险的重要途径。对于土地储备投资，可以从以下两个角度进行优化组合：一是使储备地块在市区内的空间分布适当分散，以满足不同区域的土地需求；二是储备地块的规划用途要多样化，对储备地块规划用途的组合，既要考虑国家和地方产业政策的需要，也要分析不同用途建设用地的市场需求，选择相应规划用途的地块进行储备，以满足房地产开发和其他多种产业的用地需求，降低土地储备投资风险。

（3）储备交易媒介。

土地和资金是土地储备制度运行的两个基本要素，充足的资金是储备和开发土地的关键。建立土地储备制度需要采取多种途径广泛筹集资金，一些储备机构自建立以来，除财政拨付注册资金外，土地储备开发资金来源主要依靠商业银行贷款。虽然各商业银行对政府土地储备和一级开发贷款从贷款方式、审批程序以及利率等方面均给予了方便和优惠，但从多方融资的途径看，不仅面窄量小，而且存在政策风险，特别是央行“121”文件后，这种政策风险就已经显现。同时，在银行借贷资金使用管理和防范风险等方面，没有形成分类、分量、分级的严格审批制度和规范的做法。在中央把信贷和土地作为实现调控的两个“闸门”以后，对两个“闸门”如何协调、互动，不仅是政府宏观调控的重大课题，也是储备部门需要积极应对，进行投融资制度建设的重要方面。

一般而言，储备交易媒介将会在货币媒介交换的基础上，随着金融创新工具的不断衍生而呈现出多元化的发展趋势。随着各地土地金融实践的发展，目前应从资金阶段（松散型融资阶段）逐步向基金阶段（稳定型融资）转变。在基金成熟发展之后，将会逐步完成从准公益性土地基金—土地产业投资基金—土地基金（投资性基金）等高级形态的演变过程，起源于土地而又游离于土地是实质经济和货币经济关联的基本形式，是土地基金的发展趋势。

（4）储备交易价格。

土地价格是一个较为复杂的问题。理论上来说，鉴于土地市场结构的特征，土地交易价格是单头垄断定价和模拟完全竞争市场定价的结合，需要进行交易主体定价、有形市场的建立以及招标拍卖挂牌出让等价格发现机制等方面的制度创新。在市场经济条件下，价格机制是合理配置资源的最有效机制，尽管土地储备过程带有一定的政府强制色彩，但是如果能够合理利用价格杠杆的作用，将对土地储备制度的实施和发展具有非常重要的促进作用；相反，如果不能合理地确定土地收购价格或补偿标准，将引起被收购土地的使用者与收购者之间的经济矛盾，从而阻碍土地储备工作的顺利发展，甚至会引起一些社会问题。

储备交易价格分为储备土地收购价格和储备土地供应价格。目前，土地收购价格有三个特征：一是所对应的产权属于不完全产权。从目前的实践来看，被收购的土地主要有三类性质的产权——国有出让土地使用权和划拨土地使用权及集体土地所有权和使用权。被收购的土地产权本身是残缺的，往往具有强制性，而且国有土地使用权功能发挥的配套设施标准不一。二是土地收购价格具有补偿性，但只应是对土地的补偿较多。三是土地收购价格通常是原用途下的价格，这是由土地收购过程的强制性和收购价格的补偿性决定的，同时也决定了土地收购价格不包括发展权价格。土地供应价格主要是成本加成定价，并经受市场供求关系的影响。特别是在当前，《国务院关于加强土地调控有关问题的通知》明确提出，将提高新增建设用地土地有偿使用费缴纳标准和城镇土地使用税、耕地占用税征收标准，新增建设用地的取得和保有成本将大幅度提高，对储备土地的收购和供应价格将会产生较大影响。

上述四个方面的体制性变革，是土地储备制度建设的本质基础，是广义土地储备制度建设所包含的基本内容。

3.3.6.2 土地储备制度创新趋势

（1）新时期体制环境的变化。

土地储备制度建设要适应我国特有的土地制度、特殊的国情和特定的发展阶段的需要，其制度创新要与完善社会主义市场经济体制相适应的宏观调控体系，以及土地政策参与宏观调控的现实需要结合起来。《国务院关于深化改革严格土地管理的决定》（国发［2004］28 号），就是针对土地管理中存在的问题而出台的，重点是落实最严格的土地管理制度。虽然未对土地储备的制度建设明确要求，但《决定》中几项突破性的规定对土地储备有着深刻的影响。①加快市场配置资源的步伐，加快土地市场化的进程。《决定》明确了经营性基础设施用地要逐步实行有偿使用，要探索建立国有土地收益基金，要加大土地保有、取得和税收征管力度。②调整利益分配机制。对新增建设用地有偿使用费的收缴方式进行了重大改革，建立了补偿机制，改革了征地补偿安置制度。明确了征地补偿安置的基本原则，即保证征地农民原有生活不平不降低，保证征地农民长远生计有保障，改革对农民的补偿方式，规定“同地同价”、“综合区片价”，同时对征收的财产应给予合理的补偿。

针对目前土地管理中存在的突出问题，尤其是当前土地管理特别是土地调控中出现了一些新动向、新问题，如建设用地总量增长过快，低成本工业用地过度扩张，违法违规用地、滥占耕地现象屡禁不止，《国务院关于加强土地调控有关问题的通知》强调综合运用经济、法律和行政手段，调整利益机制，形成对滥占、圈占土地的有效抑制机制。土地储备制度建设应该服从新时期土地管理的总体政策目标。

（2）土地储备制度功能定位和制度建设的趋向。

在上述体制环境的影响和制约下，土地储备制度建设在发挥原有功能作用的基础上，制度建立和完善应着重体现在以下几个方面。

① 制度建设的总体目标。土地储备制度建设就是要通过土地储备的运作，不断地深化土地使用制度改革，促进土地市场的建设和完善，强化政府宏观调控能力，以期充分发挥市场机制在国家宏观调控下对土地资源配置的基础性作用，最终达到优化土地资源配置，促进土地资源的合理、高效利用，更好地贯彻落实“十分珍惜、合理利用土地和切实保护耕地”基本国策的土地利用管理目标。

② 尽快制定全国土地储备管理办法。通过国家层面的土地储备立法规范，可以一方面对地方政府的主动制度创新加以确认，使之上升为国家行

为，从而全面推动土地储备事业的发展；二是可以解决该制度运行中的法律支撑、法律障碍问题，为其进一步良性发展铺平道路；三是确立制度框架，规范土地储备的运作程序、技术框架，使之发挥更大的社会经济效益，有效防止地方政府实施土地储备的目标偏离现象。

③ 积极推进土地储备相关功能性制度建设。

a. 切实担负起宏观调控的职能。

运用土地政策参与宏观调控，是党中央、国务院赋予国土资源管理部门的新任务。土地储备作为政府调控土地市场的基础性工作，要通过收购和储备土地，切实起到调控土地市场的作用，即在土地供应不足的情况下，使政府能够增加土地供应，缓解土地供求的矛盾，在市场需求不足的情况下，通过收购土地收缩需求、稳定市场。

b. 尽快确立有效的资金运作和管理新机制。

要适应新形势下国有土地使用权出让总价款全额纳入地方预算，缴入地方国库，实行“收支两条线”管理，必须重新构建政府财政主体（财政资金）、储备机构（自有资金）和银行（信贷资金）之间新型的资金运行和利益平衡关系，以及相应的风险防范机制。这将对土地储备计划、资金运作和管理提出新的挑战。

④ 努力构建土地储备的长效机制。

在充分发挥体制转轨时期土地储备原有基本功能的同时，逐步建立土地储备的长效机制。

a. 形成对规划和计划的一种纠正机制。规划和计划是一种主观认识，是否符合客观需要，是要经受实践的检验，其不合理就会形成一种土地资源的低效或闲置浪费，土地储备就要发挥对这种不科学规划和计划导致土地资源的不合理配置的弥补纠正作用。

b. 成为财政货币政策、产业政策进行宏观调控的重要辅助工具。土地储备引发的财政收支、货币供应，已经使得土地储备成为货币传导机制的组成部分，是实物土地资产和金融资产结合的重要途径。

c. 成为改变城市土地粗放利用的唯一选择。土地储备是在城市土地资源配置过程中确立和引入市场机制最直接、最有效的途径，是发挥市场机制配置城市土地资源基础性作用的突破口，已经并将继续发挥抑制城市土地粗放利用，促进城市土地资源节约集约利用不可替代的重要作用。

d. 成为土地资源配置的退出和再配置的转换机制。不能及时灵活的退出，是土地利用效率低下的重要原因。当前消费结构和产业结构的变化对土地利用结构提出了新挑战，未来城市土地资源配置应向存量和潜力要效率，土地储备理应成为土地调控和促进土地资源可持续利用的重要手段。

3.4 国有土地收益基金制度分析

中国特色社会主义市场经济体制本质在于充分发挥价格机制对资源配置的基础性作用。土地储备和土地收益基金制度的建立与发展不仅是我国土地有偿使用制度改革发展的必然要求，而且也是我国现行经济体制和土地管理制度下，国有建设用地集中统一供应和市场化配置的主要途径，同时，也是我国工业化和城镇化加快推进过程中，对城市国有建设用地的需求急剧增长条件下，强化和实现土地资源、资产和资本三位一体管理有机结合，切实提高土地资源配置和利用效率，有效增强国有建设用地供给保障能力，促进国有土地资产保值增值，充分发挥土地政策参与宏观调控最重要、最直接、时效性最强的政策工具。土地储备和土地收益基金制度建立与发展既是土地金融实践的需要，同时也是我国财政金融制度演变及其金融衍生工具创新的实践成果。

3.4.1 现行基金制度建立运行情况

3.4.1.1 现行基金制度演变

国有土地收益基金制度是伴随着土地储备制度的发展而逐步形成的。在土地资源配置方式由计划配置转向市场配置，土地利用方式由粗放利用转向集约利用转型变化过程中，土地管理不仅客观上发生了从资源管理走向与资产管理乃至与资本化管理并重的内生性发展变化，并且实际上也出现了由部门管理不断走向部际协调联动与宏观调控的外生性趋势变化。土地储备制度建立、发展和完善见证了土地资源配置、利用和管理这一历史性演变过程，从中我们也可以梳理出国有土地收益基金制度演变历程。

（1）起源于满足土地储备的资金需求

《国务院关于加强国有土地资产管理的通知》（国发[2001]15 号）从提高国有土地资产通过市场配置的比例，增强透明度，制止划拨土地大量非法入市，防止隐形交易等加强国有土地资产管理的角度，提出“为增强政府对土地市场的调控能力，有条件的地方政府要对建设用地试行收购储备制度。市、县人民政府可划出部分土地收益用于收购土地，金融机构要依法提供信贷支持”。

（2）探索于防止地方政府片面追求土地收益的短期行为

《国务院关于深化改革严格土地管理的决定》（国发[2004]28 号）为健全土地节约利用和收益分配机制，提出“探索建立国有土地收益基金，遏制片面追求土地收益的短期行为”。

（3）规范于明确的土地出让收支管理

《国务院办公厅关于规范国有土地使用权出让收支管理的通知》（国办发[2006]100 号）提出“为加强土地调控，由财政部门从缴入地方国库的土地出让收入中，划出一定比例资金，用于建立国有土地收益基金，实行分账核算，具体比例由省、自治区、直辖市及计划单列市人民政府确定，并报送财政部和国土资源部备案。国有土地收益基金主要用于土地收购储备”。

（4）细化于土地储备资金来源渠道和支出规定

财政部、国土资源部《关于印发〈土地储备资金财务管理暂行办法〉的通知》（财综[2007]17 号）明确土地储备资金来源于下列渠道，“财政部门从已供应储备土地产生的土地出让收入中安排给土地储备机构的征地和拆迁补偿费用、土地开发费用等储备土地过程中发生的相关费用”，“财政部门从国有土地收益基金中安排用于土地储备的资金”等，在分别以“国有土地使用权出让金支出”和“国有土地收益基金支出”明确支出性质的同时，并且按照支出经济分类列于其他资本性支出。

（5）强化于储备和融资制度的执行

国土资源部、财政部、中国人民银行、中国银行业监督管理委员会《关于加强土地储备和融资管理的通知》（国土资发[2012]162 号）进一步强调“加强国有土地收益基金的管理。国有土地收益基金要按规定比例及时计提，并按规定用于土地储备”。

从上述国有土地收益基金制度发展历程可以看出，这些相关文件的出台，一方面，对土地储备的机构职能定位、运行机制、业务操作、资金与贷款管理等方面作了较为系统的规范，形成了土地储备管理基本制度框架；另一方面，规定从土地出让收入中按照比例计提国有土地收益基金，它的计提直接也关系到土地出让收益可用于政府其他支出的资金安排。同时，国有土地收益基金也是一种资本性支出，具有累积和投资收益及保值增值的功能。

因此，国有土地收益基金制度起源于满足和稳定土地储备资金需要，其资金来源于土地出让收入，长远制度设计应该使其具备资本积累、投资增值和政府土地出让收入可持续使用及代际平衡的作用基础。

3.4.1.2 现行基金制度建立和运行情况

（1）国有土地收益基金制度建立情况

国土资源部土地整治中心相关调查显示，在2006年12月17日出台《国务院办公厅关于规范国有土地使用权出让收支管理的通知》（国办发[2006]100号）文件之后，绝大多数省（区、市）于2007—2009年（少数省份直到2011年）制定了关于国有土地使用权出让收支管理办法（通知或意见），明确提取国有土地收益基金的比例一般为2%～5%，也有少数省份规定的比例略高，如北京市为5%～10%、安徽省为4%～8%、重庆市为6%、山西省为10%。

（2）国有土地收益基金总量和比例情况

国土资源部函调数据显示，2006—2008年，全国土地储备资金来源中，国有土地收益基金总量分别为46.08亿元、118.94亿元、180.23亿元，占土地储备资金来源总额的比例分别为1.6%、3.1%、3.9%，三年平均比例为2.9%。而同口径来源于土地出让收入的比例分别为50.7%、59.9%、53.8%，三年平均比例为54.8%；来源于银行贷款比例分别为38.1%、26.3%和29.2%，三年平均比例为31.2%；来源于其他资金和利息收入比例分别为9.7%、11.0%、13.4%，三年平均比例为11.3%。

（3）国有土地收益基金使用情况

国有土地收益基金制度建立和运行，一方面依赖于土地储备机构、业务和融资等发展，另一方面又影响储备融资的发展，基金使用涉及机构多、影响广，截至2012年7月，全国共建立土地储备机构约2 700个（含部分政府融资平台），其中，除北京、上海等4个直辖市之外，内蒙古、海南、黑龙江、宁夏、安徽、广西、河南、广东、新疆生产建设兵团等9省（区）还建立了省级土地储备机构，市、县（区）建立储备机构约2 400个。土地储备资金来源主要包括土地出让收入、国有土地收益基金、举借的贷款、其他资金和利息收入等，由于政府对土地出让收入用于当期其他开支的过多依赖、国有土地收益基金杯水车薪等原因，导致对银行融资贷款的高度依赖。截至2009年7月31日，土地储备机构贷款余额为6 139亿元，其中商业银行贷款余额为4 853亿元，其他金融机构贷款余额为1 286万元。

3.4.2 现行基金及其关联制度分析

3.4.2.1 现行基金制度的特点

2012 年 11 月，土地储备机构联谊会秘书处对北京、南京、杭州、成都、南通、马鞍山等典型城市开展了调研，从调研情况看，国有土地收益基金制度运行具有以下几个特点。

（1）计提比例约为 3%～5%，从增长趋势看比例偏低

如北京市 2007 年 7 月出台的《北京市国有建设用地出让收支管理办法》规定计提比例为 5%～10%，但 5 年累计提取的国有土地收益基金为 195 亿元，实际全市计提平均比例也只有 5%左右；南京市计提比例也规定为 5%；成都市规定中心城区计提比例为 3%，其他地区为 4%；杭州市则是采取由财政部门按照将土地出让收入 45%的比例返还土地储备中心，土地储备再按照核定的项目成本加适当利润拨付给做地主体（具备一定工程建设资质的国有公司）的方式；马鞍山市规定计提比例为 4%，也认为比例过低。

（2）一些地方不能足额计提和及时拨付到位

如北京市一些区县没有计提国有土地收益基金；南京市实际拨付到位的资金不足 1/3；成都市近 5 年来年均出让规模约为 280 亿元，但 5 年累计拨付到位的国有土地收益基金只有 17 亿元；南通市财政部门为落实国有土地收益基金有关规定，每年从市经营性用地出让收入市级分成部分提取 5%作为国有土地收益基金，累计 9 亿元，并于 2011 年将历年计提的国有土地收益基金一次性计提给土地储备中心，2012 年还未进行计提。

（3）土地出让纯收益空间越来越狭窄

主要是由于征地拆迁成本不断上升、公益型基础设施用地和工业用地占有一定比例，靠经营性国有建设用地出让来平衡土地出让总收益压力越来越大。

（4）对银行信贷资金依赖程度高、资金成本比较大

北京市出让收入中银行贷款的资金成本约占 15%，成都市约占 20%。

3.4.2.2 现行基金制度缺陷与完善分析

（1）制度建设目标远未实现（目标性）

2004 年出台的《国务院关于深化改革严格土地管理的决定》（国发[2004]28 号）提出探索建立国有土地收益基金制度，其目的就是要健全土地节约利用和收益分配机制，防止地方政府片面追求土地收益的短期行为。从制度建设目标和地方政府以地生财和土地财政实际状况来看，现行国有

土地收益基金远未实现这一制度目标。

（2）基金的积累机制没有形成（积累性）

即便就现行土地收益基金制度本身来说，也不具备一种公益性基金的基本架构和运行机制。虽然各地按照《国务院办公厅关于规范国有土地使用权出让收支管理的通知》（国办发[2006]100 号）要求，规定了从缴入地方国库的土地出让收入中划出一定比例资金，并且也是主要用于土地收购储备，但该政策具体实施也仅就在土地出让形成收益后，按比例计提，将来用于土地收购储备，而没有明确文件规定或在实际操作上形成一种滚动积累的机制。

（3）基金制度导向定位狭窄（独立性）

满足于土地储备资金需要的制度导向定位狭窄，土地储备本质上是为了提高国有建设用地的有效供给保障，增强政府调控土地市场的能力。储备与基金应该是相生相伴，彼此关联而又相对独立，也只有如此，才能够真正意义上实现土地与金融“两极对话”[①]或者说“地根”与“银根”双闸联动，更好实现土地资源管理向资产和资本化管理方式的转变，充分发挥基金等金融制度对土地资源节约和可持续性管理、利用和配置作用，藉此发挥土地金融对经济社会发展的杠杆作用。

（4）遵循基金制度发展的内在规律（发展性）

起源于土地而又游离于土地是实质经济（土地）和货币经济（基金）关联的基本形式，也是土地收益基金的发展趋势。随着土地金融实践的发展，从资金筹集角度来说，应从资金阶段（归集部分土地出让收入）转向松散型融资阶段（发行基金类有价凭证），进而逐步向土地基金阶段（稳定型投融资）转变。与此相对应的，从资金投向来说，初级阶段满足于稳定储备资金需要，在基金成熟发展之后，将会逐步完成从准公益性土地基金—土地产业投资基金—土地基金（投资性基金）等高级形态的演变。

---

① 土地与金融的两极对话在现实的土地金融实践中会表现出一定的阶段性形态。两者结合的具体形式则取决于两者结合的力量态势，在起始阶段，由于实质经济的急剧变化，即土地市场化配置过程中各种创新制度会激发实质经济从一种稳态跃向另一种稳态的发展过程，从而主导着货币经济的变化。在发展阶段中则会表现出交融形态，即实质经济与货币经济作用与反作用不断交替变化引导着经济的继发性增长变化。在成熟阶段的则会呈现出现代经济中金融主导性牵引发展的态势，金融主导土地金融实践的发展趋势。两者结合的形态之所以呈现出这种阶段性特征主要是经济发展不平衡规律作用，即区域性的，多层次的生产力要求多重生产关系与之相适应的一种必然趋势。

3.4.2.3 土地出让收益分配制度分析

（1）地方经济发展对土地出让收入过度依赖（依赖性）

由于现行的财税体制仍然存在着宏观税负偏高、财力事权不对称、税制结构不健全、支出结构不合理、转移支付制度不规范等重大问题，地方财政收入过度依赖土地出让。1994 年分税制改革后，地方政府的土地出让收入主要归地方所有，并且成为地方财政一个重要来源。特别是在 2002 年主要以招拍挂方式出让土地后，土地出让收入已经成为一些地方政府的主要收入来源，形成了所谓的“土地财政①”。在巨大和直接的经济利益和高额利润的诱导下，土地出让收益和相关税费的土地收入已成为不少地方政府的“金库”。根据国土资源部公布的官方数据显示，2009 年全国土地出让总价款高达 15 910.2 亿元，占当年全国财政收入的 23.22%。2004—2009 年这 5 年中，即便是在受经济危机影响房地产市场大滑坡的 2008 年，我国土地出让收入也占到了地方本级收入的 1/3 强（表 3-4），在房价飙升的 2007 年，此百分比超过了一半，百分比达到近一半的 2004 年和 2009 年，房地产市场的火热更是各阶层感同身受。在 2009 年，土地出让收益排在前七位的城市（上海、杭州、北京、天津、重庆、宁波、武汉），土地出让金占当年地方财政收入的比例，最高的达到了 51.7%（武汉），最低的也达到了 23.9%（北京）；2009 年土地出让金收入最高的是上海，高达 821 亿元，占当年地方财政收入 2 540.3 亿元的 32.3%。由此可知，就全国平均来看，地方财政收入中土地出让收入所占比例确实过大。2010 年，全国缴入国库的土地出让收入 29 397.98 亿元，同比增长 106.2%，全国土地出让支出 26 977.06 亿元，同比增长 115.6%。

---

① 土地财政包括与耕地占用税、房产税、土地增值税、国有土地使用税等土地有关的税收和与土地有关的政府的土地出让金、新增费、耕地开垦费等非税收入，出让金约占地方财政的 40%。一是体制因素。政府集管理与经营于一身。当管理与经营发生矛盾时，管理让位于经营，上级政府难以调控。二是制度因素。当出让土地不足时，政府动用管理权，有意无意低价征地、多征土地、限制集体土地入市，通过管理手段而达到经营目的。三是外部因素。地方财力事权不匹配。城镇化、发展等硬任务压力过大，资金严重不足，而分税制后地方财政分配比例过小，土地出让制度成为地方政府可挖的财源。四是税费因素。财产税收入占财政收入比例过低，使得地方不断追求土地出让收入。

表 3-4　2004—2009 年全国土地出让收入与地方本级收入对比　　单位：亿元

年份	土地出让收入	地方本级收入	%	年份	土地出让收入	地方本级收入	%
2004	5 894	11 893	49.56	2007	13 000	23 565	55.17
2005	5 505	15 101	36.45	2008	9 600	28 645	33.51
2006	7 677	18 304	41.94	2009	15 910	32 581	48.83

注：以上数字都来源于财政部网站，按四舍五入取整；%为土地出让收入/地方本级财政收入的百分比。土地出让收入：指当年度全国土地出让签订合同总价款。地方本级收入：指根据现行财政管理体制规定，划归地方财政的税收和非税收入。主要包括房产税、车船税、城镇土地使用税等固定收入，增值税、企业所得税、个人所得税等共享收入部分。

（2）土地财政不可持续性催生政府代际平衡机制建设（持续性）

土地的出让收益实际上是若干年土地使用期的地租之和，政府获得的土地出让收益有很大比率是预支未来土地产权的收益，出让金约占地方财政的 40%。通常一届地方政府任期不超过 5 年，而在土地出让制下，政府一次性预收几十年的地租。需要建立起均衡政府代际之间土地收益分配的制度和机制，从现任地方政府的土地出让纯收益中按照一定的比例建立供后任政府使用的预留土地收益基金，并选择稳健的投资渠道，使基金能够保值增值，为未来任期政府进行财力储备，保持各任期政府之间持续、均衡的现金流。同时，预留基金提取比例应与当期地方政府土地出让面积挂钩，土地出让面积越大，则提取的比例越高，这样在一定程度上抑制现任政府盲目扩大土地供应的短视行为。此外，为避免未来土地出让收入出现“断流”对地方财政的冲击，应加紧构建地方税收体系，构建地方主体税种，如开征物业税或房地产税等，使地方政府有均衡、稳定的财政收入来源，弱化对土地财政的依赖。

（3）地方政府融资平台债务风险提示适度规模控制（风险性）

由于土地资产的保值和易变现性，利用土地使用权抵押贷款已经成为我国金融机构广泛采用的一种物的担保方式，其比重呈上升趋势。法定出让的土地可以抵押，如政府的融资平台以土地为工具抵押融资，在一些地方，这部分贷款占地方政府基本建设投资的 60%～70%。在地方政府融资平台数量上，因各部门界定不同，统计口径不同，目前尚无统一的数据。媒体报道的最大数量为银监会 2009 年中统计的 8 221 家，其中县级融资平台将近 5 000 家。调查中发现，大部分新成立的融资平台目前尚未开展融资业务。在融资规模上，根据媒体报道各种数据推测，到 2009 年末，融资平台贷款余额 7.38 万亿元，发行城投债（企业债券）1 759 亿元（其他融资方式的规模尚无准确数据），加上财政部代发地方政府债务 2 000 亿元，三项合计的地方政府债务达 7.76 万亿元，约为当年地方本级财政收入的 2.38 倍。

3.4.3 探索建立新型基金制度的必要性和可行性

针对现行国有土地收益基金和土地收益分配制度的缺陷，需要探索建立新型国有土地收益基金，在满足土地储备的资金需求的同时，通过基金的不断积累、投资和保值增值，逐步弱化地方经济发展对土地出让收入过度依赖，促进政府代际平衡机制建设。

3.4.3.1 新型国有土地收益基金的必要性

（1）稳定资金来源、减少储备机构和政府对银行信贷资金过度依赖

随着征地制度改革和政府融资平台的清理、政府债务总规模控制等影响，特别是征地补偿、安置补助和拆迁成本等土地取得成本的不断上升，现行土地储备的融资方式难以满足其巨额资金需求，也不能减轻对银行信贷资金的依赖，难以从根本上防范债务风险。通过设立新型国有土地收益基金，采取滚动积累的方式，逐步聚集部分土地收益，通过基金内部自循环不仅减轻政府的资金压力，而且能有效化解政府以土地为工具进行抵押融资的动机和困境。

（2）熨平土地出让收益周期波动，实现政府土地出让收益代际平衡

在现行财税体制、财权和事权安排以及地方政府对土地出让收益的过度追求情形下，土地管理制度缺乏对国有建设用地开发和利用约束力不强，地方政府没有建立土地出让收益的中长期管理制度，难以抑制每届地方政府过度出让土地的行为。通过归集部分土地出让收益形成国有土地收益基金，利用新型国有土地收益基金管理模式，熨平土地出让收益周期波动，实现国有土地资产的保值增值，壮大国有土地资本实力，使土地出让收益的使用和投资具有长期性，这样可使土地利益分配在时间上得以延续，为后届政府发展预留建设基金，避免"寅吃卯粮"的短期行为。

（3）实现运用经济手段调控土地市场，构建土地政策参与宏观调控机制

土地市场是一种与金融市场深度结合的市场，随着土地金融实践的发展，土地市场不断发育和成熟，市场中不仅有实物形态的土地、房产，而且还出现了证券形态[①]的土地，如土地抵质押、换地权益书、土地债券、房

① 房地产证券化作为一种全新的金融创新工具，是国际不动产市场和金融市场深度结合的一个重要趋势。

地产信托基金等有价证券。土地储备和融资业已成为土地政策参与宏观调控最重要、最直接、时效性最强的政策工具。构建新型国有土地收益基金，壮大基金规模，以联合调控或独立运作的方式，发挥基金对土地收益跨期分配和资金对经济社会发展的信贷杠杆作用。

3.4.3.2 新型国有土地收益基金的可行性

（1）土地使用制度改革的深化，土地市场的日臻完善，土地资产效益得以充分发挥是基金设立的基础

我国土地使用制度改革已有20多年，以《中华人民共和国城镇国有土地使用权出让和转让暂行条例》的颁布实施为开端，土地有偿使用制度、国有土地使用权出让和转让制度等以健全和完善。土地市场得到了长足发展，日趋成熟，市场的建设和发展使土地这一最基本的生产要素进入市场，显化了土地资产价值，为我国经济社会持续、快速、健康发展提供了大量的资金支持。2000—2010年9月全国土地出让总收入达8.75万亿元，土地出让收益成为地方政府城市建设的重要资金来源。政府通过土地出让、租赁等有偿供应手段取得了相对比较稳定的土地收益，为基金设立打下了坚实基础。

（2）现行国有土地收益基金相关制度基础

2004年，《国务院关于深化改革严格土地管理的决定》（国发[2004]28号）为健全土地节约利用和收益分配机制，提出“探索建立国有土地收益基金，遏制片面追求土地收益的短期行为”，明确了设立基金的目标，启动了国有土地收益基金制度建设的方向。2006年，《国务院办公厅关于规范国有土地使用权出让收支管理的通知》（国办发[2006]100号）提出“由财政部门从缴入地方国库的土地出让收入中，划出一定比例资金，用于建立国有土地收益基金，实行分账核算”，明确了初级形态基金的来源与管理方式，为新兴国有土地收益基金的设立提供了制度完善基础。在国家宏观政策调控和引导之下，各省区市从加强国有土地使用权出让管理的角度，明确了国有土地收益基金的制度雏形。

（3）土地出让相关支出的整合和存续为基金的建立提供了资金归集潜力

《中华人民共和国国民经济和社会发展第十二个五年（2011—2015年）规划纲要》对“十二五”时期加快财税体制改革提出了明确要求：完善财政体制。进一步理顺各级政府间财政分配关系，建立县级基本财力保障机制，建立并不断完善预算体系，健全税收制度，加快构建有利于转变经济发展方式的财税体制。土地出让收益作为地方财政收入的一项重要来源，

将在未来合理界定中央与地方的事权和支出责任、完善中央对地方财政转移支付制度、推进省以下财政体制改革及加快完善县级基本财力保障机制等健全中央和地方财力与事权匹配的财政体制建设中受到深刻影响。目前土地出让收益“切蛋糕”分配使用①，迫切需要发挥基金的强基固本作用。按照现行规定，土地出让收入首先是确保足额支付征地拆迁补偿费用、土地出让前期开发支出、破产或改制国有企业职工安置费、对被征地农民社会保障的补助等成本补偿性支出，在此基础上再安排农村基础设施建设、农田水利建设（国家规定从土地出让收益中计提10%）、教育（国家规定从土地出让收益中计提10%）、农业土地开发（不低于土地出让平均纯收益的15%）、城市基础设施建设、城市廉租住房保障建设（国家规定从土地出让净收益中计提10%）等支出。从上述制度规定可以看出，不仅同一项工作，资金科目多样②，而且相同渠道的资金按照“分一杯羹”的方式，由不同部门管理。管理主体的多元，不仅带来了资金管理的难度，而且极大地降低了资金使用效力，需要进一步整合资金，促进资金的管理与使用。同时，为解决区域发展不平衡问题③，也应通过中央财政集中方式将东部经济发达地区一定比例的土地出让收益转移用于中西部及欠发达地区的广大农村教

① 土地出让收入是市县人民政府以土地所有者身份出让国有土地使用权所取得的收入，主要是以招标、拍卖、挂牌和协议方式出让土地取得的收入，也包括向改变土地使用条件的土地使用者依法收取的收入、划拨土地时依法收取的拆迁安置等成本性收入、依法出租土地的租金收入等。按照现行制度规定，土地出让收入全额纳入地方政府性基金预算管理，且有明确的用途：国有土地使用权出让收入主要用于征地拆迁补偿、土地出让前期开发、城乡基础设施建设、城镇廉租住房保障等支出。土地出让收入缴入国库后，市县财政部门先分别按规定比例计提国有土地收益基金和农业土地开发资金，缴纳新增建设用地土地有偿使用费，余下的部分统称为国有土地使用权出让收入。新增建设用地土地有偿使用费专项用于土地整治及其他相关支出。

② 如土地整治资金（包括土地整理和复垦、宜农未利用地开发、基本农田建设以及改善农业生产条件等）可来自农业土地开发资金、新增建设用地土地有偿使用费以及农田水利建设资金。农村建设资金可来自农业土地开发资金、新增建设用地土地有偿使用费等。城市建设资金可来自国有土地收益基金、城市廉租住房保障金、教育资金和城市基础设施建设资金等。

③ 从近几年土地出让收入来源地区结构看，越是经济发达地区、土地供需矛盾越大、地价越高、土地出让收入越多。在全国范围内呈现出东高西低的状况。同时，各地可供利用的土地后备资源量及需土地出让收入中安排的事项不同，对土地开发资金需求量不等。东部地区随着城市化、工业化进程的加快，农用地的总量逐渐减少，其农业土地开发资金需求逐渐下降，而一些农业大省承载了全国粮食安全问题，还将以农业为主，其经济一般欠发达，农业土地开发资金需求更为迫切。由于土地出让收入与计提专项资金安排的支出需求不相匹配，从而出现专项资金计提后又花不出去的状况，既不利于提高资金使用效率，也成为一个审计问题。如北京、上海、厦门、广州等地，由于耕地较少，新增费、农业土地开发资金均出现了大量结余现象。

育、医疗保障体系的建设，高标准农田建设、土地整治，实现部分国有土地出让收入的全民共享①。

（4）探索建立国有土地收益基金具有坚实的工作基础和运用实例

一是开展了前期基础研究。自1996年我国土地储备制度产生以来，在国土资源部土地利用司和财务司指导下，国土资源部土地整治中心（原土地整理中心）承担了《土地收购储备与建立政府土地基金研究》课题研究任务，开展土地收购储备和政府土地基金制度运行机制研究，对国内外土地收购储备和政府土地基金的案例进行广泛深入调查分析，提出了土地收

① 土地出让收支管理政策经历过五次变化：a. 1989—1991年，土地出让收入实行中央与地方40∶60分成。专项用于城市建设和土地开发。1989年，国务院规定：土地出让收入40%上缴中央、60%留归地方，专项用于城市建设和土地开发。1990年，财政部规定：中央分成的40%土地出让收入，按85%～99%比例返还给地方。b. 1992—1993年，土地出让收入实行中央与地方5∶95分成，专项用于城市建设和土地开发。1992年，为简化土地出让收入由中央集中再返还地方的复杂程序，财政部规定土地出让收入总额5%上缴中央财政，95%留地方财政。c. 1994—1999年，土地出让收入全部留给地方，专项用于城市建设和土地开发。1993年，国务院印发《关于分税制财政管理体制的决定》，明确土地出让收入全部为地方财政固定收入。中央财政不参与分成。d. 1999—2006年，土地出让收入分解为若干收入项目，使用范围逐步扩展，资金管理跨越预算内外两种管理方式。1999年，国家依法对新增建设用地收取新增建设土地有偿使用费（简称“新增费”），新增费征收标准10～140元/m^2不等，实行中央和地方30∶70分成，分别缴入中央和地方国库，新增费由市县人民政府用土地出让收入缴纳，2004年，国务院规定将部分土地出让收入用于农业土地开发，具体比例由省级政府按各市县不低于土地出让平均纯收益的15%确定。当年，财政部、国土资源部制定了农业土地开发资金征收办法，征收标准为15～160元/m^2不等，30%缴入省级国库、70%缴入市县国库。由此，土地出让收入分解出新增费、农业土地开发资金等若干收入项目，使用范围从城市建设和土地开发，扩展到耕地开发、农业土地开发等。在资金管理方面。土地出让收入先缴入地方财政专户，作为预算外资金管理，扣除成本补偿性费用后，再将净收益缴入地方国库，作为预算内资金管理。e. 2007年至今，土地出让收支全额纳入预算管理。使用范围进一步扩大。收支管理日趋规范。2006年，国务院办公厅规定，从2007年1月1日起，土地出让收支全额纳入地方基金预算管理，不得用于平衡公共预算。收入全部缴入地方国库。支出一律通过地方基金预算安排，土地出让收入由市县国土资源管理部门具体负责征收。同时规定，土地出让收入使用范围细分为土地补偿费、安置补助费、地上附着物和青苗补偿费、拆迁补偿费、土地开发支出、计提农业土地开发资金、补助被征地农民社会保障支出、保持被征地农民原有生活水平补贴支出、农村基础设施建设支出、城市建设支出、土地出让业务费、缴纳新增费、计提国有土地收益基金、廉租住房等保障性安居工程支出、支付破产或改制企业职工安置费等15个项目。此外，要求各地建立健全土地出让收支预决算管理制度。依法向同级人大报告。其中，土地出让支出预算严格按照“以收定支、收支平衡”的原则编制，即多收多支、少收少支，而不是“以支定收”，更不能编制“赤字”预算。从政策层面看，现行土地出让收支管理制度，不仅有利于全面客观反映各地土地出让收支全貌，切实保障被征地农民和被拆迁居民的合法利益，而且有利于规范土地出让收入使用行为，统筹用于城乡基础设施建设。重点用于改善民生。

购储备和政府土地基金管理法规框架与政策建议，形成了我国第一个关于土地收购储备和土地基金体系完整、规范可行的研究成果。二是开展了土地储备融资情况调研。2010 年 5 月国土资源部开展了土地储备及政府其他机构土地融资情况调研，就全国的融资平台类型、主要融资方式、融资平台的数量及融资规模等基本情况进行了全面调研，同年，国土资源部、银监会、财政部 3 部委联合组织开展四川、重庆、北京、湖北等省（市）储备土地抵（质）押贷款情况调研，并对土地储备及政府其他机构土地融资情况存在的问题进行了分析，提出了规范融资规模政策建议。三是制定了土地储备与融资管理政策文件。国土资源部与财政部、中国人民银行、中国银行业监督管理委员会在历经近三年的共同调研、沟通的基础上，联合出台了《关于加强土地储备机构与融资管理的通知》（国土资发[2012]162号），在加强土地储备机构与业务管理同时，理清土地储备机构与融资平台的关系，调整土地储备贷款政策，防范和控制信贷风险。目前，国土资源部土地整治中心正在协助中国银行业监督管理委员会制订《土地储备贷款管理办法》（拟以银监会主席令发布），进一步明确土地储备贷款管理政策与金融风险的防范。四是中央地质勘查基金提供了实际案例。国务院发布《关于加强地质工作的决定》提出，国家建立地质勘查基金（周转金）。资金来源于中央财政在一般预算内安排的专项资金以及探矿权、采矿权价款以折股形式上缴所形成的股权。使用于重点矿种和重要成矿区（带）的前期勘查，引导和拉动商业性矿产勘查，缓解国家资源约束；建立地质勘查投入良性循环新机制，保障经济社会全面协调可持续发展。中央地勘基金[①]由财政部、国土资源部共同负责管理与监督，两部共同组成中央地勘基金领导小组，作为地勘基金管理的议事机构，协调和指导地勘基金管理的各项工作。2007 年成立国土资源部直属事业单位——中央地质勘查基金管理中心，受财政部、国土资源部委托，负责中央地勘基金的组织实施及日常管理工作。

3.4.4 国外和我国港澳地区土地基金经验与启示

由政府创建具有代表性的土地基金，主要包括美国永久土地基金、英

① 2007 年 6 月发布了《中央地质勘查基金（周转金）管理暂行办法》，确立了地勘基金运行和管理制度的总体框架，落实了 20 亿元的启动资金。同年 11 月，启动了首批 126 个试点项目，安排勘查投入 5.7 亿元，取得了一批较好的成果，特别是内蒙古鄂尔多斯煤田项目预期可提交煤炭资源量近 200 亿 t，这为当地经济社会发展和国家能源基地建设提供坚强保障。

国苏格兰土地基金、澳大利亚原住民和托雷斯海峡岛民土地基金、危地马拉土地基金以及我国香港、澳门地区土地基金。

3.4.4.1 国外土地基金发展概况

（1）美国永久土地基金

为支持和资助科罗拉多大学的创建和发展，1986 年，美国国会授予拟成立的科罗拉多州所属的土地中，列出 72 块专门用于筹建科罗拉多州立大学，该大学不仅可以直接使用这些土地，还可以使用从这些土地经营获取的收益。授予科罗拉多州立大学的土地由州土地部门代管，其收益由州财政转交科罗拉多大学董事会，用于建立永久土地基金。

该土地基金的资金来源主要是土地租金收入、基金投资利润、不动产销售收入，其他不动产租赁收入，以及来自土地附带的水权、矿权或油气权的收入中获取。土地基金由科罗拉多大学董事会负责管理，可用于不动产的取得、投资和管理等；资金在一定期限内可以在大学辅助企业投资基金与土地基金之间流动。同时，各校区产生的不动产交易收入都要并入土地基金，带来收入的校区具有优先使用基金的权利。

（2）苏格兰土地基金

在苏格兰农村，相当高比例的土地由私人占有，政府逐渐意识到私有土地的过度集中不利于苏格兰农村的发展，尤其不利于住宅、工业和社区用地的取得。为了支持苏格兰农村发展，政府决定建立苏格兰土地基金来帮助农村社区取得、开发、管理本地区的土地资产，改善苏格兰地区环境多样性和苏格兰农村的品质，促进土地改革立法中的社区土地购买权的积极运用，通过经济支持提升社区在农村地区的作用，加强地区发展的整体性、综合性，促进地区可持续发展。

苏格兰土地基金是由新机会基金建立，后者从国家六合彩中获取资金。该基金由苏格兰土地基金委员会负责管理，委员会由来自苏格兰各地关心社区土地事务并拥有一定经验的独立个人组成，委员会每月举行一次集会来审查申请资助项目，做出资助决定。苏格兰地区的社区组织都有资格申请基金的资助，但对社团组织的性质和组织结构要求很严格[①]。

土地基金资助的项目类型主要有三类：一是为取得或者管理土地及土地资产的竞标的可行性研究、法律咨询、评估、计划编制和和社区意见征

① 社区组织应该是依法建立的并遵循下列的准则：目标有利于整个社区；开放性的成员资格；机会均等；民主管理；突出的社区代表性；不进行利益分配；如果解散将把土地和资产转交给具有相同目的的组织。

求等资助。二是土地的获取，包括社区计划实施一系列管理和发展计划的较大规模土地，也包括供游憩或环境目的使用较小规模的土地，如森林地带的管理等。三是土地开发项目，包括自然资源管理，为满足本地服务需求的基础性开发和提供明显具有经济、社会效益的设施等。

（3）澳大利亚原住民和托雷斯海峡岛民土地基金

1992 年澳大利亚高等法院在一般法中承认原住民权利，并于 1993 年通过了原住民权利法案，在法案中政府承认绝大多数原住民在历史上被迫离开属于他们的土地。为加强原住民居住区的社会稳定，政府创建了土地基金来从经济上有效地帮助原住民为自身及后代人重新建立为本地所有的土地基础，通过本土土地公司资助支持原住民社区购买土地，或主动购买、管理由本地（人）所有的土地，以合法渠道取得城镇边缘的居住用地。

该土地基金是一项建立与运营并行的基金，其资金来源主要是政府逐年拨款，1994—1995 年拨款 2 亿美元；1995—2004 年，每年拨款 1.21 亿美元，其中大约 63%（约 0.76 亿美元）用于建立基金的资本基础，剩余的 37%（约 0.45 亿美元）转交给本土土地公司①用于成文法规定的土地获取、管理以及公司的运作及发放贷款；2004 年后，政府停止向土地基金拨款，由土地基金的年投资收入足以替代政府拨款来支持本土土地公司的运作，土地基金成为永久性基金。

1995 年通过原住民和托雷斯海峡岛民委员会修正案后，将管理土地基金投资的责任转移给原住民和托雷斯海峡岛民委员会，该委员会以财政部长代表团的名义管理土地基金及其投资。

（4）危地马拉土地基金

1996年10月29日危地马拉签署了一个结束长达36年内战的和平协议，包括财政、政治和法律援助承诺，其中一项是由世界银行帮助建立危地马

① 土地公司可以购买、管理土地，再将其转交给代表地方利益的组织或社团。地方组织和个人也可通过土地公司获得土地购买或土地管理上的资助，其项目申请将在土地公司的政策指南和国家与地区土地战略框架内予以考虑。土地公司并无购买土地的强制性特权，它只能在土地市场上和其他购买者公平竞争。土地公司是独立法人组织，它的七人董事会由原住民和托雷斯海峡岛民事务部长任命，公司董事会负责制订公司政策和决定公司自身的土地购买行为。在独立的市场评估价格范围内，董事会按照严格的购买政策进行土地购买决策。1995 年以前，因为还没有土地基金的专门法律安排，总理和内阁部门被临时授权监管基金投资。本土土地公司对土地基金没有控制权，但是可以通过咨询论坛向财政部长提出基金投资政策意见。

拉土地基金。政府和世界银行希望通过解决农村土地问题[①]来减轻农村贫困，巩固和平成果。过去解决土地分配问题的实践侧重于行政主导的土地改革，即通过土地征用和再分配，移民到边际土地或森林地带，但这些方法都不成功，政府希望尝试实施见效快、成本低和冲突较少的土地分配途径，因此，在世界银行帮助下建立了土地基金，以资助贫困农民的土地取得行为（购买或租赁）及社区参与相关土地项目。

土著贫困社区及农村小规模土地持有者（包括农村妇女）是基金的主要受益人。土地基金的建立分三个阶段，历时 12 年，筹资 2.3 亿美元，其中包括国际复兴开发银行 0.69 亿美元贷款、国家 1.575 亿美元拨款以及受益人缴纳的 0.051 亿美元贷款利息。

土地基金支持政府的市场辅助土地改革计划[②]，其资金只能用于资助购买土地[③]，而不能用于社区基础设施建设贷款（该项贷款由其他专项基金资助）。土地基金要求偿还购买土地的贷款，因此基金受益人可自我决定是否申请贷款，同时，要求社区全过程参与子项目的资格验证、准备、签约、实施及监管等工作。

起初，土地基金是农业部内的一个集中代理机构，1999 年危地马拉国会通过了土地基金法；1999 年 9 月成立了土地基金董事会；2000 年通过土地基金总章程。依据土地基金法成立的土地基金机构 FONTIERRAS 负责基金的管理运作，包括政策制定、受益人选定、项目监督、与中介组织（非政府机构）签约等。土地基金机构董事会成员有土著、农民及私营部门组

---

① 农业在危地马拉的地位非常重要，它占 GDP 的 25%，外汇收入的 55%，就业人口的 50%；危地马拉所面临的最大难题是减轻贫困人口，贫困人口分别占其总人口的 75%、农村人口的 86%、土著居民的 93%。同时，危地马拉有世界上最不平等的土地所有结构，有限的土地可获得性和极端不平等的分配被认为是农村贫困的核心问题。土地占有的高度集中，加上许多大规模农场土地的不充分利用导致了经济扭曲，农地价格远远高出其农业生产价值，小农场主和农民难以获得土地。

② 所谓市场辅助的土地改革是建立在许多其他国家的负面经验教训上的：a. 土地改革要避免过多的补贴、税收和债务减免，因为这些利益被最大的土地所有者获取，津贴也支持了本应该倒闭的经营不良的农场，抬高了土地价格，穷人无法得到这些好处，同时造成政府财务紧张；b. 尽量避免征用和由政府获取土地，因为易导致法律纠纷、拖延及高额的行政成本；c. 避免以政府指令方式选择受益人，地方或社区应参与受益人的选择；d. 基础设施投资是土地改革成功的关键。

③ 土地基金对其资助的土地购买行为有严格的要求：受资助对象——主要是农村社区内家庭（没有土地或土地不能满足生存所需的农村居民）——须符合严格的经济标准和组织标准；还要求在贷款申请时递交项目计划；在核实社区有资格申请资助后，社区自主选择土地，同自愿卖地者协商价格，并向基金递交两份土地所有者自愿卖地的声明；在土地购买过程中要求土地产权清晰、合法，土地价格要与市场情况一致。

织的代表。董事会会长由农业畜牧食品部部长[①]担任，副部长（负责协调国内土地相关事务）对基金负责。受益人通过资格审查后，土地基金信托基金负责支付生产性项目贷款，具体事务由 BANRURAL 执行。

（5）德国鲁尔土地基金

德国鲁尔区曾是世界著名的矿产基地，在 20 世纪 80 年代重工业及采矿业的世界性衰退背景下，鲁尔区很多矿区减产、停工。矿区土地因缺乏出售准备难以适应土地市场需求，而且企业所要求的地价背离土地市场行情，加上工业及住宅投资的意愿低落，都市边缘有许多廉价土地，鲁尔区出现大量的闲置工矿用地[②]。政府专门创建鲁尔土地基金，以使闲置土地能较快而有序地以适当的形式进入土地市场，既可缓解对城市边缘的农地的压力，又有利于政府住宅和基础设施计划的实施；同时政府收回大量资金可以资助解决工矿企业的其他困难。

鲁尔土地基金的资金由北莱茵邦拨款提供，自 1980—1985 年，北莱茵邦共提供 5 亿马克。土地基金用来取得闲置的工矿用地，并根据地方用地计划进行整理、储备和再出售。在鲁尔土地基金的使用中，北莱茵都市建设、住宅事务及农地规划股份公司（LEG）[③]为北莱茵邦的受托者，依据受托任务以自己的名义替北莱茵邦购买土地[④]。

---

① 农业畜牧食品部部长同时也是土地产权加强和推进国内制度委员会（Inter Institutional Commission for the Strengthening and Development of Land Property Rights）的领导人。因为土地的重要性，许多危地马拉政府机构都有本部门的关于土地的政策与管理条文，这些条文往往不同甚至相互冲突。因此危地马拉政府建立了该高级委员会来协调部门间与土地相关的矛盾和事务，也包括土地基金。

② 大量闲置地的存在一方面是对土地资源的浪费，另一方面无助于企业解困。1979 年北莱茵邦政府举行鲁尔区会议，讨论克服鲁尔区危机的纲领，提出了“鲁尔活动纲领”，包括一项为“都市更新、居住环境的改善及运动设施的提供”，其中提出处置鲁尔区闲置土地的一项方案，即每年用一亿马克来取得闲置土地，整理改造后使其适合一定的用途，如计划住宅用地等。

③ LEG 是一股份有限公司，其股权的 56%属于北莱茵邦，40%属于公立银行和保险公司，1.5%属于市、县及企业，其余的股份为一些不易归类的公司所有。它是国家房屋政策及公共更新负责机关，是公共利益性质的开发事业机构及邦区域结构政策的机构。

④ LEG 的土地取得、开发行为必须符合“北莱茵邦土地基金及鲁尔土地基金商业、工业及交通闲置土地购买、腾空整理、使成建地及土地再出售准则”。该公司对由行政专区登记并推荐的闲置地进行审核，内容包括腾空整地、使成建地、污染区清除及/或安全化的可行性及成本，所要求的地价的合理性以及实现上述活动所需时间。公司将审核结果递交都市发展及交通部和财政部，在都市发展及交通部取得财政部同意后委托 LEG 购买该地块，并对土地进行一系列的整理开发，协商出售土地。LEG 和地方有紧密的合作关系，由地方计划部门决定土地的用途，土地出售的对象也由地方选定。

3.4.4.2 我国香港、澳门地区土地基金

我国香港、澳门地区土地基金[①]有其独特的历史背景：香港、澳门回归协议签署后，仍存在相当长的过渡时期。通过建立土地基金，将过渡时期（从联合声明签署到特区政府成立）土地增值收入的一半纳入土地基金，采用信托方式，由受托人管理，保护了尚未成立的特区政府的正当利益，有效地防止英、葡政府在过渡时期将所辖土地随意处置，滥用土地收益，而把负担转嫁给日后的特区政府。

（1）香港土地基金

1984 年中英香港问题谈判时，邓小平指出，中国政府非常关注香港过渡期内的批地和地价收入使用。港英政府的土地收入主要来源于公开拍卖土地及招标，私人协议批地，土地续期、改变用途及扩展补交地价，土地基金利息四部分。中英联合声明附件三规定，从声明生效之日起至香港回归前一天，港英政府获自土地交易的地价收入中，扣除开发土地平均成本，其余部分与未来的香港特区政府均分。1986 年 8 月 13 日，中英土地委员会中方代表处正式成立香港特别行政区政府土地基金信托（简称“土地基金”），主要任务是为将来香港特区政府管理土地，实现过渡期内香港土地的保值增值。

香港土地基金的投资目的，是在保存本金和不影响香港稳定的前提下，通过分散投资，降低风险，争取较高回报率。香港土地基金投资涉及全球范围内 17 个市场，包括美国、加拿大、英国、瑞士、香港、新加坡等国家和地区。经过 11 年投资实践，香港土地基金已在审慎投资与良好回报之间找到平衡，移交前，土地基金的资产分配比例为股票 30%、债券 40%、现金 30%。土地基金紧跟主要币种利率走向，经常对基金投资组合进行结构调整，避免基金的外部风险损失，通过分散投资，实现了过渡时期土地基金的稳步增值[②]，土地基金从 7.72 亿港元增长到 1 112 亿港元，回归当年，三个月资产净值增长了 24.2 亿港元。

---

① 1997 年 7 月 1 日香港土地基金的资产总值达到 1 700 亿港元；1998 年 10 月 31 日，资产值约为 2 114 亿港元。1999 年 12 月 19 日，澳门特别行政区土地基金实有净资产总额达 99.95 亿澳门元，其中批地各项收入为 69.12 亿澳门元，增值部分为 30.83 亿澳门元（发展商拖欠的溢价金不在其内）。

② 香港土地基金成立时，资产净值只有 7.72 亿港元。步入 20 世纪 90 年代，香港土地基金获得了长足发展，总量和结构上都出现了高速扩张的势头。1993—1994 年，港英政府卖地收益大增，土地基金进账增至 168.8 亿港元。1994—1995 年，香港土地基金资产净值 849.23 亿港元。1995—1996 年，香港土地基金资产净值达到 1 112 亿港元，较上年增加 262.8 亿港元，增长率高达 31%，其中 170.3 亿港元为港府卖地收入分与特区部分 92.5 亿港元为投资盈利。

面对当时港股下挫和非港元、非美元资产价值萎缩，土地基金资产组合作出调整。在投资组合中，股票（包括海外股票）投资比重明显减少，债券、存款及现金投资则有所增加，以适应金融市场波动[①]。同时，土地基金管理运作模式也必须作出调整。1998 年 11 月，香港特区政府决定把 2 114 亿港元的土地基金正式并入外汇基金，外汇基金总资产达到 4 145 亿港元。土地基金并入外汇基金后，能够得到与外汇基金相同回报率。但是，香港土地基金仍是独立的政府基金，归并不会影响土地基金的长远用途，还起到解决土地收益分配的代际公平问题的作用，更好地促进香港、澳门地区的持续发展。

金融危机后，香港地市低迷，政府倾向"弹性批地"，1999 年 4 月，香港恢复卖地。1998—1999 财年，土地基金期末结余达到 2 067 亿港元。1999—2000 年，香港土地基金收入 116.59 亿港元，期末结余 2 236.36 亿港元。2000—2001 年，香港特区政府卖地收入 423 亿港元，较上年增加 25%，土地基金结余达 2 536 亿港元。随着香港经济的复苏，土地基金亦呈现出增长势头。

香港土地基金对回归过渡期内香港土地的保值增值发挥了关键作用[②]，对香港财政储备增加和金融形势稳定作出了贡献。

（2）澳门土地基金

土地基金由土地基金投资委员会和咨询委员会共同管理。土地基金投资委员会于 1994 年 11 月成立，其职责是：将过渡期澳门土地收入中属于未来特区政府所有的土地基金，按照可以接受的合理风险原则，选择投资方式，制定投资组合，拟订最低投资收益率，确定和调整投资方向和工具，

① 截至 1998 年 9 月 30 日，土地基金债券投资 896.46 亿港元，其中 508 亿港元为美元债券。债券投资比率由 1997 年的 35.8%增至 43.5%。现金比率亦由 1997 年的 35.4%增至 36.7%。整体投资中．美元资产占 65.3%，港元资产占 28.4%。

② 1997 年 7 月 1 日，在香港特区政府成立仪式上，香港土地基金资产悉数移交特区政府，截至 1997 年 6 月 30 日，土地基金资产净值达到 1 971 亿港元，较 1996 年 3 月底增加 858.7 亿港元，其中投资盈利净增 215.3 亿港元，回报率 13.1%，说明土地基金达到了保值增值的投资目标。1997 年 7 月 23 日，根据香港公共财政条例第 29 条规定，香港特区临时立法会成立新的土地基金，接管特区政府土地基金资产，并用于投资，新土地基金只可作投资用途，而不能用作提供政府服务。1997 年 7 月 1 日至 9 月 30 日，香港土地基金资产净值增长了 24.2 亿港元，达到 1 994 亿港元，其中，港元资产占基金总值的 33.5%，美元资产占 58.7%，其他资产占 7.8%。土地基金数额可观的资产，对香港的平稳过渡具有重大意义。1999 年 7 月，东南亚地区暴发货币危机，香港政府针对国际炒家企图，动用土地基金和外汇基金入市干预，捍卫港元联系汇率，香港土地基金的金融稳定作用功不可没。

为未来的特区建设提供巩固的财政基础。土地基金咨询委员会于1994年11月成立，其职责是：为土地基金的某些大投资项目提供咨询；听取基金秘书处有关土地基金情况的汇报；反映各界对土地基金管理的意见。澳门2001年财政年度预算中，预算总额逾135亿澳门元，其中包括4亿澳门元土地基金利息收益。

3.4.4.3 国外和我国港澳地区土地基金的总结

（1）基金目的功能的多样性

尽管基金创建的历史背景存在很大差异，但根据设立基金目的和功能的不同，可大致概括为两类：公益型土地基金[①]和管理型土地基金[②]。

公益型土地基金，如英国苏格兰土地基金是为了促进农村地区的社会与自然的可持续发展；澳大利亚原住民和托雷斯海峡岛民土地基金体现了种族与历史公平性要求；而危地马拉土地基金追求提高最贫困人口的生活水平与生产能力，促进社会稳定性；德国鲁尔土地基金是为了加快工矿闲置土地的再开发利用，提高土地使用效率，帮助地区摆脱经济低迷状况。

管理型土地基金，如美国永久土地基金是通过土地使用和投资增值为创建科罗拉多州立大学提供资助；而我国香港、澳门土地基金则是为保护待成立的特区政府的正当利益，以及通过多元化投资实现基金的保值增值。

（2）基金建立需要政府推动

公益型土地基金实质是通过土地收入的分配与再分配形成的具有专门用途的基金，不仅发起人本身就是政府部门，而资金的来源和投向等具有高度政策性、安全性、公益性等规定和要求。管理型土地基金具有归集不同时期土地相关收益、专业性投资管理和运作，以风险分散为原则，帮助基金受益人（组织）有效地实现土地收益的保值增值，涉及财产权益和公众利益。因此，尽管各国（地区）存在土地产权制度差异，土地基金设立目的、资金筹措、管理运行不尽相同，但是，由于土地利用具有很强的社会性、公益性和效益性，各国（地区）政府在土地基金的设立和运行过程中都起到了决定性作用。甚至还要以国会授权、高等法案、修正案、活动纲领、联合声明、土地基金法、和平协议等形式支撑。

---

① 公益型土地基金主要用于辅助政府实施与土地相关的政策，以增进社会整体福利为根本目的，追求社会、经济、生态综合效益。公益型土地基金的使用类似于政府性贷款，贷款利率低、周期长；对特殊扶持对象甚至可以提供无偿资助。

② 管理型土地基金起到土地收益代管人的作用，它通过归集不同时期土地相关收益，实行专业化管理，将基金用于金融证券投资，帮助基金受益人（组织）有效地实现土地收益的保值增值。

（3）资金来源应该多渠道

土地基金的资金来源大都具有多元性，大致可分为三类：一是以政府拨款为主的土地基金，如澳大利亚原住民和托雷斯海峡岛民土地基金（创建阶段全部依靠政府拨款）、危地马拉土地基金（国家拨款占比为68%、国际复兴开发银行贷款占比为30%）、英国苏格兰土地基金（通过新机会基金间接从国家发行六合彩中获取资金）、德国鲁尔土地基金（土地收购资金全部来自北莱茵邦政府拨款），政府拨款具有长期性，无风险性，但在很大程度上受到政府财力的制约；二是以土地收益为主的土地基金，包括我国香港、澳门土地基金与美国永久土地基金，土地收益一般具有数额大、流量稳定的特点，受政府财政的制约与影响较少，为基金提供了稳定、雄厚的资金保障，但易受土地具有较高经济价值、发达的土地市场等因素影响；三是以基金自身投资盈利为主的土地基金，如2004年以后的澳大利亚土地基金完全依靠其自身盈利，其中主要来源于已有资金的金融证券投资收益与土地信贷收入。

此外，由于土地基金规模较大，一次性归集全部资金的难度大，因此，基本上都采用逐年投入、多年积累的方式，逐步扩充达到理想规模。实际上绝大部分土地基金都从多种渠道获得资金，在不同阶段也不断变化，创建阶段主要依靠政府拨款和土地收益，规范运作后则以多元投资，获取增值收益而不断发展壮大。各国（地区）土地基金普遍从事金融投资活动，以提高基金使用效率，并尽量实现基金自身的保值增值。

（4）基金运作和管理的专业性

基金的资金运作[①]和使用管理[②]是土地基金制度的核心，应具备组织性、独立性和专业性。根据基金运作管理与使用管理之间的关系，土地基金主要有两种模式：一种是由专门、独立的组织机构分别负责基金资金的运作管理与基金的使用管理，如澳大利亚土地基金、苏格兰土地基金、危地马拉土地基金以及我国香港、澳门土地基金。大部分土地基金都属于该类型，因为基金金融投资和使用管理的专业性、技术性都很强。两类管理相分离主要是为了实现基金投资的专业化和规范化运作，提高基金的保值增值能力。另一种是由统一的机构（组织）负责基金（资金）的运作与使用，美国永久土地基金由科罗拉多州立大学董事负责基金的投资与使用管理。因为基金受益人单一，作用范围小，基金管理的内容相对比较简单，统一管

① 基金资金运作管理是指基金的组织机构从事的资金保管、信贷、投资等金融性活动。
② 基金使用管理是指基金负责机构从事的基金受益人的资格审查、贷款审批、项目监督等活动。

理可以降低基金管理成本。

（5）制度建设是基金健康运行的重要保障

土地基金的有序运行依靠完善的基金管理制度和相关法律法规支撑。如香港公共财政条例第29条规定，香港特区临时立法会成立新的土地基金，接管特区政府土地基金资产，新土地基金只可作投资用途，而不能用作提供政府服务；危地马拉国会通过土地基金法，依据土地基金法成立的土地基金机构负责基金的政策制定、受益人选定、项目监督、与中介组织（非政府机构）签约等管理运作；澳大利亚土地基金的组织基础则是依据1989年原住民和托雷斯海峡岛民委员会法案成立的原住民和托雷斯海峡岛民委员会与本土土地公司。绝大多数土地基金都制定了土地基金章程，规定了董事会成员构成的代表性和多样性，健全了公司治理结构和决策制衡机制，实现宏观和微观制度的有效衔接。

3.4.5 建立新型基金制度的思考与建议

借鉴国外和我国香港、澳门土地基金的经验，改造现行国有土地收益基金的基金架构、资金筹集和资金投向等基金要素，逐步实现新型国有土地收益基金运行模式。

3.4.5.1 指导思想

按照有效分离政府土地管理职能与政府土地资产经营[①]和资本运作行为，遵循现代货币经济中基金运行规律，建立一种由地方人大授权，由地方政府发起成立，对土地收益进行适度归集，独立运行、投资运营、保值增值、联合监管的公益型和投资型相结合的准公益性土地收益基金，以辅助实施政府与土地管理相关政策，以增进土地资源配置效率和城乡公共服务设施均等化和经济社会可持续发展。

3.4.5.2 基金性质

基金性质决定了基金的组织设置、运行和监管方式，同时决定了基金的融资结构和收益分配方式等基本取向。公益性土地收益基金是政府可设立基金的一般形态，同时，由于我国经济在总体上发展还不平衡，区域经济不平衡尤其明显，这就从根本上决定了国有土地收益基金也不可能是一步到位的投资性基金。因此，新型国有土地收益基金可采取准公益性基金

① 1996年6月，国务院副总理温家宝在《实施可持续发展战略，促进环境与经济协调发展》报告中指出："进一步完善合理的土地供应机制，健全土地税费和地价管理体系，探索建立政府收购、储备制度和国有土地资产的运营监管体制，促进建设用地由外延粗放型向内涵集约型转变。"

模式，一方面，辅助政府土地相关政策的实施，促进社会福利提升和经济社会可持续发展；另一方面，还能确保土地收益的保值增值，实行土地收益最大化，以可持续土地收益资金实现政府代际平衡。从长远看，可借鉴香港基金的经验，组建专业化投资委员会，确定合理的风险收益原则，制定投资组合，选择投资方式，不断调整投资方向。

3.4.5.3 基金架构

基金架构要遵循实现领导决策与专家咨询相结合、决策监督与管理实施相分离基本原则。新型国有土地收益基金涉及土地资源管理与市场化配置、财政体制与土地收益分配管理、基金制度等相关方面，为协调各方面的利益及当期和长远利益，提高国有土地收益基金的运作效率，应采取政府部门决策和监督、专家咨询和指导、基金管理公司组织和实施的管理模式。一是由地方人大常委会授权或批准由政府设立成立国有土地收益基金管理委员会，作为国有土地收益基金决策议事机构，成员可由土地、财政、人民银行、发展改革、规划等职能部门负责人组成。主要职责是研究并落实归集资金范围和额度、资金使用方向和投资形式、基金收益当期分配和跨期留存比例等基金设立和运行重大事项，起草并提请地方人大批准通过国有土地收益基金法（条例），酝酿形成土地基金章程等制度事项，协调基金架构和运行中所涉相关部门之间的关系，批准并审查计划实施情况和资金运转情况，发挥对基金的决策并监督作用。二是设立专家咨询委员会，对基金的管理提供咨询和指导，保证基金的健康运行，充分体现政府基金的宏观政策引导性。成员可由当地土地、技术、经济、管理、金融专家和企业家组成。主要职责是负责研究基金年度优先支持领域和重点项目，指导基金年度工作指南的制定，为基金管理公司提供技术咨询。三是成立专业的土地收益基金管理公司，承担政府土地收益基金投资理财任务。基金既要大力支持政府实施土地管理相关政策，承担价格改革和税费改革的部分社会成本，取得良好的社会效应，又要支持土地储备机构业务工作开展和长远发展，也要重视投资回报率，确保基金的保值、增值，取得优良的经济效应。

3.4.5.4 资金来源

国有土地收益基金的资金来源结构应多样化，主要包括：一是土地出让收益，主要通过土地储备、整理、开发形成的土地增值部分，包括短期出租的租金收益和长期出让的土地出让收入扣除土地取得和开发成本的差额部分，土地出让收益是国有土地收益基金最主要的来源。二是财政拨款，即政府设立国有土地收益基金时拨付的启动资金。三是其他相关资金，包括地方保险资金、养老基金及离退休基金等。同时，明确当届政府在土地出让收益中可使用的比例，使地方政府对土地出让收益等资金使用和投资具有限定性和持续性，通过基金形式，既可满足土地收购储备的巨额资金需求，又可抑制地方政府过度出让土地的短期行为。

3.4.5.5 运营方式

在合理承担公益性投资支出的同时，充分保障基金的自我积累和滚动式发展，加强对基金余额的投资管理，实现土地出让收益的保值增值。土地收益基金的项目运作起始于资金的筹集和投放，终止于资金的回收和获得投资收益。基金的投放运作大致可分为选择投资项目、制定投资结构、监控投资项目、退出投资项目等四个阶段。投资项目应在充分考虑安全性、流动性、盈利性、控制权等因素的前提下，采取直接投资、贷款贴息、购买债券（含普通股权、复合式证券）以及无偿资助等形式。为加强市场化运营的改革力度，提高基金的使用效率，保障基金的可持续发展，有效完成准公益型基金的使命，基金的部分投资项目要充分考虑在适当的时候，选择公开上市、转售和并购、回购等方式实现变现退出。

3.4.5.6 设立层次

在健全和完善市县级新型国有土地基金微观基础上，结合土地资源管理层级架构、土地相关费税在中央和地方分配使用情况和国家从战略层面实施宏观调控的实际需要，应扩大基金设立的层次，形成中央、省、市、县四个层级国有土地收益基金体系。通过全国人大常委会授权或通过《土地基金法》、抑或国务院出台加强土地调控与土地资产管理的决定等形式，明确相关规定，中央和省级基金主要用于耕地保护、土地整治；市、县级基金主要解决代际平衡、土地储备和土地出让收入保值增值。明确基金来源和比例，中央和省级基金主要来源于新增建设用地有偿使用费和土地出资收益，市、县级基金主要来源于土地出让和土地相关费税收入及具体划分比例。基金管理机构由国土和财政部门共同管理。

总体上，随着土地金融实践的发展，国有土地收益基金制度发展具有阶段性渐变的特点，在起步阶段，归集政府性土地收益决定了基金公益投入的基本导向；在发展阶段，土地收益部分被赋予政府代际平衡作用，结合资金来源多样性（筹集部分社会资金）和保值增值引致基金投资的职能需要，将会极大地推动土地收益基金日趋独立运营和发展。因此，土地收益基金将从资金归集阶段（松散型融资阶段）逐步向基金阶段（稳定型融资）转变；在基金发展成熟之后，也将逐步完成从准公益性土地基金—土地产业投资基金—土地基金（与其他投资性基金融合）等形态的演变，起源于土地而又游离于土地是实质经济和货币经济关联的基本形式，是土地基金的发展趋势。

第4章

土地政策参与宏观调控的传导机制（二）

4.1 土地金融实践——开发性金融

4.1.1 开发性金融与基础设施土地抵押贷款

开发性金融是适应制度落后和市场失灵，为维护国家金融安全、增强经济竞争力而出现的一种金融形式，在国际上已有百余年历史。开发性金融通常为政府所拥有，赋权经营，具有国家信用，用建设制度和建设市场的方法实现政府的发展目标。开发性金融的特征是只要有市场缺损、法人等制度缺损，又有前景光明的投融资领域，能够进行制度建设、以整合体制资源取得效益的，就是开发性金融的领域。

从世界性的发展趋势来看，开发性金融一般经历三个发展阶段：第一阶段是政策性金融初级阶段，作为政府财政的延伸，不强调自身业绩，以财政性手段弥补市场失灵。第二阶段是制度建设阶段。开发性金融以国家信用参与经济运行，注重自身业绩，推动市场建设和制度建设。第三阶段是显现战略的开发性金融的作用。开发性金融的融资调控成为国家宏观调控的重要组成部分。

4.1.1.1 政府在城市基础设施建设中的作用

政府和市场都是资源配置的重要手段，互为补充、相互依存。大部分基础产业的产品和服务是公共物品或准公共物品，因而西方经济学中公共物品理论已经成为政府干预基础产业的理论基础。发展中国家以政府财政直接投资来提供基础设施，不仅能够克服具有公共产品和准公共产品性质的，基础产业的产品和服务供给的市场失灵状况，也能够有效解决发展中国家因金融市场不发达和形式多样金融压抑情况下民间资金的不足和融通不畅等问题，使得政府投资在金融市场的资金配置上起到明显的示范和诱导作用。

在发展中国家，政府拥有、经营和资助几乎所有的基础设施，主要原因是某些设施产品及服务具有自然垄断的特性，不具有排他性，涉及公共利益，所以需要由政府提供，因此，基础设施的供给状况关乎政府业绩。

4.1.1.2 各国发展城市基础设施的经验和做法

从国际经验来看，政府介入基础产业的建设与运营，大体上有两种基本类型：①政府投资、政府直接介入；②政府投资、政府间接介入。前者指的是政府直接通过财政支出拨款给自己拥有的公营企业来生产基础产品；后者是指政府通过预算安排及其他政策，将基础产业的建设与运营委托给民营企业来进行。

（1）政府直接介入。

政府直接介入基础产业，特别是城市基础设施发展的一个重要方式。它具有力度大，收效快的特点。在市场经济比较发达的国家，政府以直接生产的方式为社会提供基础产品的比例不大。

（2）政府间接介入。

政府间接介入的主要形式有以下几种。

① 法律保护。用法律保护和鼓励民营企业进入基础产业，不仅增加了基础产业产品的供给，改善了服务质量，降低了价格，而且也减轻了政府的财政负担。

保护与促进民间企业进入基础产业，是向市场经济体制转变的重要步骤。基础设施服务由政府垄断向竞争性市场经济体制过渡有多种途径，但不管采取什么形式，其转变要以政府对私人企业的进入作出可信的、制度上的承诺为条件。

② 授予经营权。在西方一些国家，政府广泛地运用授予经营权（或特许经营权）的方式委托私人公司经营城市基础产业的生产和服务，如自来水供应、邮电通信、电力事业等。

③ 签订合同。在市场经济国家中，政府与民间企业签订合同经营公共物品是最普遍的一种形式。适用于这种方式的公共物品主要是具有规模经济效应和自然垄断性质的基础设施，以及其他一些公共服务行业。

④财政补贴。国家对包括城市基础设施在内的基础产业财政资助的方

式很多，有直接投资、税收减免、无偿赠款、低息贷款、价格补贴、财政贴息，以及土地、设备所有权的无偿转让等。

（3）政策性金融和专业开发银行（政策性银行）。

国际经验表明，将财政融资的良好信誉与金融投资高效率运作有机地结合起来，是发挥政府在城市基础设施部门投融资中作用的最佳途径。通过设立政策性金融机构为城市基础设施融资已经成为世界各国的一大趋势。从世界范围来看，政策性金融机构几乎全部是政府金融机构，只有少数国家是私人开发性金融机构或民营、合营的政策性金融机构。而某些城市基础设施是属于低盈利产品，它具有规模效益递减，容易形成行业垄断的特点。如城市基础设施中的电信、煤气、自来水等，这些都需要国家运用政策性金融手段如建立专业开发银行给予支持。

许多国家的专业开发银行是城市基础设施项目融资的一个重要渠道。在供水、垃圾收集与处理以及地方道路等方面的市政设施尤其如此。市政当局通过向这些机构贷款，补充了地方自有财源和中央政府的转移支付额的不足。

（4）资本市场融资。

一些国家法定可以通过发行股票及上市、发行债券、建立基础设施基金等方式筹集资金。方式包括：

① 发行股票。为了有效可靠地为城市基础设施提供充足的资金支持，必须深化国内的资本市场，进行金融衍生产品的创新，利用国内资本市场为基础设施提供融资。

② 发行债券。发达国家广泛使用债券融资的方法为市政基础设施筹集资金。债券融资能够培育和促进当地债券市场的发展。

③ 设立基础设施基金。美国是使用基础设施基金较成功的发达国家之一。从20年代中期到现在，美国的各种投资基金对经济的发展作出了很大的贡献。美国的公用事业型投资基金，即我们这里所述的基础设施投资基金分为电力建设基金、通信建设基金、公路建设基金和航空建设基金等。

（5）基础设施建设的项目融资。

① 项目融资。近十年来，项目融资在世界范围内迅速兴起，日益受到人们的关注。这种融资方式对诸如发电厂、通信等基础设施的建设具有特殊吸引力。这种吸引力来源于项目融资在资金获取、风险承担、会计处理和税收优惠等方面的优势。

② BOT（Build-Operate-Transfer，即建设-经营-转让）等方式。世界上许多国家，尤其是发展中国家在城市基础设施的建设方面都十分重视 BOT

的投融资方式，即在国家确定的外资可以进入的基础产业领域，由国外的私人部门负责融资、建设和在一定时期内经营管理，并取得相应的回报，期满后将实物资产移交给该国政府。BOT 能够较好地利用外资参与本国国民经济建设和发展，尤其是基础产业的发展。

4.1.1.3 我国不同地区的实践模式

由于区域经济发展与市场经济发育程度的差异，在市场经济体制转轨过程中，政府干预程度的不一，我国现阶段城市基础设施发展模式差异很大，大致情况如下。

一是以上海、重庆等为代表的公司化运作模式。其特点是：确立城建投资公司的投资主体地位，建立城市建设基金会，实施城建资金统一管理和市场运作。

二是以大连为代表的政府主导模式。其特点是：建立隶属于市长直接指挥下的城市开发办公室，统一管理城市土地和建设资金。

三是以武汉、青岛、襄樊等城市为代表的混合运作模式。其特点是：集上述两种模式之长，把政府的协调职能与城市建设的公司化运作有机结合，充分发挥行政管理和经营开发的双重职能。

（1）上海、广州模式。

上海城市基础设施建设和投融资改革大致经历了三个阶段：第一阶段：20 世纪 80 年代中期到 90 年代初期，以理顺融资渠道为重点，扩大政府举债规模，向世界银行、亚洲开发银行等金融机构贷款，在资金筹措方面取得率先突破。同时，成立十多个各类政府投资公司，作为融资主体；第二阶段：20 世纪 90 年代中期，以土地批租为重点，大规模挖掘资源性资金；第三阶段：20 世纪 90 年代后期，政府融资能力迅速提高，开始尝试以资产运作为重点扩大社会融资。

与上海不同的是，广州城投在 1996 年设立时定为事业单位，仅作为城市建设的投融资平台，不开展经营性活动。当前广州城投在发展中面临着定位和管理体制的问题，在城市建设高峰过后，需要进行资产经营、再融资和创新融资模式。

（2）重庆模式。

重庆市在城建投融资体制改革方面做了大量基础性工作，主要是改革金融体制，由城建投资主体参与国有商业银行和地方金融单位（地方银行、信用联社、国际信托）的改革，增强了其投融资能力；同时培植投资主体，设立城建领域的八家投资集团，依托政府资源，塑造和壮大重庆城投公司等有诚信的投融资主体。

重庆城投公司依据“按项目、带土地”的原则，对具体项目的特定地块进行整理，在政府直接财力有限的情况下，专门用于城投集团进行项目融资，其整理的土地可直接进入土地交易中心进行出让。

重庆城投公司通过开展多种经营活动，变财政规费为企业收益，构建了几个重要的利润增长点，增强了企业融资能力，完全改变了过去在城市基础设施建设上依赖政府财政投入的外部偿债机制，在很大程度上提高了城投集团融资和建设能力。

4.1.1.4 天津城市基础设施建设投融资模式

（1）天津模式及主要特点。

为了缓解城市基础设施建设滞后对天津市经济、社会发展的“瓶颈”制约，依据国务院2003年颁布的对城市经营性用地全部实行招拍挂，实现土地资源的优化配置的土地使用新政策，天津市委、市政府确立了“以土地出让金政府收益权质押申请银行贷款适度超前建设基础设施，带动城市相关产业发展，吸引国内外投资，提升城市土地价值，归集更多的土地出让金还贷”的城市基础设施投融资体制改革基本思路。

同时，组建天津城市基础设施建设投资集团有限公司（以下简称“天津城投”）作为市场运作的主体和项目实施的载体，通过不断向其注入财政资金及土地出让金政府收益的方式，做实、做大平台的现金流，使其具备符合金融机构要求的承贷和偿债能力，把有限的财政投入和土地出让金政府收益放大，有计划、有重点地快速发展城市基础设施。

天津城投集团的主要职能是：根据城市总体规划和城市建设发展的需要，发挥城市基础设施投融资平台的作用；负责城市基础设施项目的投资、建设及经营性项目的运营管理；运用政府授予的特许经营权，经营城建资产；通过积极培育上市公司，发行债券、招商引资等途径，吸引国内外资金，参与城市基础设施建设，实现投资多元化；对所属全资或控股子公司行使出资人的责任，负责盘活和监管授权范围内的城建资产。

截至2007年3月底，天津城投集团拥有9家全资子公司、1家直属沪、港两地上市公司、2家控股子公司、2家参股子公司。所属子公司包括：天津市海河建设发展投资有限公司，天津地下铁道总公司，天津城市道路管网配套建设投资有限公司，天津市环境建设投资有限公司，天津市高速公路投资建设发展公司，天津市建设投资公司，天津城投建设投资有限公司，天津市政投资有限公司，天津创业环保股份有限公司，天津金融城开发有限公司等。集团资产总量近1 380亿元，员工4 300人，业务范围涉及海河综合开发改造、城市道路与市政公用管网配套、轨道交通（含地铁和城际高速铁路）、高速公路、城市环境建设、污水处理及再生水利用、土地整理、风貌建筑保护开发以及路桥冠名权、广告发布权的特许经营等。

为了加快城市基础设施建设步伐和城建领域市场化进程，天津市对新型投融资模式进行了大量有益的探索，走出了一条开展银企合作，运用开发性金融推进大型城市基建项目的新路子，具有自身鲜明的特点。针对城建贷款金额大、回收慢、商业银行以传统的抵押贷款难以操作等实际情况，形成了“将城市基础设施建设与加强土地管理有机结合，以土地出让收益来偿还银行贷款本息和进行城市基础设施建设”的新型融资模式。通过基础设施建设投资，其价值转移至土地，带来土地增值，以土地集中收购整理以及规划建设用地出让收益、城市基础设施的经营收入为还款条件，回收建设资金，作为偿还贷款的来源。这种新型的投融资模式，使长期以来城建严重依靠财政投入转变为依托政府资源进行市场化融资，使政府的组织优势和开发性金融融资优势相结合，政府信用和政策性银行信用转化为企业信用，从而搭建起全新的投融资信用平台。

大额贷款项目实施三年以来，天津市抓住土地收益这一关键要素，通过土地资源优化利用与合理增值，实现了基础设施投入的价值转移与提升，为投入资金的回收与再投入提供了保障。而高强度的资金投入，不仅在于一批城市基础设施重大项目的适度超前和集中建设，而且产生了促进财政增收、就业增加、积极快速增长和城市竞争力提高的整体效果，形成了在全国具有影响力的“天津模式”。

（2）天津模式的创新分析。

天津模式的创新性在于，以城市基础产业和基础设施投资开发建设为突破口，利用基础设施改善带来的土地增值和相关收益作为还贷基础，封闭运作，形成了信贷资金在“借、用、管、还”各个环节配套设计、紧密衔接、严格管理的运行模式。

① 创新城建贷款担保方式，打通大额融资瓶颈。

传统的城建项目贷款，一般采用财政担保、经济实体实物或地块抵押方式，相关手续多，操作复杂。采取大额贷款对融资担保方式进行了创新，充分利用土地的一般商品属性，以政府未来土地出让收益权质押，妥善解决了贷款担保问题。

② 构建新型信用平台，整合城建资源，推动城建投融资体制不断完善。

为"借好、用好、管好、还好"大额贷款，市政府成立了城投集团和整理中心两个投融资平台，分别负责项目建设和土地资源经营，创造用于还款的土地收益，两者互为补充、依托，发挥天津市城市基础设施建设的投资主渠道作用，建立起公益性基础设施投资管理与市场化投资风险控制模式相结合的经营管理机制，改变了政府直接计划、组织城市建设的传统模式。

③ 采取市场化手段，以制度建设和政府的组织优势为保障，确保大额贷款偿还。

a. 还款资金来源市场化。大额贷款的偿还基础是土地出让金政府收益，而不是依靠财政。通过土地收购、整理、出让等市场化操作，取得政府收益。建设期利息从贷款开始就利用政府收益偿还，而未像一般的中长期贷款项目，通过贷款本身解决。

b. 以大额融资推动制度建设，促进信用建设和市场建设。为确保大额贷款的偿还，天津市采取一系列措施，包括实行建设用地计划收购和供应制度，确立整理中心作为全市土地收购、储备、整理和委托出让的唯一法定机构，成立土地交易中心及"天津市土地资源管理委员会"等措施，规范土地市场，形成了"一个池子蓄水，一个龙头出水"的土地市场管理新机制。同时，建立起了以土地出让政府净收益偿还贷款的资金管理制度。随着土地管理不断深化，多项土地管理制度适时修订，确保了基础设施建设价值转移带来的土地增值收益收归国有，土地的潜在价值不再流失，为大额贷款的偿还提供了根本性的制度保障。

c. 建立借用管还的全程监管和监督机制。为确保巨额信贷资金全部用于项目建设，保证经济效益，防止腐败现象产生，大额贷款项目在管理上也有别于一般项目。

一是建立了管理、协调机制。市政府成立了由市主要领导任组长的贷款资金使用监督领导小组，对重大事项研究决策；建立了国家开发银行高层与市领导的沟通协调机制，国家开发银行与政府有关部门联席会议制度。二是资金封闭运作，加强现场跟踪与服务，保证贷款及还贷资金安全。三是引入审计与监察部门，建立国家开发银行与市政府的联合执法机制，全过程跟踪监督检查。

综上所述，天津市模式以新的融资原理、新的信贷管理方式，统筹安排贷款的借、用、管、还，在防范风险的同时，支持城市经济建设，实现了银行、政府、企业多赢的预期目标。

4.1.1.5 天津城市基础设施建设模式的总体评价

近年来天津市城市基础设施的发展，采取了“大强度集中投入资金，大项目带动组织实施，‘借、用、管、还’统筹运行”的新思路、新模式，以基础设施的适度超前建设加快提高城市化水平，在拉动天津经济社会发展的同时，实现了城市经济建设和社会发展、政府—银行—企业多赢的目标。其实施效果和主要经验可以概括如下。

（1）城市基础设施建设成果显著，有力地带动了城市经济社会发展。前述新的思路和创新的发展模式，通过几年时间的运行实施，已经显现出缓解城市建设资金紧缺、城建历史“欠账”严重制约天津市社会经济发展瓶颈的良好态势。市区快速路系统、地铁一号线的建成和二、三号线地铁项目的启动，增强了城市的移动性。河道、主干道、铁路沿线环境整治，城市园林绿化，街头绿地建设，危旧房屋改造及配套公共设施建设，改善了生态环境和人民生活条件，从整体上优化了城市形象。统计表明，基础设施对于投资环境的改善和主导产业的促进，明显拉动天津市经济增长和财政收入的增加，扩大了居民的就业机会，提升了城市的基础载体功能和城市竞争力。

（2）大额贷款项目模式汲取了各类不同模式的经验，走出了一条符合天津具体情况的新路子。天津模式探索、设计及实践的整个过程，是基于改革开放以来城市基础设施发展所经历的成功经验和失败教训，研究比较世界各国以及国内成功运作各地区不同发展环境下不同模式的差异性、适用性，并重在结合天津市的具体情况，依据和利用天津市所具有的优势而形成的。也正是因为符合地方实际情况，该模式的成功运作就具备了坚实的基础。

（3）以大额贷款“借、用、管、还”为标志的投融资体制初步形成，天津市创造性地运用开发性金融于城市建设领域取得了阶段性成功。以大额贷款为契机，天津市建立了新的土地管理制度；搭建了城投集团作为融资平台，在政府调控下，开展市场化运作，改革城建财政专项资金使用办法，将城建资金以资本金注入的方式投入城投集团用于偿债补充和再融资；对投融资领域的法人制度建设、治理结构建设、现金流建设和信用建设，进行了积极探索；市政府与国家开发银行紧密合作，具备全程监督机制，市场化程度较高，“不需政府担保、实行政资分开，以市场为导向，有借贷银行、有承贷主体、依托项目、有偿贷来源”的新型投融资体制框架开始形成。天津模式属全国首创，对地区经济社会的长远发展将起到重要作用。

（4）在取得积极成效的同时面临挑战。大额贷款项目实施四年来取得了显著成效，但在用好、管好、还好贷款等方面仍面临巨大的挑战。存在的问题如：土地出让政府净收益的实现、管理等环节控制目标不明确，导致大额贷款还款来源不足，特别是在新形势和新情况下，土地出让金全额纳入预算管理，对相关成本控制的要求提高，收支管理和资金使用管理也面临着体制创新；项目配套资金落实困难，缺口较大；项目投资规模增加；土地出让收益质押权未得到完全有效落实；土地出让金政府净收益用于偿还贷款以外的支出数额较大，对按期偿还项目贷款产生影响；土地收购整理难度加大；尚未形成投资主体多元化的投融资格局等。其中一些问题还比较突出，因此，对这些问题应加以密切关注，加强风险因素整理、分析和风险应对措施预制，以便切实保障还贷乃至整个创新模式的完善、完成。

4.1.2 城市土地开发利用模式分析

4.1.2.1 我国城市土地开发利用的理论基础

（1）城市土地经营理论。

① 土地有偿使用。

改革开放初期，我国的土地使用制度是以行政手段配置土地资源为特点的三无（无偿、无期限、无流动）粗放型使用模式。伴随着我国工业化和城市化进程的加快，对城市土地的需求急剧增长，原来的土地使用与管理方式越来越不能满足不断发展的形势要求。从 20 世纪 80 年代中期开始，我国土地使用制度向着“有偿、有期限、有流动”的方向改革。土地有偿使用制度的建立，恢复了土地作为重要的生产资料的本来面目。

② 以土地储备为手段完善土地市场。

进入 20 世纪 90 年代后，土地改革进程加快，土地市场逐步形成，市场配置土地资源的基础性作用初步得到发挥。在建立和完善土地市场的过程中，各地都进行了有益的探索，主要是建立了不同形式的土地收购制度。土地储备制度的目的就是要完善城市土地市场的运行机制和管理机制，促进一级土地市场上土地需求者的公平、公开竞争，杜绝不规范的交易行为。

土地储备制度的实践，在推动土地出让方式转变，建立公平、合理的土地市场秩序方面，以及政府有效控制土地一级市场，建立政府主导的土地机制，盘活存量土地资产，筹措城市建设资金等方面取得了良好的成效。

③ 进一步利用土地资产融资的土地金融。

各地政府一方面通过出让土地，最大限度地获得土地收益，增加财政收入；另一方面，利用土地或土地收益权进一步扩大融资。主要是政府垄断控制土地资源，对一级市场土地进行规划整理，根据市场需求的程度，按照市场规则，采取公开招标拍卖的方式，定期推向市场，通过市场化运作实现土地这种不可再生资源效益的最大化，收益用于城市基础设施的投入和向金融机构获取更多投资的资质保证。

这种“政府＋土地＋金融”模式，前提是土地在开发过程中产生出长期稳定的收益。其过程如下：政府以有潜在的良好收益的土地作为质押，并以政府的信用作为担保，银行贷款给政府，政府用这些资金来加强城市基础设施的建设，完成土地开发。当道路、绿化等公共物品建立起来后，周边的土地得到升值，政府通过运作土地来获得收益，然后用这些收益来归还银行的贷款。

④ 经营城市的思路。

经营城市土地是我国城市发展的新思路，是土地使用制度改革的进一步突破。所谓“城市土地经营”就是说一座城市如同一家企业或一种产品，也必须按照市场机制的要求，综合运用经济杠杆和各种市场竞争手段运作土地资本，由政府将城市土地整合成一个有机整体来经营，使城市土地在经营中增值，在经营中发展，在经营中振兴，从而实现整个城市社会经济的协调发展和土地资本效益的最大化。

（2）城市土地开发利用的增值理论。

城市土地开发是指为适应城市经济社会发展的需要，对土地进行投资、改造和建设，提高土地质量和价值的过程。城市土地价格的上涨，其原因主要包括以下五个方面。

① 土地集约利用增值。城市土地资产集约增值的过程，最常见的方式是房地产开发上的建筑容积率提高，产业经济发展中单位面积经济产出增加。城市土地资产的这种增值，实际上是由对土地进行直接投资所形成的劳动价值量增加而产生的土地增值，属于土地资本增值范畴。

② 区位环境优化增值。城市土地区位环境的好坏直接影响土地纯收益，从而影响地价。一座城市经济增长迅速，对投资者和房地产开发商就具有巨大的吸引力。城市土地资产经营，通过区位环境优化增值，实际上是充分发挥位置级差地租作用的表现。

③ 土地合理规划增值。土地合理利用规划，一方面通过土地用途改变，可以提高土地的收益能力；另一方面合理的土地利用规划也可以提高土地的集约化利用水平。比如城市土地利用规划描绘出了城市建设的长远发展

蓝图，增加了土地供应市场的透明度，使城市土地需求增加，也能够使城市土地价格升高。

④ 土地供给调控增值。在宏观上，土地的实质供给（即自然供给）是不能改变的，土地的经济供给弹性也很小。从微观上看，对某一个具体城市而言，如果有足够的建设用地，土地的供给和需求是可变的，政府可以通过建设用地供应计划来控制土地市场的土地供应总量，也可以通过税收、财政和金融手段来调节用地需求。

⑤ 生产要素组合增值。城市土地资产经营，一定要有好的经营策略。实践证明，某一个特定产业的企业大量聚集于一个特定的空间，就能够形成一个稳定、持续和具有竞争优势的集合体。生产要素组合增值要充分发挥城市的聚集经济效益和规模经济效益，一个重要因素是协调，包括产业之间的协调，部门之间的协调，以及人口、经济、环境之间的协调等。

（3）土地宏观调控理论。

运用土地政策参与宏观调控是新一届中央领导集体为加强和改善宏观调控采取的一项重大战略举措。2003 年开始，中央正式提出运用土地政策参与宏观调控；2004 年 4 月，中央作出了暂停农用地转用审批半年的决定，土地政策全面参与宏观调控。运用土地政策参与宏观调控，是我国特殊国情特殊发展阶段的正确选择。

我国《宪法》规定城市土地国家所有；我国的《土地管理法》、《城市房地产管理法》确定了土地用途管制、农用地转用、建设用地统一供应等法律制度。这就使政府对土地供应有较强的调控能力，可以通过主动调节土地供应总量、安排不同土地用途来有效引导投资和消费的方向和强度，实现经济运行调控目标。几年来的实践证明，土地政策在目前是最直接、最有效的调控手段之一。

4.1.2.2 各地土地开发模式及经验

（1）北京市政府储备土地一级开发的管理模式。

北京市政府储备土地一级开发体制创新体现在以下几个方面：

①“政府主导，市场运作，企业参与，市区、县联手”的土地储备开发新模式。在土地储备开发供应方面，政府主要是“抓两头，放中间”、“抓重点，放一般”，即：一头抓土地供应的总量控制，有计划地储备开发和供地，另一头抓统一的市场，公开供应土地；放开中间的土地一级开发环节，制定好规则后，由政府储备机构和有资质的开发企业共同实施。努力形成“政府主导，市场运作，企业参与，市区、县联手”的土地储备开发

新模式。

② 探索政府储备土地一级开发的管理模式。从2002年3月至2005年10月，经市政府或市国土局批准纳入政府储备土地一级开发管理项目共128个，土地面积8 000余公顷。

③ 创建了储备交易联席会议制度。形成了政府储备土地和入市交易土地联席会议制度，由市国土局牵头，市规划、发展改革和建设等8个委办局联席会审核的新程序，推动了新的土地储备开发和供地程序的实施。

④ 筹措了土地储备和开发资金。从2002年开始，市中心先后与建设银行等十家银行建立了合作关系，取得318亿元授信。试行银行、企业、储备中心"管理三位一体"、"账户监管、封闭运行"的融资办法。

（2）上海地产集团与上海市土地储备中心运行机制。

为了"增强政府对土地市场的调控能力，确保土地出让中的政府收益，完善土地储备机制，改进土地供应方式"，其体制创新具有以下几个特征：

① 独特的运行框架。上海地产集团与上海市土地储备中心两块牌子、两个独立法人，一套班子管理运作。市政府明确提出了"两个健全、两个到位"——土地储备要法制健全、机制健全，地产集团改革到位、政府支持政策到位。此外，地产集团对国资授权的企业进行监督管理，利用授权经营的企业上交的利润消化土地储备财务成本，而成员企业房地产开发必须通过土地招投标方式来参与。

② 土地储备新机制。地产集团成立后，致力于建设"政府主导、市场运作、市区联手、分责共享"的土地储备新机制，迅速成长为市政府土地储备和投融资一大运作平台。成为存量土地、增量土地、滩涂成陆土地三大类土地储备主要运作载体。

（3）重庆土地开发运作理念和模式。

① 运作理念和模式创新。逐步探索出适应市场经济运行机制的城市建设以及与之相配套的投融资体制改革思路：一是以建立有诚信的举债机制为重点，扩大政府投资规模；二是以搞好土地批租为重点，挖掘资源性资金；三是以资本运作为重点，扩大社会融资，最终形成"政府引导、社会参与、市场运作"的多元化投资格局。

② 积极推行土地资本运作。在国家推进土地使用制度改革的大背景下，结合重庆市投融资体制改革的实际，重庆市地产集团应运而生。作为市政府"土地市场的调节器"和投融资主体，如何在市场经济条件下，以资金为媒介，通过运作，实现土地"资源—资产—资本"的循环增值。

（4）杭州土地储备开发模式。

目前，杭州土地收购储备制度已经形成了比较成型的一套运作体制，归纳为以下几个要点。

① 垄断收购、垄断供应。杭州市在建立土地收购储备之初，就确立了对市区范围内需要盘活的存量土地，企业不得自行招商而必须由土地收购储备中心统一收购的原则。通过垄断收购，政府堵死了原划拨国有土地使用权通过办理出让手续进入市场流通的渠道，土地收购储备中心成为土地一级市场上的垄断供应者。由于土地二级市场近乎不存在，土地收购储备中心近乎垄断了全部土地供应。

② 土地资源配置的市场化。从 1998 年首次招标出让土地开始，杭州市逐步加大招标、拍卖出让土地的力度，土地出让从协议出让为主开始转为招标、拍卖出让为主。

③ 规划优先。实行土地招标、拍卖出让，要求在出让之前，就有非常明确而详尽的规划条件。由于杭州市在建立土地收购储备制度的过程中，把落实城市规划作为一个重要的方面来抓，规划的实施得到大力保障。尤其是土地收购储备介入旧城改造地块后，土地储备不再是单一地块的收购出让过程，而是按照城市规划，对整个区域的土地进行整理后，再分块推向市场，大大推进了城市规划的实施。

④ 净地出让。为了充分显化土地市场价值，增加土地增值收益，也为了避免开发商自行拆迁所面临的种种困难，缩短开发商开发周期，杭州市建立土地收购储备制度后，很快推行了净地出让的政策，由土地储备中心完成土地开发，把“生地”变成“熟地”后，才推向市场。

4.1.2.3 天津城市土地开发利用的模式及特点

2002 年 3 月，国家开发银行和天津市有关委、局用一年多的时间调研用土地收益作质押发放城市基础设施贷款的可行性问题。在开发性金融方法指导下，国家开发银行向天津市政府提出了因“地”制宜，建立规范的土地市场，以土地出让收益权质押进行大额融资，建设新型城市基础设施建设投融资体制，以基础设施建设提高城市化，拉动天津经济社会发展的新思路。自 2003 年 3 月开始，国家开发银行和天津市政府有关部门集中一个月时间完成全部项目的评审测算工作。在此基础上，经国家开发银行总行的评审，2003 年 4 月 25 日，天津市政府授权天津市土地整理中心，与国家开发银行签订了 500 亿元的基础设施项目贷款合同。同时，在大额贷款项目的推动下，天津加快了城市土地开发、储备、控制等全方位的体制机制创新。主要表现在以下几个方面。

（1）注重市场建设，解决市场失灵。

培育市场主体，规范土地市场。天津市制定了新的土地资源管理机制和模式。成立了“天津市土地资源管理委员会”，加强对土地资源的管理，统一各项土地管理政策；调整机构职能，明确由土地整理中心作为唯一代表政府行使土地收购、储备、整理和出让职能的部门，形成了“一个池子蓄水，一个龙头出水”的机制；修改土地管理办法，制定颁发了《天津市国有土地有偿使用办法》（津发[2003]51号文件），建立了“招、拍、挂”的市场化土地出让制度，将天津市全部国有土地全部统一由市土地整理中心收购、整理、储备和出让，加强了对土地的集中管理，整合了土地资源，使有限的资源能够发挥更大的效用。

（2）启动全市经营性土地集中统一交易。

落实《关于滨海新区开发开放指导意见》和国家九部委《关于调整住房供应结构稳定住房价格的意见》精神，全面贯彻《天津市国有土地有偿使用办法》，进一步加强土地有偿使用管理，规范、培育土地市场，避免土地市场分散竞争，促进全市土地市场持续、健康地发展，天津土地交易中心于2006年4月1日正式启动全市经营性土地集中统一交易。

经营性土地集中统一交易要求凡天津市范围内（包括天津经济技术开发区、天津港保税区、天津新技术产业园区）的经营性土地使用权出让，必须在天津土地交易中心以招标、拍卖、挂牌方式实施公开出让，形成了交易场所、信息发布、评标决标标准、合同文本“四统一”和出让计划、宗地信息、招拍挂文件、竞价过程、出让结果的“五公开”以及“净地”出让等一系列的管理制度和管理方法，进一步营造了公开、公平、公正、有效竞争的土地市场环境。集中交易后，区县每宗地块的竞买企业由原平均不足2家增加到5家。建立了经营性土地出让信息公开发布制度，增加了土地市场信息的对称性和土地市场的透明度，充分发挥了市场配置土地资源的作用，在社会上引起强烈反响。

为确保全市经营性土地统一入市交易的透明公开，天津土地交易中心建立了交易全过程的监督机制，对交易市场增加了相应的显示系统，公布出让宗地信息；安装实时监控系统，并将所有业务案件办理程序、收费标准、服务准则在有形市场予以公布，接受社会的监督。

（3）控制增量，盘活存量，严格土地供应管理。

天津市针对土地市场的情况，按照“控制增量、盘活存量、适当增量、调整结构、保障需求”的原则，采取一系列措施实施土地供应。

① 调整土地供应结构，确保普通商品住房用地规模。继续严格控制高档及大户型住房用地，严禁别墅类住房用地供应。

② 积极推行工业用地招标、拍卖、挂牌出让，提高产业用地市场化配置程度。按照国务院有关要求，从2007年1月1日起，新增的工业用地将一律按国家公布的最低价标准实行招拍挂。

③ 严格全市经营性土地集中入市交易管理，充分发挥土地有形市场的作用。为促进出让土地尽快开发建设，形成有效市场供给，避免土地闲置，对单宗土地出让面积大于15 hm^2，开发建设周期超过3年的地块实施严格限制。

④ 继续坚持出让地块信息新闻发布制度。采取提前推介的形式，集中发布出让地块信息，为开发企业创造更多选择和提前掌握详细信息的机会，引导住房理性消费。

⑤ 加大闲置土地处置力度，尽快形成有效供应。

⑥ 创新管理制度，进一步扩大土地有偿使用范围。

（4）国有土地全部净地出让。

天津市国土资源和房屋管理局新修订出台了《天津市土地管理条例》，新条例的规定使天津的土地供应方式得到完善，如现行国有土地使用权的“毛地出让”将改为“净地出让”。新的《天津市土地管理条例》中规定，天津将建立土地整理储备机制，这也是政府加强土地一级市场调控的重要手段。通过建立土地整理储备机制，土地收购、收回、储备和有计划地投入市场，充分合理利用土地资源，维护房地产市场正常秩序，一方面可以增强政府对土地市场的调控力度，另一方面净地出让方式也可以增加土地市场的透明度。新条例还将鼓励节约土地、开发利用地下空间列入规定中。通过立法鼓励开发利用地下空间在全国尚属首次，目的是以此为导向，调动全社会的单位、公民自觉节约集约用地的积极性。

（5）促进开行贷款使用和偿还的有机协调。

市财政局与规划和国土资源局联合发布了《天津市土地出让金偿付国家开发银行贷款的资金管理办法》（津财综[2003]20号），并启动了土地出让金质押程序，用土地出让金政府收益顺利回收了贷款利息。为确保大额贷款的本息偿还，市政府明确除使用土地出让金政府收益作为主要还款来源外，政府还将每年财政预算内的城建基金、预算外的城建规费收入统一作为补充还款来源，并由市财政负责协调还款资金来源。

（6）强化土地整理中心平台建设。

按照《天津市国有土地有偿使用办法》要求，市土地整理中心作为市政府授权的全市唯一实施土地收购整理储备工作的机构，承担了全市范围内的土地收购整理储备计划的拟制、实施和土地征收事务性、技术性工作以及土地开发整理、耕地占补平衡事务性、技术性等工作。

2003 年 12 月 22 日原市规划和国土资源局下发了《关于规范市区土地收购储备工作的通知》（规国市字[2004]2174 号），规定由天津市土地整理中心委托天津市海河建设发展投资有限公司、天津市建设投资公司、天津市地下铁道总公司等单位对特殊项目实施土地收购储备。市土地整理中心负责对各受托实施单位进行业务指导。2006 年，为进一步建立健全土地市场制度，加强市政府宏观调控能力，规范土地市场运行，市土地整理中心职能逐步向经营管理型转变，对各受托单位实施了“统一拟制计划、统一制定价格、统一报表统计、统一核算成本、统一委托出让”的“五统一”管理模式，确定了土地收购价格询价机制，规范了土地出让成本核算工作流程和统一委托交易模式，不断完善了管理体制。

市土地整理中心不断完善内部组织结构，细化了中心部门职能，由原来的 7 个部门增加到现有的 10 个部门，充实员工力量，克服了事业单位的局限，积极探索企业化运营管理方式，初步建立了收购计划管理体制、经营目标管理机制、绩效考核制度。制定了贷款资金管理规定、土地整理储备会计核算办法等一系列管理办法，建立健全了中心内部财务管理制度。

（7）及时归集土地出让金政府净收益。

按照《天津市土地出让金偿付国家开发银行贷款的资金管理办法》，土地成交后，由土地受让方将土地出让金直接缴入市土地整理中心在国家开发银行市分行开立的土地出让金归集账户，市土地整理中心在 5 个工作日内，将土地收购、整理、储备成本等费用划拨相关土地收购机构；将土地出让金政府净收益使用银行转账结算票据，逐笔划转市级土地出让金政府净收益财政核算账户。核算账户在收到土地出让金政府净收益后，将按规定提取的土地出让业务费划转财政专户，其余资金上缴国库。市财政局、国房局、土地整理中心、开发银行密切配合，政府净收益得到及时归集。

4.1.2.4 天津城市土地开发的效果评价

（1）提高了政府对房地产市场的有效调控能力，促进了房地产行业的平稳较快发展。

以建立大额贷款良性偿债机制为契机，天津市于 2003 年在四大直辖市中第一个建立起了“收购、储备、整理、出让”四统一的土地市场调控体系，把好房地产市场的第一道闸门，用土地一级市场的供应量调控商品房、经济适用房和廉租房的开竣工面积，进而有效调控房价。自2003年以来，天津市商品房价格稳中有升，年均增幅控制在10%左右，低于GDP增幅和北京、上海、广州等房价增长较快的城市，达到了已购房居民资产增加、未购房居民能够承受和空置率合理（7%左右）的理想效果。形成了天津市土地市场健康发展的良好态势。

（2）土地出让政府收益增加，偿债能力提高。

以国家开发银行大额贷款项目为代表的城市基础设施投资的持续高强度投入，经营性用地的配套条件日益完善，基础设施价值转移到土地上来，在市政府调控下，天津市的土地价格平稳增长，达到与区域经济发展相协调的水平，增加了土地出让政府收益，提高了大额贷款的偿还能力。2003年6月至2007年3月，规划外环范围内累计实现土地出让金政府净收益合同额140.29亿元（实际收缴117.81亿元），平均出让价格3 180元/m^2（212万元/亩），每平方米土地政府收益达645元，与原大额贷款评审方案相比，每平方米土地政府收益提高了209元，相当于1994年土地使用制度改革后9年间政府收益总额的约5.7倍。剔除2003年仅半年因集中统一实施土地收购整理工作，但效果未充分显现的因素，2004—2006年各年政府收益实收额均超出预期目标，有力地保证了贷款偿还。

（3）以大额贷款“借、用、管、还”制度的逐步建立健全为标志，一个具有鲜明天津特色的新的城市基础设施投融资体制初步形成。

以大额贷款为契机，天津市建立了新的土地管理制度；搭建了城投集团这个融资平台，在政府调控下，开展市场化运作，对国有独资公司完善治理结构，进行企业化经营管理，完善投融资领域的法人制度建设、治理结构建设、现金流建设和信用建设，并进行了积极探索；改革了实行几十年的城建财政专项资金使用办法，将每年由市财政安排用于城市建设的资金由无偿划拨给市政、公用等专业部门使用，改革为统一以资本金注入的方式投入城投集团用于偿债补充和再融资依托；天津市与国家开发银行紧密合作，形成了一套较完善“借、用、管、还”的全程监督机制，提高了市场化操作水平，不仅未增加政府财政压力，反而增加了财政收入。

这种模式在全国是首创的，也将在天津今后的经济社会发展中起到长远作用，标志着天津市走出了一条“由政府主导，以开发城市资源为依托，以城投集团为实施主体，以城市资源有限增值为主要偿债来源的城市资本运营和整体建设的新路子”。一个“立足于不需政府担保、实行政资分开，以市场为导向，有借贷银行、有承贷主体、有项目依托、有监管机制、有偿贷来源”的市场化程度较高的新型投融资体制框架开始形成。

4.1.3 金融创新（开发性金融）模式分析

4.1.3.1 金融创新（开发性金融）的理论与实践

金融创新是指通过对金融要素的重组来提高金融资源的配置效率。从内容上看，金融创新可以分为金融制度创新、金融业务创新和金融组织创新，开发性金融集中体现了金融制度创新和金融组织创新，成为金融创新的重要组成部分。

开发性金融是为了弥补制度落后和市场失灵，为维护金融安全、增强一个国家或地区经济竞争力而出现的一种新的金融形式。它在大多数西方发达国家已有百年的发展历史。从 1998 年起，我国国家开发银行开始了政策性目标与盈利性目标相结合、盈利性目标服务于政策性目标的探索，在大胆创新、总结经验的基础上，引入了开发性金融理论。到 2003 年，这一理论已开始在天津市城市基础设施建设大额贷款项目上得以实践。

（1）开发性金融的理论基础及其与政策性金融的关系。

开发性金融通常采用政府拥有、赋权经营的理念，利用国家信用、建设制度和开发市场的方法实现政府的发展目标。即建立“政府入口、开发性金融孵化、市场出口”的开发性金融机制。其主要内容是：开发银行通过与政府及相关部门签订开发性金融合作协议，共建协调高效的融资平台、信用平台。其实质是沿着政府路径，从尚不成熟的市场做起，运用国家信用的高能量，通过融资支持项目建设和所涉及的制度建设，实现开发性金融机制与金融产品的创新。

开发性金融的发展一般经历三个发展阶段：第一阶段是政策性金融初级阶段，开发性金融作为政府财政的延伸，以财政性手段弥补市场失灵。第二阶段是制度建设阶段，也是机构拉动阶段。开发性金融以国家信用参与经济运行，推动市场建设和制度建设。第三阶段是作为市场主体参与运行。从整个运行过程看，开发性金融就是随着市场的充分发育、各类制度的不断完善，逐步做到国家信用与金融运行分离，以最终实现开发性金融的目标。

开发性金融与政策性金融都是金融实施中的产物，都属于国家信用，都是实现国家意志的金融工具，都以贯彻国家政策为法定责任。但二者也存在区别，首先体现在二者经营理念的不同，开发性金融注重市场业绩，以盈利为经营原则，强化风险控制；政策性金融则强调政府财政的支持作用，不注重风险控制。其次是二者贯彻国家政策的方式不同，开发性金融注重市场建设和制度建设，旨在提高融资主体的信用能力，而政策性金融在这方面存在缺陷。最后是二者结果不同，开发性金融机构具备可持续发展和贯彻国家政策的能力，而政策性金融这些方面则显得能力有限。

（2）开发性金融的融资领域和盈利模式。

开发性金融作为政策性银行的深化和商业性金融的补充，其融资领域大体上定位为不易市场化融资或市场化融资成本太高而导致不能成功融资的建设项目。城市基础设施建设、高新技术产业、资本密集型产业等，均为其融资范围。

开发性金融机构的盈利模式是由其特定的融资领域决定的。它主要是以信用建设为核心，用建设制度和市场的方式，在体制资源整合中控制风险、保证资产的安全和合理盈利。具体操作上应以项目融资为主，与借款人建立起共进退、同发展的利益格局。这种方式决定了开发性金融机构全部贷款工作的核心是信用建设，即用开发式、创造性的工作方法和手段，弥补融资主体的信用不足，通过一系列制度建设，如法人治理结构、所有制、产权等制度建设，提高融资主体的经营水平和盈利能力。同时，使基础设施建设等瓶颈产业逐步满足城市发展和国民经济发展的需要。因此，开发性金融机构需要根据项目和借款人的具体情况、不同发展阶段等要求，设计出信用结构、资金结构、贷款期限、还款计划等。

（3）近年国家开发银行在实施开发性金融中取得的成效。

在 1994 年国家开发银行成立之初，其运行机制主要采取的是政策性金融机构的模式来设计。由于受传统的融资体制和运行方式的影响，积累了一定风险。1997 年后，国家开发银行开始在贯彻国家宏观经济政策、产业政策和区域发展政策的前提下，以国家信用为基础，以市场业绩为支柱，以建设市场的方法，通过债券融资的方式，贯彻国家方针政策，实现政府的发展目标。通过开发性金融促进国家发展战略的实施，开展了很多支持社会发展的项目。近十年，国家开发银行立足于开发性金融的定位，充分发挥国家信用的高能量作用，以融资为载体，通过项目融资，积极推进市场化建设，力求弥补制度缺陷和市场失灵，努力实现项目建设和制度建设的双成功。按照开发性金融的发展阶段和过程，目前开发银行已走过政策性金融初级阶段，现处于制度建设阶段。通过类似天津市城市基础设施建设贷款项目的运作，取得了良好的业绩。近几年，国家开发银行注重国家信用与市场业绩的结合，紧紧抓住开发性金融的发展机遇，实行投融资民主的治理结构，加强贷款决策的科学化、民主化、社会化，打破行政审批和少数人决策大额贷款的做法，资产质量不断提高，对项目管理和金融创新的积极影响也在日益增强。

4.1.3.2 金融创新（开发性金融）与城市基础设施建设

按照科学发展观做好城市基础设施建设工作，关键是要解决好日益增长的城市化发展的融资需要和落后的融资体制之间的矛盾。这种矛盾主要体现在，我国的金融体系主要以信贷融资为主，依靠机构拉动，财政融资和证券融资规模小，离市场化的融资体制还差得很远，体制瓶颈十分突出。具体表现在三个方面：

（1）财政融资能力不足，即政策性融资模式不能满足城市基础设施建设的需求。由于城市基础设施建设项目经济效益不高、还贷周期长等特点，决定了财政性资金应该成为其融资的主要来源渠道。但直到目前，由于大部分地方政府还没有脱离“吃饭财政”的境地，各级政府不可能拿出更多的资金搞城市基础设施建设，且缺乏符合市场化运作的投资运行机制。

（2）商业性信贷融资存在缺陷。首先，商业性融资的支持对象并不以城市基础设施项目为主体，商业性贷款主要投向管理机制成熟、市场化程度高、还贷时间短的竞争性项目；其次，商业性融资存在较大风险。基础设施建设项目自身的特点，决定了其信贷融资的责任链条延长和贷款风险的加大。实践证明，商业性融资支持城市基础设施项目，各国都没有取得成功的经验。

（3）证券融资的作用十分有限。由于中国资本市场的滞后，目前证券融资还处于起步阶段，股票和企业债券很少涉足这些领域。

开发性金融要为城市基础设施建设项目服好务，必须立足中国国情，广泛借鉴和吸收世界其他国家成功的管理经验，把政府的作用和市场的作用结合起来，发挥财政、信贷、证券相互协调和配合作用。①要做大“财政蛋糕”，发挥财政的融资支持作用。尽管我国城市基础设施建设项目中财政性融资所占份额不大，但这类项目决定了财政应该加大资金支持的力度，并创新融资机制；②要巩固信贷融资基础。充分利用政府信用的高能量培育微观和基础制度建设，培育信用体系，以此作为支持信贷融资的平台；③积极为市政融资创造条件，促进其尽快走向资本市场，充分发挥资本市场的公众参与、监管严格、融资效率高等优势。

国家开发银行作为国家政策性金融机构，今后在金融创新、支持城市基础设施建设方面建议做好以下工作：①培育信用体系，全面控制风险，夯实信贷融资的基础。②发挥融资优势，推进制度建设，促进贷款人完善治理结构，有效控制信用风险；③将政府的组织优势转化为信用优势，加强与地方政府的合作；④建设市场化的融资平台，把政府信用资源、企业信用资源和项目信用能力结合起来。

4.1.3.3 开发性金融天津模式的分析

天津模式的创新性主要体现在以下几方面。

（1）将中长期贷款引入城市基础设施建设，改变了传统的信贷方式，利用基础设施改善带来的土地增值和相关收益作为还贷基础，封闭运作，形成了信贷资金在“借、用、管、还”各个环节一整套新的运行模式。

（2）大额贷款以提高城市经济、社会发展综合功能为目标，着眼于城市的总体开发，而不是只限于生产某一类产品或某一个建设项目，能够充分发挥大额贷款项目的整体效益。

（3）通过基础设施建设投资，其价值转移至土地，带来土地增值，以土地集中收购整理以及规划建设用地出让收益、城市基础设施的经营收入为还款条件，回收建设资金，把政府的组织优势和开发性金融融资优势相结合，把政府信用和开行信用转化为企业信用，搭建起全新的投融资信用平台。

（4）政府、银行、企业合力实行严格信贷监督，确保大额信贷资金的安全性。

综上所述，大额贷款项目运用开发性金融投融资原理，为推进城市化进程探索了一条以开发城市资源为依托，以城投集团为实施主体，以城市资源有限增值为重要偿债来源的城市建设整体发展的新路子。它把开发性金融的融资优势与地方政府的组织优势结合起来，发挥融资推动作用，服务于发展第一要务，促进地方经济健康发展，实现了金融资产的安全和优质，为开发性金融实践创造了典范。因此，这种开发性金融的创新模式具有长远发展的可持续性。

开发性金融是我国政策性金融的深化和发展，通过建设制度、建设市场实现政府的发展目标，无论是发展中国家，还是发达国家，实践证明都需要开发性金融机构来实现政府的发展目标。在建立和完善社会主义市场经济过程中，对于市场机制不完善或缺失的情况下，开发性金融可以解决很多过去政策性金融想解决而没有解决好的问题。天津市率先成功运用这种创新投融资模式，以体制转轨时期的开发性金融为动力、以推动城市基础设施和基础产业的发展为突破口，以财政、土地、投融资等管理体制的集成创新为保障，进行相关制度创新，为中国城市化基础设施建设探索出了一条成功的道路，保障了城市经济的可持续发展，增强了城市竞争力。通过完善风险约束机制，促进城乡、区域、经济社会、人与自然、国内和对外开放的协调发展，为实现政府可持续和又好又快发展目标打下了坚实的基础。贷款的用途能够统筹兼顾，重点围绕提高城市综合承载能力和改善城市生态环境进行合理安排。

4.2 国内外土地银行制度总结与借鉴

4.2.1 国内外土地银行发展概况

4.2.1.1 德国土地银行

18 世纪下半期德国在经历了多年的战争后，农民破产，农村经济萎缩，高利贷行为猖獗。政府希望向农村注入大量资金以恢复农村经济，但当时的普鲁士政府没有足够的资金来源。为解决此矛盾，1769 年，政府公布一项计划：由土地所有者联合组织一个合作社，该种合作社具有政府授予的发行债券的权利，以自己的土地为抵押在市场上出售债券，筹集到资金再借给社员使用。1770 年以来共成立四个土地抵押信用合作社。

为便于进行资金的借贷及债券的推销与兑付等业务，合作社联合组建若干土地银行，其主要业务是代所属各社经营债券的推销和兑付，同时在各社之间融通资金。此后又建立国营土地银行和土地改革银行，他们通过发行抵押债券来获取资金，发放贷款给农民以购买土地或改良土地。

土地银行和土地改革银行与土地抵押信用合作社一起构成了德国农村的长期金融网络，极大地推动了德国农业生产的发展。

4.2.1.2 美国联邦土地银行

20 世纪初期，美国政府希望通过借鉴欧洲尤其是德国的土地抵押信用合作社的经验建立自己的土地银行，为农民提供长期信用，以帮助农民购买耕地、改良土地或兴建农地设施等，来促进农村经济发展。

1916 年，美国国会通过联邦农地抵押法。政府将全国分为 12 个区，每个区设立一个联邦土地银行，统归当时的农业信用管理局的土地银行部管理。同时在各个联邦土地银行里，政府鼓励农民成立土地银行合作社，各个土地银行合作社是联邦土地银行的合法股东。在联邦土地银行创建初期，土地银行合作社还未成立或力量薄弱，当时的中央政府和地方政府、农业团体以及私人都可以认缴股金。在1917年，各联邦土地银行平均80%以上的股金由联邦政府供给。随着土地银行合作社缴纳的股金越来越多，联邦政府认购的股份不断退出，到1947年，12个联邦土地银行的股金都由土地银行合作社所缴纳的股金所替代，政府仍保留对联邦土地银行的监督。

美国土地银行体系的基本组织是土地银行合作社。按联邦农地抵押法，只要十个以上的有耕地的农民或打算购买耕地的人就可以成立土地银行合作社，以便向联邦土地银行借款。

联邦土地银行的主要任务就是为农民提供长期信用，以帮助农民购买耕地、改良土地或兴建农地设施等。联邦土地银行的资金来源：股金、公积金、发行土地债券。当股金和公积金不能满足放贷需要时，可依法发行土地债券。联邦土地银行的主要业务：发行土地抵押债券并负责还本付息；贷放以农地作为第一抵押品的长期贷款；经营财产的买卖；接受借款人土地以抵偿债务，但必须在5年内出售给农民；买卖联邦政府公债券。

4.2.1.3 南非土地与农业发展银行

南非土地与农业发展银行的前身是根据1912年土地银行法案成立的土地银行，2002年进行改建。该银行是一个法人组织，在其有限公司权责内可以起诉和被起诉，可以购买、取得、持有或减少其动产和不动产。银行的监管依据2002年土地与农业发展银行法案，而不受其他适用于一般银行和金融机构的法律条文限制，除非他们是明确注明同时适用于该银行的。国家是银行的唯一持股人。

南非历史上的种族隔离政策和行为剥夺了弱势人民的土地，而将他们阻挡在农业部门以外，因人种差别引致有失公平的土地所有模式。政府成立土地和农业发展银行的目的是：提供适当的金融支持以增加历史上处于劣势的人民拥有的土地数量，促进其参与农业生产，改变土地所有现状结构；提高平均地权改革的持续性和农业资源的可持续利用；加强现有的农业金融服务；建立有竞争力的、利润合理的农业部门。

银行由农业部长任命的董事会负责、管理。银行的资金来源有：国家投入银行的资本；资本投资收益；国会划拨的基金；源自自身运作的收入；银行贷款收益；捐赠或津贴；银行储蓄。银行必须依据由董事会拟定、农业部长批准的投资政策来进行其资金的投资活动。董事会可以决定将银行运作多余的资金返还给国家，经农业部长批准后，交付国家投资基金。

4.2.1.4 菲律宾土地银行

菲律宾土地银行依据 1963 年共和国法案成立，其主要目的是为了给平均地权改革各个阶段提供及时、充足的资金支持。政府投入初始资本金 P 200 000（P 为菲律宾货币单位），并授权土地银行发行 25 年期的债券来对土地所有者进行补偿支付，授权其可从受益农民那里获取 25 年的土地分期偿付。

土地银行的管理由其董事会负责。1965 年土地银行依法采用了第一个组织章程和运作手册。1966 年组建受托人董事会，由财政秘书长担任主席。

随着时间推移，土地银行的权责逐步改变、扩张。1973 年总统法令准许土地银行开通一般商业银行业务，土地银行成为肩负振兴农村发展使命的一般银行，授权增加资本金。1988 年全面平均地权改革法律将土地银行设立为全面平均地权改革计划的金融中介。1990 年将土地评估的主要任务从平均地权改革部转移到土地银行。1995 年土地银行被授权进一步增加资本金，并使土地银行成为一项政府储蓄，并免除土地银行受现存关于补偿、分类和资格标准的法律、条例的限制。

作为政府的一般性银行，土地银行是菲律宾农村最主要的金融机构。

4.2.1.5 日本的土地银行制度

与德国和美国的土地金融体系不同，日本从事土地抵押放款的金融机构都是国营的、非专营的土地银行，且业务较为复杂。这些长期性的金融机构于 19 世纪末期开创，主要代表有：日本劝业银行、农工银行和北海道拓殖银行。

日本劝业银行创立于 1896 年，其资金来源主要有三个方面：股金、出售债券的收入和吸收普通存款，其中证券售出后的收入可高达股金总额的 10 倍。在资金运用方面，主要是放款给农民购买土地和开垦荒地，并以该土地为抵押，在 50 年内分期偿还。其中贷款最多的是地方政府（无抵押贷款）的水利工程、修筑道路、兴建农村仓库以及造林、渔业，一般在 5 年内偿还贷款。

日本政府在 1896 年颁布“农工银行法”，1900 年，除北海道外，全国 46 个县都有农工银行。日本政府拨付 1 000 万日元认购银行股份，并允许发行数额相当于股金 5 倍的农工债券。1921 年，为调整劝业银行和农工银行的关系，开始将农工银行并入劝业银行，到 1944 年全部合并。

由于北海道的特殊情况，日本政府于 1899 年成立了拓殖银行，并认购 100 万日元股金。该行以北海道土地和其他不动产为抵押，发行了相当于 5

倍股金的拓殖债券，业务方面与上述类似。

4.2.1.6 中国台湾土地银行

1945 年抗日战争取得胜利后，台湾光复，国民党政府为了在台湾地区推行平均地权、耕者有其田等土地政策，将接收的日本劝业银行在 1946 年改组成立台湾土地银行。日本劝业银行在台湾的分支银行创设于 1922 年，以发展不动产及农业金融长期融通资金业务为主，奠定了台湾土地银行的不动产专业领导银行的稳固地位。

土地银行为政府指定的唯一办理不动产兼农业信用的专业银行，除了贯彻政府赋予的推动住宅、农业及土地政策，发展国民经济建设等专业银行的使命之外，该银行向多元化、大众化、国际化发展。除了土地放贷和农业放贷，它还开展一般银行业务，如储蓄、汇兑、信托、代理、投资等。现在该土地银行的资本总额达到 250 亿元新台币，2001 年进入世界 200 大银行之列。

台湾土地银行为完全的公股公营银行组织，组织系统包括董事会、监察人，总行及营业单位。为加强银行监理制度，将稽核室改为隶属董事会，以加强对银行各部门和各支行的监督管理。

4.2.2 国外（地区）土地银行制度的启示

国外（地区）土地银行制度对我国的启示主要在于：作为政策性银行的土地银行可以更加有效地通过全面的金融服务支持复杂的土地经营活动。

如果说土地基金主要是从财政角度解决土地经营资金问题的话，土地银行则主要是从政策性金融的角度来解决问题的。与土地基金相比较，土地银行因为其资金来源更广、业务范围大、企业化组织管理，在资金的使用、运作效率上都具备更强的优势。同时，银行自身的活力强大，生命周期长，能够更好地辅助政府实施长期性的土地政策。土地银行比土地基金能承担更多的功能，为更广的群体服务，同时对促进土地市场的发育完善都起到非常重要的作用。

虽然国外土地银行的主要服务对象为农村，但是其运作的机理也可以引用到城市土地经营的范围来。一方面，我们可以考虑建立城市土地银行，为城市土地收购储备提供政策性金融；另一方面，我们要考虑充分发挥已有政策性银行的功能，为城市土地经营提供金融支持。

4.3 土地与金融结合的多种类型分析

4.3.1 土地资产特性及其对资金运行机制的要求

4.3.1.1 土地资产特性

（1）土地价格的趋升性。土地价格取决于土地供给与需求，从土地供给来看，土地供给取决于自然供给和经济供给。土地的自然供给是土地以其自然存在的状况供给人们利用以满足生产、生活需要的各种土地总量，即土地的总供给，土地自然供给完全无弹性；土地的经济供给是指一定时期内，各种用途的土地，由于利用效益（社会的和经济的）的变化而发生相互转移的数量，以及由于相关条件的改变，使未被利用的土地转化为可利用的土地数量，土地经济供给弹性较小。从土地的需求来看，人类社会对城市土地的需求处于绝对增长趋势，尤其是我国正处于城市化加速发展阶段，对城市土地的需求量也同步增加。城市土地的相对稀缺会导致城市土地价格总体上呈现出上升趋势。

（2）土地价格的波动性。虽然城市土地价格从整体上来说呈现出上升趋势，但是，在经济发展的某个阶段，由于土地开发的盲目性或者宏观经济的波动，土地价格也会出现一定程度的波动。我国在 20 世纪 90 年代初期在某些地方相继出现了房地产泡沫，导致地价大幅度跌落，大量银行资产沉淀，经济发展萧条。因此，土地价格在总体上是趋升，但是并不排除在某个阶段会出现价格的波动。

（3）土地开发的长期性。土地开发是一个产权关系调整和实施工程开发并行的过程。我国城市土地制度正处于由无偿使用向有偿使用的制度变迁过程之中，由于历史的原因各种产权关系错综复杂，产权关系的调整也颇具难度；从对土地的开发整理过程来看，由于工程量大，开发中涉及的管理部门也多，因此对土地的开发整理过程也需要相当的周期。这些都决定了土地开发的长期性，需要长期占用大量的资金。

4.3.1.2 土地资产特性对资金运行机制要求

土地资产特性对资金运行机制提出了以下要求：

（1）要能够满足巨额的资金需求。当前我国土地资产总价值已达到 25 万亿元，是最大的国有资产，盘活这一部分资产需要巨额资金的注入；同时土地整理费用（特别是拆迁、安置费用）比较高，因此在土地资产显化和重组过程中必然要以大额资金占用为条件。

（2）要能够降低土地交易的资金成本。土地价格的趋升性表明土地资产是一种优良的资产，是很好的投资选择。任何投资都是风险和收益的组合，土地价格的趋升性决定了投资于土地的风险较小，完全可以通过设计相应的金融工具以减小土地交易的资金成本。

（3）要能够在较长周期内满足资金需求。土地开发的长期性决定了资金运行机制要能够在较长周期内满足资金需求。特别就土地收购储备方面来说，其运作过程大体分为三个阶段：土地收购、土地整理和土地储备。资金的占用从收购开始，到储备完毕土地供应为止，有一个相当长的周期，运营周期一般为2～5年。

（4）要能够抵御土地金融的风险。土地价格的波动性决定了在某些情况下，土地金融会有一定的风险。这种风险不仅仅是针对土地相关机构而言，还针对于金融机构和社会投资者。如果不能很好地抵御土地金融的风险，很可能导致土地积压、资金周转不灵等后果，严重的会导致金融危机，因此，要求资金运行机制必须能够具备抵御土地金融风险的能力。

4.3.2 土地金融实践与多种结合类型分析

就土地金融实践来说，当前的一个热点问题就是我国现阶段土地收购储备的实践运动，在一定程度上，它只是市场经济进程中土地资产化管理和资本运营过程的一种较为现实的方式之一。

4.3.2.1 两个典型的案例分析

以深圳、杭州两地为例介绍如下：

（1）深圳土地开发基金的运行机制。

深圳土地开发基金于1988年正式建立，运作至今已15年。实践证明土地基金对实现城市建设资金的良性循环，加速城市和整体的经济发展，深化土地使用制度改革起到了举足轻重的作用。据不完全统计，1988—2000年这12年间，深圳土地开发基金累计收入400余亿元。运用基金征收土地28 000余公顷，在特区内开发工业、居住及综合片区域19个，开发面积约4 000万m^2，修建城市主、次干道约50条，立交桥数十座，基本实现了政府城市建设资金的良性循环。深圳作为土地制度改革的示范并取得巨大的效益有其本身具体优势的原因，主要是因为深圳比内地城市更早建立了市场经济体制框架，市场发育程度较高，为土地开发基金的运作提供了良好的外部环境。但同时还具有一些特色，包括基金运行规范、基金收益来源的稳定等。

① 基金的收入来源及运作机制。

深圳土地开发基金管理架构在《深圳经济特区土地使用权出让条例》中做了明确规定：土地开发基金由市政府设立，基金费用由土地管理部门收集。土地开发基金由土地开发与城市配套设施金、土地使用费、土地增值费及土地上的其他收益构成。土地使用者应交纳的土地使用权出让金、土地开发与城市设施配套金，经市政府批准用作国有资产的，或者土地管理部门以土地使用权投资的，以投资占企业总资产的比例折为股本的，其收益列入土地开发基金。土地使用权出让金和土地开发基金专门用于土地开发和城市基础设施建设。市政府设立深圳市土地投资开发中心，根据土地开发基金使用计划，利用土地开发基金组织土地开发和城市基础设施建设。土地管理部门应当制订土地开发和供应计划，并报市政府批准。土地使用权出让金由土地管理部门按计划安排使用，土地开发与城市设施配套金由开发中心使用，市财政主管部门负责监督并审核，市政府审计部门定期审计。市政府应当制定土地使用权出让金和土地开发基金收支与管理办法，加强对土地使用权出让金和土地开发基金的管理。土地管理部门每年应当向深圳市人大常委会报告土地使用权出让金和土地开发基金收支与使用情况。市财政与审计主管部门应同时向市人大报告土地使用权出让金和土地开发基金收支的审核与审计情况。

② 基金的管理体制。

土地基金是财政性资金，如同预算在财政管理中的核心地位一样，年度土地基金收支计划管理是深圳市土地基金管理的中心环节。年度土地基金收支计划包含在年度土地开发供应计划中，主要内容有：土地使用权出让金及土地开发基金平衡计划、土地使用权出让计划、土地开发计划、土地使用权出让金及土地开发供应计划。土地供应过程是具体实施城市和土地利用规划的过程，又是具体调控房地产市场的过程，因而在编制土地开发供应计划时应遵循以下原则：宏观经济战略的原则，规划指导的原则，量入为出、综合平衡、可持续发展的原则，效益原则。建立年度计划体系，使土地计划与国民经济计划、城市规划联系在一起，形成一个指标体系，数据计算等方面和谐统一；把土地计划由年度扩展为年度—中期—长期计划，形成计划体系。充分利用深圳土地管理的市局—分局—管理所三级垂直管理体制，实行规划下乡，计划下乡，建立必要的土地计划审批制度，提高土地计划的权威性，夯实计划具体实施的基础，继续完善计划执行的监控机制。

（2）杭州市土地资金的运行机制。

杭州市是国土资源部确定的全国国有土地资本运营的试点城市之一。杭州市土地储备中心自1997年8月成立到2001年底，共收购9 735亩土地，合同资金54.45亿元，向市场推出土地3 896亩，回收资金47.6亿元。四年间，贷款总量131.79亿元，贷款余额20.75亿元。这几年资金流量进出达260.78亿元。土地储备中心通过操作、成本核算，净增值1.24亿元。土地储备中心的工作在各方面起到积极的作用：①进一步培育和规范了土地市场，促进了城市存量土地的有序流转。②落实了城市总体规划，加快了市区旧城改造步伐。③盘活了企业存量土地资产，推进了国有企业改革；土地储备制度可以根据城市发展和企业改革需要作出统一计划和整体安排，加快企业存量土地的盘活。据杭州市统计，土地储备中心自1997年成立以来，共收购国有企业土地152家，面积达4 564亩，支付补偿费33.9亿元。④增加了政府土地收益，避免了国有土地资产的流失。随着土地储备实践的深入，土地储备业务逐渐开始由点向面转化。目前收购储备的土地面积急剧增大，所需财力、物力、人力随之增大，资金回收期也随之变长，土地储备中心面临巨大的资金压力。实际上，土地储备机制运作过程——土地收购、土地整理、土地开发和土地出让，也就是资金不断投入，不断产出和再投入的过程。在当前，如何创建土地基金，解决资金瓶颈问题，在完善土地储备制度，促进城市经营等方面显得非常迫切和必要。

① 资金需求与供给状况及趋势。

土地储备机制的运作资金主要依靠财政拨款、银行贷款。从杭州市近四年的土地储备实践看，政府只在初期注入4 000万元资金作为资本金，土地储备的运作资金主要是通过银行贷款解决。储备中心在没有足够的资金来源情况下，只能通过单一的银行贷款解决。到2001年末，五家银行（交通、工商、中信、商业、农业）的贷款余额为20.75亿元，基本上已到达银行所能承受的极限。而随着12 000亩旧城改造项目的启动和杭州钱江新城7 000亩土地建设项目的启动，资金的需求量与日俱增，土地收购、征用、拆迁、基础设施的建设需要资金的直接投入，近几年来，储备中心至少要有近100亿元的投入才能保证项目顺利实施。

如杭州旧城改造12 000亩，按每亩100万元计，达120亿元，还不包括9 735亩的收购，没有足够的资金保证。据统计，杭州市储备土地的运营周期一般为2～5年，周期长，决定了资金周转慢，需要大规模资金才能实现正常运转。目前国内各地成立的土地储备中心的运作资金除资本金由财政拨付外，其运营资金绝大多数来自于银行的信用贷款。以杭州为例，市政府只是在初期注入了 4 000 万元作为资本金，其运作资金主要通过银行的信用贷款解决。截至 2001 年末，土地储备中心已贷款 131.79 亿元，每天的利息高达 24 万元，面临着巨大的资金风险。与此同时，银行作为土地储备中心的债权人，同样面临着本利是否收回的风险。而目前的杭州土地储备银行贷款余额有 20.75 亿元，基本上已经达到了信用贷款所能承受的极限。

② 实践模式分析。

杭州市实行分层次两级管理模式。第一层是杭州市土地收购储备管理委员会；第二层是杭州市土地储备中心。杭州市土地收购储备制度是一种以政府统一收购、储备为前提的土地运作模式。它运作的主要特点是：市区范围内凡需盘活的土地一律由政府收购储备；市区土地特别是经营性房地产开发用地统一由政府供应，政府垄断土地一级市场；由储备中心对城市存量土地适时进行收购，并储存于政府土地储备库。为了解决土地收购储备资金，杭州还采取三条融资政策，即政府支持部分启动资金；以土地使用权担保方式或信用担保方式向银行贷款；土地行政主管部门自筹资金方式。这三种方式有效地保证了土地收购储备制度的健康运行。

综合对上述城市土地资金运作模式的分析，可以发现目前的模式存在不少弊端。例如：土地运作需要大量资金，仅靠财政拨款和银行贷款是不够的，更何况还将面临巨大的还贷压力。从全国范围看，当前国有土地运营中还存在一些不完善的地方，主要表现为：一是城市国有土地供应的主动权没有掌握在政府手中，相反往往在土地使用者手中，政府作为土地所有者代表的收益得不到充分体现。二是土地供应的方式大多以协议方式为主，招标拍卖的比重很低。特别是房地产开发用地，过多的协议出让使土地价值得不到充分体现，既不利于从机制上保证国有土地资本的健康运营，也为土地交易中的“暗箱操作”提供了“温床”。我国在土地的收购储备试行之初，土地储备的目的就是为了解决国有企业脱困的难题，收购，盘活企业存量用地，促进国有企业改革。因此当时收购储备的土地面积比较有限，资金回收期也较短。随着土地储备时间的深入，土地储备业务逐渐开始由点向面转化。目前收购储备的土地面积急剧增大，所需财力、物力、人力随之增大，资金回收期也随之变长，土地储备中心面临巨大的资金压力。所以，目前迫切需要建立一个完善的土地与金融的结合方式来进行运作，以解决资金不足及运作不规范的问题。

4.3.2.2 土地与金融结合的多种融资类型

土地与金融的两极对话在现实的土地金融实践中会表现出一定的阶段性形态。一般来说多种结合方式的演变逻辑为：一方面，随着土地市场的发育，市场交换过程的形式变化会逐渐出现多样性发展趋势，这主要从交换的主体和客体以及交换媒介三个方面表现出创新形态。另一方面，伴随着金融业的深化，新的投资形式和增长点的培育，在金融业从分业走向混业的不断变化过程中，对实质经济的变化会表现出灵敏的反应。

两者结合的具体形式则取决于两者结合的力量态势。

在起始阶段，由于实质经济的急剧变化，即土地市场化配置过程中各种创新制度会激发实质经济从一种稳态跃向另一种稳态的发展过程，从而主导着货币经济的变化。

在发展阶段，则会表现出交融形态，即实质经济与货币经济作用与反作用不断交替变化引导着经济的继发性增长变化。

在成熟阶段，则会呈现出现代经济中金融主导性牵引发展的态势，金融主导土地金融实践的发展趋势。

无论从理论上来说，还是从全国土地金融实践的形式来看，主要呈现出以下几个阶段性表现形态和发展形态：

一般形态，或称为简单型筹融资形式：财政拨款（注入启动型）、银行贷款（市场交换型）、土地收益留成（分配介入型）。

特殊形态，或称为扩大型筹融资形式：土地预出让（预收入型筹融资形式），土地置换和换地权益书（交换客体减少型或以物物交换替代型的扩大的筹融资形式）。

创新形态，或称为土地金融发展形式：土地证券化、土地信托、准城市建设债券（经营城市与经营土地的结合）以及土地基金等相关形式。

而土地基金形式从市场化发育程度来说，其制度创新有一种逐渐发展过程，即准公益性基金阶段—产业投资基金阶段—市场主导的基金阶段—未来投资基金阶段等演变过程。

而从所有制的多种形式来看：公有制形式，股份制形式，民营（私募）基金多元化投资主体的发展形式。

两者结合的形态之所以呈现出这种阶段性特征，主要是因为经济发展不平衡的规律作用，即区域性的，多层次的生产力要求多重生产关系与之相适应的一种必然趋势。

4.3.2.3 我国目前土地金融制度的一般性形态

（1）商业银行贷款。

目前，全国各地土地储备中心的资金来源主要是银行贷款。以建设银行为例，截至 2001 年 10 月 31 日，建行累计向中心发放贷款 85.45 亿元，贷款余额总额 50.17 亿元，其中抵押贷款 22.49 亿元，占贷款余额总额的 44.8%；保证贷款 7.66 亿元，占比 15.3%；信用贷款 19.59 亿元，占比 39.0%。目前贷款形态绝大多数均为正常。

为了克服贷款风险和资金量过大等问题，还出现了“银团贷款”的形式。在北京朝阳区，华夏银行、北京市商业银行、上海浦东发展银行、广东发展银行、深圳发展银行 5 家银行联合以“银团贷款”的形式与朝阳区政府签订了授信额度 300 亿元的合作意向协议。这些资金将用于朝阳区的土地一级开发和基础设施建设。

（2）政策性银行贷款

目前，国家开发银行已经开始涉足土地经营领域。2003 年 1 月 16 日，国家开发银行与北京市土地整理储备中心正式签订 60 亿元人民币借款合同[①]，主要用于北京市土地整理储备中心所承担的土地整理、征用、收购、置换、一级开发等工作，国家开发银行此举为北京市推行土地储备制度和经营性土地入市交易提供了强大的资金保证。

此外，《中国人民银行关于进一步加强房地产信贷业务管理的通知》（银发[2003]121 号）中特别指出，严格控制土地储备贷款的发放。各商业银行应规范对政府土地储备机构贷款的管理，在《土地储备机构贷款管理办法》颁布前，审慎发放此类贷款。对土地储备机构发放的贷款为抵押贷款，贷款额度不得超过所收购土地评估价值的 70%，贷款期限最长不得超过 2 年。这一规定，实际上进一步严格限制了银行信贷资金在土地经营中的运用。

4.3.2.4 我国目前土地金融制度的特殊形态

在我国土地经营实践中，产生了一些土地金融制度的特殊形态，这些形态虽然不具有普遍性，但在某些特殊环境下部分解决了土地经营融资问题，丰富了我国土地金融实践。

这些特殊形态主要包括土地置换、土地预出让和换地权益书。土地置

---

① 按照合同约定，国家开发银行将在 3 年内为市土地整理储备中心提供 60 亿元、8 年期限的贷款资金。此项借款具体包括承担的奥运场馆北区 2.91 km^2 的土地一级开发，城市规划范围内危改用地、拟搬迁企事业等单位土地收购和新征农业用地变更为建设用地等。

换是指土地储备中心按照城市土地储备计划，在进行土地储备的过程中，为了节省土地收购费用、安置现有土地使用者，用已经进入土地储备体系的土地置换土地使用者所使用土地的行为。土地预出让，是指土地储备中心在土地征购或者整理过程中，由于资金不足，通过招标等方式，确定土地整理成熟后的受让方，由受让方预先支付土地征购费用。土地储备中心利用预出让所得的资金，支付土地征购费用、完成出让前的前期整理工作。换地权益书是政府收回土地时，向土地使用权人或土地权益人核发的用于保障其换地权益及其他土地经济利益的法律凭证，换地权益书的持有者可从政府换回等价的土地或其他收益。在这些特殊形态中，土地置换和土地预出让较为简单，比较容易把握，而换地权益书体现的产权交易关系复杂，产生于特殊的经济环境，在这里作详细介绍。

（1）换地权益书产生的特殊背景。

“房地产热”给海南造成了大量的闲置土地、大量的积压空置商品房、大量的“半拉子”工程和大量沉淀的建设资金。更为严重的是，这些以各种方式进入海南的资金，绝大多数是出自国内各大国有银行。这些资金的沉淀，已经影响了各国有银行的运作，成为金融风险的隐患。从其影响看，其一，大量土地闲置本身就是资源的巨大浪费；其二，大量的闲置土地造成政府控制的可供给土地不足，削弱了政府调控和组织经济发展的能力；其三，遍布全省各市县的各类闲置土地，使海南难以实现土地利用结构和布局的合理调整；其四，在闲置土地上沉淀的大量的资金压垮了企业，恶化了银行经营状况。海南的积压房地产问题，已经不是一个局部区域性的问题了。

为解决闲置土地问题，海南省提出以换地权益书有偿收回土地使用权的政策，得到各方面积极响应和普遍认同。1999 年 7 月 14 日国务院办公厅《关于印发海南省人民政府、建设部、财政部、国土资源部、人民银行处置海南省积压房地产试点方案的通知》（国发[1999]62 号），标志着这一政策的正式确立。1999 年 11 月 26 日由海南省第二届人民代表大会常务委员会第十次会议通过、自 1999 年 12 月 10 日起施行的《海南经济特区换地权益书管理办法》，标志着这一政策上升为地方法规。自 2000 年 7 月开始，海南以换地权益书收回闲置土地工作全面进入实际操作阶段。

（2）换地权益书的性质和功能。

《海南经济特区换地权益书管理办法》第二条规定：“换地权益书是政府收回土地使用权时，核发给土地权益人的法律凭证”，“换地权益书持有者可以凭该证从政府换回与换地权益书面值等价的土地权益。”第三条规定："以换地权益书收回本经济特区内依法不能无偿收回使用权的闲置土地，适用本办法。"

① 换地权益书的性质。

换地权益书实质上是一种债权的法定凭证，而这种债权债务的产生具有法定的强制性。

第一，依法不能无偿收回土地使用权的闲置土地使用权人，应当向政府交回土地使用权，换取换地权益书；第二，换地权益书的核发以闲置土地使用权人向政府交付土地使用权为前提；第三，换地权益书是政府收回闲置土地使用权时向土地使用权人签发的一种土地权益证明，这种权益的实现是在不定期的未来；第四，换地权益书持有人享有在一定条件下以换地权益书从政府换回等价土地权益的法定权利；第五，政府有在一定条件下按照换地权益书面值支付换地权益书持有人土地权益的法定义务。

② 换地权益书的功能。

"换地"功能：政府以换地权益书换回闲置土地使用权；换地权益书持有人凭换地权益书从政府换回等价的土地使用权或者其他土地权益。

有偿让渡功能：换地权益书可以在海南经济特区内依法转让。

无偿让渡功能：换地权益书可以在海南经济特区内依法赠与和继承。

偿还债务功能：换地权益书可以在海南经济特区内依法抵偿债务。

担保债权功能：换地权益书可以在海南经济特区内依法设定质押权以担保债权。

（3）小结。

换地权益书是海南省在解决闲置土地问题的一项制度创新。这项创新，首先，有利于政府最大限度地收回闲置土地，从而从根本上改变政府对土地一级市场无力调控的状态。其次，有序地释放了存量闲置土地，大幅度地提高城市土地资源整体利用率，改善了土地利用结构和空间布局，减小了占用耕地的压力。最后，使各大国有商业银行在较低成本支出水平上实现对部分金融资产的有效保全，并由此改善其经营状况，减少了金融风险隐患。

4.3.2.5 我国土地金融制度的创新形态

（1）土地证券化。

资产证券化是对能够产生稳定的现金流的资产通过资产组合和信用评级后，向投资者进行证券化出售的过程，以使发起人能筹集到急需的资金，投资人能取得稳定长期的回报。20 世纪 70 年代始于美国的资产证券化极大地改变了西方发达国家的资本市场及人们融资的观念。从某种意义上说，证券化已经成为全球金融发展的潮流之一。相对而言，我国的资产证券化起步比较晚，尚处于摸索阶段。

土地证券化可以分为土地抵押贷款证券化和土地资产证券化。

① 土地抵押贷款证券化。

目前，我国还没有出现土地抵押贷款证券化的案例，但是，住房抵押贷款证券化正在酝酿之中，由于土地和住房共同的不动产特性，相信土地抵押贷款证券化也指日可待。

住房抵押贷款证券化是指金融机构（主要是商业银行）把自己所持有的流动性较差，但具有未来现金收入的住房抵押贷款汇集重组为抵押贷款群组，由证券化机构以现金方式购入，经过担保或信用增级后，以证券的形式出售给投资者的融资过程。住房抵押贷款能缓解商业银行资产流动性与期限性不匹配的矛盾；解决商业的住房贷款的供需缺口，使银行的资金产生最大的效益；可以转移、分散银行所承受的金融风险。

② 土地资产证券化。

目前我国还没有规范的土地资产证券化案例。比较具有借鉴意义的是三亚地产投资券的案例[①]。

三亚地产投资券案例分析：

---

① 20 世纪 90 年代初我国沿海各地出现开发区房地产热，使海南省的房地产急剧增值，如何进一步加速三亚的开发，实现地产的增值，成为海南省政府当时关注的问题之一。1992 年，三亚市开发建设总公司发行了三亚地产投资券，以投资券的形式，通过预售地产开发后的销售权益，集资开发三亚地产。三亚地产投资券以三亚市丹州小区 800 亩土地为发行标的物，所筹资金用于该片土地的规划设计、征地拆迁、土地平整、道路建设及供电、供水、排水等五通一平的开发。土地的每亩折价为 25 万元，其中 17 万元为征地成本，5 万元为开发费用，3 万元为利润。这样发行的总金额为 2 亿元。市政府下属的三亚市开发建设总公司（也就是丹州小区的开发商，简称三亚开建）是该投资券的发行人，它对土地进行开发建设，负责按时保质完成施工，并承诺对因开发数量不足引致的损失负赔偿责任。投资管理人由海南汇通国际信托投资公司担任，在开发期间，它要负责控制向发行人支付发行收入的节奏，以确保与地产的开发节奏大体同步，同时它还要监督三亚开建按规划设计标准及预定时间完成开发；在开发完成后，管理人要组织销售地产，并保证地产售价的公正性、合理性及竞争性。地产销售的方式分两种：若 3 年之内，年投资净收益率不低于 15%，则管理人代表投资者行使销售权；否则，则在 3 年之后由拍卖机构按当时市价拍卖。本次发行工作所聘请的顾问是中国管理科学院投资与市场研究所，它负责为投资券的发行提供可行的方案，其中何小锋教授为总顾问。三亚地产投资券于 1992 年 10 月 20—31 日在三亚、海口两地向持有三亚市身份证的居民（含郊区居民）以及海南的法人团体发行，每张身份证限购一张投资券（面值 1 000 元）。在 1993 年 3 月 13 日的上市公告书中公布的个人股为 1 912.4 万股，占总发行额的 9.56%，其余皆为法人股。当时预计 1992 年 12 月动工开发丹州小区，1995 年 8 月 5 日前完成开发，清盘日期为 1995 年 11 月 10 日，清盘时一次兑付。开发后地产销售收入及相应的存款利息在扣除了管理费（按销售收入超出发行基价部分的 5%计算）、应付税金、手续费、土地过户费以及地产销售或拍卖费（按投资券额的 13%计算）之后，就是投资者的投资收益。

从实质上看，三亚地产投资券已经具备资产证券化“一个核心，三个基本原理”的本质特征。首先，三亚地产投资券是以未来的地产销售收入为支撑发行的，符合资产证券化过程中资产支撑证券以该项资产未来的现金流为基础的“一个核心”。其次，作为投资管理者的汇通国投承担了担保责位、降低了债券违约风险。除此之外，汇通国投还持有清盘前不得动用的 3 000 万股法定冻结户，并控制着向三亚开建支付发行收入的节奏，这些措施提高了证券发行人——三亚开建的信用等级，起到了信用增级的作用。再次，尽管在三亚地产投资券案例中没有独立的 SPV（Special Purpose Vehicle），但汇通国投的担保措施实际上发挥着与破产隔离同样的功能。这些措施都满足“资产重组”的原理。从产品对象上讲，“三亚地产投资券”可以看做是实物资产房地产证券化。这类似于美国的房地产信托凭证（REMIC）。由于这次交易没有明确规定 SPV。“三亚开建”既是原始权益人也是交易发起人，它直接面对投资者，我们可以称之为载体型证券化。

虽然由于开发商在超出时限两年之久而无法盘活土地，最后海南省政府于 2000 年 11 月同意三亚市政府依法无偿收回土地，并要求三亚市政府对个人投资者进行 80%的现金补偿，即每股补贴 0.8 元人民币。但是，这毕竟是一次土地证券化的大胆尝试，这为解决土地经营的资金问题、规范今后的土地资产证券化提供了有益的借鉴。

（2）不动产投资信托。

所谓不动产投资信托是指发行不动产投资信托的受益凭证，向投资者募集资金，运用于不动产的投资，再将所获得的利润分配给投资者，不动产投资的受益凭证可以在证券市场中进行交易，因此，只拥有少数资金的投资大众或缺乏不动产投资知识的投资者，也能通过证券市场参与不动产的投资开发，所持有的受益凭证也可随时出售。

① 北京土地开发项目资金信托计划案例。

北京 CBD 土地开发项目就是利用通过发行土地信托计划进行土地开发融资的一个典型案例。2002 年 9 月 9—26 日召开的朝阳商务节期间，北京国际信托投资有限公司面向社会公开发行 15 亿元的“北京商务中心区（CBD）土地开发项目资金信托计划”正式启动。这是继上海、重庆、大连之后，又一家信托机构以信托产品为投资工具，集合社会资本，投资国家重点土地开发和基础设施建设项目，也是在京推出的具有“首都概念”的第一个大型土地开发及基础设施建设的信托计划①。

该信托计划期限为 5 年，加入信托计划的单笔资金数额最低为 5 万元人民币，每一期信托计划将不超过 200 份合同，分期发行，募集总规模为 15 亿元人民币。自信托计划宣告设立之日起计算信托收益。作为受托人的北京国际信托投资有限公司将对信托资产实行单独立户，分账管理，按年度向投资者分配信托收益。

业内有关人士认为，CBD 是未来北京城市建设重点发展的区域之一，区位优势明显，商业氛围浓厚，增值潜力大。在这一区域建设中充分发挥信托行业的货币市场、资本市场和产业市场有效连接的独特优势，将会加快 CBD 的建设进程，也将会使信托计划投资人分享 CBD 建设的成果和收益。

② 利用信托方式筹集土地开发资金的优势。

资金成本低。银行的长期贷款利率一般在 5.5%～6%浮动，相对而言利率较高，而信托投资公司是直接募集社会资金，利润来源主要来自收取的手续费，其经营方式与银行差别较大，因此能够以较低的成本运作资金，一般而言与银行利率比较，其利率水平要低 1%左右。对于资金需求量动辄几亿元的土地开发而言，将极大地节约资金成本。

募集资金灵活方便。由于国内银行监管十分严格，项目审批手续繁琐，效率低下，特别是这种特大型项目。因此，有时会出现无法及时满足项目方资金需求的情况。而发行集合信托根据人民银行有关规定，只要信托投

① 该项目资金信托计划如下。

发行规模：不超过人民币 15 亿元。

发行机构：北京国际信托投资有限公司。

推 介 期：2002 年 9 月 9 日至 2002 年 10 月 15 日（国庆休假期间除外）。

信托期限：5 年。

资金运用：用于北京 CBD 土地开发和基础设施建设项目。

收益分配：信托成立之日起每满一年后的 10 个工作日内。

账户管理：设立专用信托账户，与信托公司自有资金分别管理，并为不同委托人的信托资金分别记账，充分保证信托资金的独立性和完整性。

开户银行：华夏银行。

信托收益：主要来自于贷款利息收入等。利率参照中国人民银行同期贷款利率。在扣除信托财产承担的费用后，预计受益人可获得 4.8%的年平均收益率。

资金运作：以信托贷款形式贷放给北京市土地整理储备中心商务区分中心，主要用于北京 CBD 土地开发和基础设施建设项目。

贷款安全保障：根据《北京市朝阳区人民政府关于北京商务中心区土地开发项目的确认函》，下述收入，将用于偿付信托贷款本息。a. 一级土地开发的直接净收益；b. 在北京商务中心区开发过程中，可由朝阳区财政支配的其他各种收益；c. 前述资金不足时，由朝阳区财政统筹安排资金，予以补足。

资公司认可，无需报人民银行批准。只要项目需要，随时可在市场上发行集合信托，可根据一定阶段市场资金利率的平均水平制定利率水平，并且募集的资金量不受任何限制。

符合政府鼓励发展方向。城市政府在城市基础设施建设方面鼓励多方面、多渠道筹集资金，特别是运用社会资金参与城市建设。通过发行集合信托，可以在拓展投资渠道，创新金融产品，推出新的建设模式等方面做一些有益的尝试，因此将受到城市政府的鼓励和支持。

（3）发行准市政债券。

市政债券是城市政府依据信用原则，从社会上吸收资金来满足城市公共支出需要的一种形式，是政府公债体系的重要组成部分。允许发行市政债券，是分税制财政体制下地方政府应有的财权之一。

① 准市政债券的产生背景。

发行市政债券所募集的资金主要用于城市或地方基础设施建设，有时也用于弥补市政当局的费用支出和税收收入之间的季节性或暂时性失衡。尽管市政债券作用重大，但它在我国是禁止发行的。我国 1995 年开始实施的《中华人民共和国预算法》第 28 条明文规定："除法律和国务院另有规定外，地方政府不得发行地方政府债券"。这一规定使得地方政府没有发行债券的权利，因而无法通过发行市政债券进行融资。在地方政府所筹集到的基础设施建设资金远远不能满足实际需要的情况下，地方政府积极寻求替代性的融资方式，于是产生了"准市政债券"——由和政府有密切关系的企业发行、所募资金用于城市或地方基础设施建设的债券。

② 准市政债券的实践。

"准市政债券"这一融资方式在许多城市已经得到了运用。例如，1999 年 2 月，上海市城市建设投资开发总公司发行 5 亿元浦东建设债券，筹集资金用于上海市地铁二号线一期工程；1999 年 4 月，济南市自来水公司发行 1.5 亿元供水建设债券，为城市供水调蓄水库工程筹资；1999 年 7 月，长沙市环线建设开发有限公司发行 1.8 亿元债券，筹资目的是长沙市二环线工程的建设；1999 年 11 月，上海久事公司和上海市城市建设投资开发总公司分别发行了 6 亿元和 8 亿元有企业债券，筹集资金全部投入上海市市政基础设施建设。

上海市政府通过上海市城市建设投资开发总公司[①]发行准市政债券，探索出了准市政债券这一新型融资方式，拓宽了城市建设的融资渠道。

③ 准市政债券的实质。

从资金用途上判断，这些债券与一般的企业债券有明显的不同，实质上是市政债券。由于其偿付资金主要来源于投资项目产生的收益，因此类似于美国市政债券中的收入债券。“准市政债券”是在我国当前特定的经济环境下，地方政府为规避法律上的管制而进行创新的产物，是中国现阶段特有的金融产品。

4.4 土地金融的宏观经济效应

4.4.1 土地金融实践

在人类社会经济发展史中，有着彻底改变人类社会生活方式的三次伟大的发明：火、轮子和货币。货币的发明极大地降低了人类社会经济活动的交易成本，使得交换更加便利，资源的流通和配置效率得以大幅度提高。逐渐繁华的物质世界难以掩饰货币和金融资本市场的潜流，“华尔街”和“金融街”展示着雄霸世界的决心，“墨西哥金融危机”和“亚洲金融危机”则孕育着货币世界巨大的颠覆力量。由此，经济思想史中“二分法”就有了一席之地，现实经济中“实物经济”、“实质经济”与“货币经济”、“虚拟经济”、“符号经济”等关系问题复杂纷呈。同样，实质经济中“土地”与货币经济中的“基金”等金融货币资产的“关联机制”则给了我们无限的思维空间……

① 上海市于1992年7月22日成立了上海市城市建设投资开发总公司（简称“城投公司”）。该公司是经上海市人民政府批准和授权的，对城市建设和维护资金进行筹措和管理的城市建设专业投资、开发控股公司。1992—1999年，城投公司累计筹措城建资金700多亿元，它的主要融资渠道之一就是发行准市政债券。在此期间内，城投公司连续向社会公众发行了8期浦东建设债券，并于1997年和1998年发行了市政建设债券，基本满足了上海城市基础设施建设的资金需求。以城投公司发行的1998年浦东建设债券为例，该债券期限为5年，满3年、5年均可兑付，满3年兑付，年利率为8%，满5年后兑付，年利率为9%，收益率高于同期的银行存款利率和国债利率。浦东建设债券的偿债资金纳入上海市政府的支出预算内，偿债资金的来源可靠。上海建事有限公司还为1998年浦东建设债券提供了全额不可撤销担保，进一步降低了此次债券的偿债风险。再加上债券可上柜交易，流通性较好，所以，我国债券资信评估机构——上海新世纪投资服务公司确定其信用级别为3A级，这在国内企业债券评级中是最高级别。此外，经上海市地方税务局批准，债券利息收入免征个人所得税。上述发行条件使得浦东建设债券具有了低风险、高收益的“准国债”特征。1998年浦东建设债券的发行出现了抢购争购现象，它原定发行期为38天，结果仅1小时就告罄。这表明以浦东建设债券为代表的准市政债券得到了广大投资者的认可。

我国土地制度的演变历程表明，通过资源向资产转变来强化土地制度创新向土地金融资产管理体制创新的逻辑演变趋势，通过土地资源性资产管理来进一步加强土地资源管理的体制创新，土地金融实践就有了一定的基础。从本质上来说，在市场经济条件下，土地资源的市场化配置，就是使得“土地”像其他“商品”一样，完成一种“W—G—W”的变化过程，“土地”必须在与“货币”等金融资产的结合和媒介下才能够完成市场交易和配置过程。

4.4.2 土地金融实践的理论基础

4.4.2.1 现实世界中的“实质经济”和“货币经济”

（1）现实世界中的困惑。

自人类社会进入货币经济时代以来，似乎实质经济已逐渐从人们的视野中消失了。金融衍生工具层出不穷的创新，国债、证券、股票等有价证券的出现，以及作为规避实质经济风险的金融期货业的兴起，尤其是外汇交易，短期资本的全球性逐利投机，虚拟经济抑或是泡沫经济、符号经济的出现使得人们更加坚信，在货币这个独立的王国里人们可以为所欲为。随着20世纪末、21世纪初信息时代的到来，新经济的初露端倪，数字经济已呼之欲出，似乎货币已经游离于实质经济而独立的发展。芝加哥期货交易所、华尔街、纳斯达克更让人浮想联翩。然而，我们也对美国1987年的黑色星期五、墨西哥金融危机、日本泡沫经济的破灭、亚洲金融危机记忆犹新。是人类总是好了伤疤忘了痛，还是经济世界本身就是在希望与破灭的交替中不断前进呢？

（2）经济史中的实质经济和货币经济的演变。

人类社会的经济发展越来越纷繁复杂，其演变的路径大体如此：自给自足的自然经济时期，以偶尔等价物为交换媒介的经济时期，以金银为一般等价物的交换经济时期，以纸币为一般等价物的交换经济时期，广泛的信用经济时期，虚拟经济时期。在这一漫长的过程中，具有三次实质性的重大变化：第一次是自然经济向交换经济的转变，第二次是纸币的出现，第三次则是符号经济时代的到来。

在自然经济时代，一切都显得那么的简单而具体明了，进入货币经济时代以来，特别是纸币等信用工具的出现，世界发生了很大变化，人们持有财富方式也就有了多种选择。纸币是人类最伟大的一项发明创造，它的出现极大地降低了人们的交易成本，使得资源的配置超脱了一切有形实物资源的羁绊，打破了人类社会生产、分配、交换和消费的时间和空间的限制，对整个社会再生产过程的平稳运行起了很大的促进作用。经济生活中人们根据个人生活偏好和资产约束，按照各种资产相对价格将自己的财富在商品、货币和有价证券这三种持有方式中进行选择，并且从动态的角度来实现跨期选择。

人们对于货币对经济作用的认识有一个过程，大体上按古典经济学—新古典经济学—货币主义这一脉络而逐渐演变。

随着经济社会的发展，经济学的分析方法也发生了很大变化，人们对实物经济和货币经济之间关系的研究越来越深入，自古典经济学形成以来，真实（实物）分析和货币分析各有一套理论却无法联系起来，这就是经济学说思想史上有名的“两分法”。在古典经济学家中，有关货币学说论述大部分都是持货币数量论观点的，注重货币数量的变动来解释价格水平的变化。

关于实物和货币之间的关系的看法有一个漫长的演变过程，在重商主义以前，经济思想大多包含在一些哲学家、法学家和神学家的部分著述中，经济学还处于这些科学的附属地位。这些思想家以满足人类的物质需要为首要任务，将衣、食、住、行等有形的消费品看做是真正的财富。在重商主义时期，由于商人资本占统治地位，资本进行原始积累，导致一些重商主义者对财富看法的根本改变，公然宣称只有货币或能够实现为货币的物品才是财富。从货币即财富、财富即货币这一基本观点出发，要求政府积极干预对外贸易，只有将商品输往国外，才能增加一国的货币量，从而增加一国的财富①。

然而，古典货币数量论最早的系统论述者为大卫·休谟（David Hume，1711—1776）。休谟将货币数量同物价水平和货币在国际间流动联系起来，提出了当时最有影响的货币数量说。在休谟看来，“一切东西的价格都取决于商品和货币之间的比例，任何一方面的重大变化都会引起同样的结果——价格的起伏。看来这是不言自明的原理。商品增加，价钱就便宜；货币增加，

① 托马斯·孟这位晚期重商主义代表人物在其1664年出版的代表作《英国得自对外贸易的财富》中强调，政府应采取各种措施，保证对外贸易的顺差，积累财富。配第同重商主义者一样，主张英国应该比其他国家拥有更多的货币。但不同的是他将货币看成是人身体的脂肪，太多不灵敏，太少则不健康。所以在估算货币流通量时，配第第一次提出了货币流通速度的概念，认为商品所需的铸币（金或银），应视交换的次数和支付额的大小而定。这是古典货币数量说的萌芽。洛克则进一步指出货币应该与贸易保持比例，而贸易所需的货币量之所以难以确定，是因为它还取决于货币的流通速度。

商品就涨价。反之，商品减少或货币减少也都具有相反的倾向。”

随着货币理论的进一步发展，在21世纪初，美国著名经济学家费雪尔用一个简洁的数学公式将货币与实物之间的关系表示出来，即 MV=PT[①]。单纯地从这一公式中我们无法看出货币与实物经济之间的作用关系。但是有一点可以肯定的是货币量的增加会导致物价水平的上涨，至于能否影响产量，不同的学派有不同的观点。就长期来说，货币的供给最终会表现为物价的上涨。在短期内货币的增加是否因为便利了交换而刺激了产量的增加，以及在多大程度上增加了产量，而又在多大程度上转化为价格泡沫可能取决于经济体当时所处的具体状况[②]。

4.4.2.2 经济思想史中打破“二分法”的努力

（1）魏克塞尔打破“二分法”的尝试。

由于信用制度的出现，原来的货币数量论已经不能对经济活动中出现的新情况作出较好的诠释。瑞典学派的代表人物魏克塞尔在其《利息与价格》中第一次从广义的信用货币开始其分析，从经济理论的角度来说具有巨大的理论意义。通过“信用”将储蓄转化为投资，储蓄是社会各成员在购买商品之后的一种剩余，构成资本之来源；而资本之运用，除了给社会各成员提供收入外，同时为社会提供了商品的供给。无论是储蓄或资本，事实上均以货币的形式来表现，这就将商品的生产和消费或商品的供给和需求，同货币的总供给和总需求联系起来。这便将实物分析与货币分析在一定程度上结合起来了。但是魏克塞尔也提出了“中性货币”的概念，其原意是：在静态或真实分析中，如果有必要以货币单位来表现时，需假定它只具有交换手段的职能，故称为“中性货币”；如果涉及货币对经济的影

---

① 此方程的含义是：流通中的货币数量（M）乘以货币流通速度（V）等于物价水平（P）乘以交易产品的数量（T）。其中，M除包括硬币、银行钞票和支票外，流通中暂时储存的现存的现金也包括在内；P是通过统计计算出来的一般物价水平；T是除实物交易外的包括中间交易的一切交易。

② 货币供应量的增加过程是一个货币传导过程，而货币的传导过程不仅依赖银行系统的行为，而且也依赖于企业和居民的投资和消费行为。中央银行的货币发放过程是一个包括商业银行和企业及居民相互之间的银行存款的再创造过程。尤其依赖于企业之间的交易链的长短，交易链越短，银行的货币存款再创造就越少。同样对于居民来说，银行的消费信贷也是如此，当然消费信贷性的货币发放也依赖于企业的后续交易行为。一国居民的消费和储蓄倾向直接影响一国货币政策的效应，如美国是一个储蓄率极低的国家，人们高涨的消费热情，使得货币政策对经济的作用更加直接和有效；而对于一个有着较高储蓄率的一国经济而言，个人购买力已经在其可控范围内，消费力度不会因为较松的货币政策而增加，而主要取决于人们对经济前景的预期以及当前生产结构与消费结构的适应程度。

响时，货币就成为“非中性”的。正是在这一点上，他开始了对萨伊法则[①]的挑战。魏克塞尔将真实分析和货币分析初步挂钩起来的手段是他的利息理论。企业家从资本所有者那里借入资本，实际上是借入了消费财物，他以货币形式支付的工资和地租以及留给自己消费的那一部分，实际上最终也须以实物来表现。在生产结束后，他以销售收入来偿还贷款，假定价格为常数，这就等于以实物偿还贷款。在自由竞争情况下，所有企业家的这种借款将形成由资本供求决定的利率，而利率无异是以实物支付的，故利率将真实分析与货币分析联系在一起。魏克塞尔给利息所下的定义是：储存的劳动和土地的边际生产力与现行劳动和土地的生产力之间的差额，故利息是资本生产力的边际增量，于是利率即为资本的边际生产率，他把这种利率称为“自然利率”。而市场上另一种有货币借贷所决定的利率即为“货币利率”。自然利率的变化可能来自于技术发明、人口的增加及其他因素，货币利率的变化可能受价格变动、经济的兴衰等因素影响。他认为自然利率的变动一般具有连续性并较为缓慢，而货币利率的变化常是非连续的，可能人为地造成突然的升降，就两者的关系而言，自然利率是主要的，货币利率是从属的，最终将随自然利率的变动而变动。因而两种利率不时会出现背离，同时也存在着货币利率向自然利率接近的趋势，并且这种趋势构成了经济发展变化的累积过程。

（2）凯恩斯打破“二分法”的努力。

凯恩斯在其《货币改革论》、《货币论》和《就业、利息和货币通论》中对实质性经济与货币经济的关系也有充分的论述[②]。他认为货币经济中所决定的利率对实质经济中的投资等具有决定性的影响，而实质经济中的收入对货币经济也具有较大的影响。它们之间是相互影响、相互作用的。他比较强调人们的心理因素对实质经济和货币经济的影响。关于凯恩斯在打破“二分法”中的作用，希克斯（1937）在《凯恩斯先生与古典经济学》一文中阐述了IS—LM模型，在这一模型中，我们也可以看出实质经济和货币经济的充分结合，但是它也没有彻底打破“二分法”，因为在这个模型中，尽管试图将产品市场和货币市场结合起来，但却已经将价格排除在模型之外，货币市场上也只是“实际”货币供应、“实际”利率等实际变量。

---

① 所谓的萨伊法则是指供给会自动创造出需求，货币只是在交换的一瞬间起作用，货币和实质经济就像两张分离网，“二分法”即由此而形成。

② 他反对传统经济学中的两分法，主张将价值、分配论同货币理论融为一体，凯恩斯明确地将其作为自己努力的目标。他强烈地反对萨伊关于“储蓄等于投资的观点”。而认为储蓄主要是由收入决定的，当然在一定程度上也受利率的影响。

（3）现代货币主义的观点。

在 20 世纪 50 年代中期以来逐渐形成的货币主义开创了现代货币数量论的新纪元。其代表人物弗里德曼在其《货币数量论研究》中认为“货币数量论首先是对货币需求的理论，它既不是产量或货币收入的理论，也不是价格水平的理论[①]”。

进入 20 世纪 50 年代以来，在现代货币主义理论发展的同时，对货币理论与实质经济进行融合的趋势有了进一步的发展。其中，唐·帕廷金的四市场宏观经济模型认为新古典的“二分法”具有一个基本的内在矛盾，这一矛盾只有通过融合传统的货币理论和价值理论才能解决，为此，他提出了实际余额效应，即货币作用于实质经济，而商品供求又会影响价格。“托宾 Q”理论是致力于打破“二分法”所进行的关于货币经济和实质经济之间关联机制研究的重要进展。

4.4.2.3 “实质经济”中“土地”与“货币经济”中金融及基金制度的演变

从上述可以看出“实质经济”与“货币经济”是辩证统一的，其二者之间关联机制的探索，启发我们对土地收购储备制度实践过程中，使得实质经济中“最基层”，堪称为“一极”的“土地”要素资源，与金融货币资产结合形成一种“关联”机制，以求得市场经济的统一协调发展。

从商品在货币媒介下完成交换过程，进而使得生产出商品的各种生产要素也逐步实现在货币媒介下的交换配置过程，由此，市场经济的进程将会推动原始的生产要素市场化配置，这也是市场机制向转轨体制中最不易市场化的土地资源逆向溯源式的扩张过程。

4.4.2.4 实质经济中最不易流动的一极的市场化配置要求

在土地和其他资产结合的多样性发展趋势中，于一国国民经济资源体系中，在整体资源中处于最不易流动、不易分割的实物土地资源与高度流动性、易变性的现代金融（货币）资产的结合问题，不仅是现代经济学中

---

① 其个人财富持有者的货币需求函数是：$\dfrac{M}{P}=f(Y,W,r_m,r_b,r_c,\dfrac{1}{p}\cdot\dfrac{\mathrm{d}p}{\mathrm{d}t},u)$

弗里德曼认为古典货币数量论中的货币流通速度 V 和剑桥现金余额方程式中 K 不应该是常数，货币量 M 同价格水平 P 无直接的同比例变动关系，而货币量的变动在短期内先直接影响国民收入，然后才体现到价格水平之上，只有在长期中才完全体现在价格水平之中。并且公式中的 Y 代表一种“持久性收入”。因而弗里德曼的货币政策主张“单一规则”，货币政策不应该以利率为政策目标，而应该以货币量为货币政策的目标，因为利率是无法控制的，只有按照人口和劳动力的增加率及经济增长率之和来确定货币供应量，即可以保证经济增长和物价的平稳。

实物经济与货币经济，抑或是实质经济与符号经济之间最具“两极性结合”的特征，而且也是中国当前从计划经济向市场经济体制转轨时期，鉴于土地资源配置方式的转变，而引发土地管理体制和利用方式的演变，所导致的土地的金融实践需要，同时也是中国作为一个发展中国家的金融业的金融深化及其金融衍生工具产品创新的一个有意义的尝试。

市场经济在本质上是一种交换经济，就是要通过交换来完成资源配置的基础性作用。土地资源的独特的自然属性及其社会经济属性决定了其市场化进程中需要通过土地资源配置的制度创新来完成资源的优化配置。土地收购储备就是在我国体制转轨时期特定形态的产物。

中外经济体制改革的实践表明，市场经济能够起到高效率配置各种稀缺资源的作用。在我国社会主义市场经济的确立和完善的实践过程中，土地资源的利用方式发生了根本性的转变。

就市场交易主体而言，全国各地采取了各种不同的制度创新模式，也就是在政府和市场化企业主体之间选择多种形态的组织方式。

就市场交易的客体而言，围绕着产权制度的变迁，一方面进行着所有权的易位，即土地征用；另一方面着重进行了使用权和经营权的市场交换和委托—代理制度的创新，即使用权的有偿使用和出让，以及两权分离的实践模式。

就交易价格而言，鉴于土地市场结构的特征，进行着单头垄断的定价和模拟完全竞争市场定价机制的确立和探索，即主体定价和有形市场的建立及招标、拍卖和挂牌出让等价格发现机制的制度创新。

就交易手段而言，主要呈现出简单型筹融资形式、扩大型筹融资形式、土地金融发展形式等阶段性发展形态。

上述四个方面的体制性变革，是土地收购储备的本质基础和极其丰富的关联性制度变迁，或者可以称得上是广义的土地收购储备所包含的所有内容。而这内容丰富的机制性运转的体制性基础就是同样处于不断演变的所有制结构及其多种具体的表现形式，对此党的十六届三中全会也明确提出了“要适应经济市场化不断发展的趋势，进一步增强公有制经济的活力，大力发展国有资本、集体资本和非公有资本等参股的混合所有制经济，实现投资主体多元化，使股份制成为公有制的主要实现形式”的重要论断，由此可以看出土地收购储备制度要与时俱进的革新，不仅具有重要性和紧迫性，而且任务依然很艰巨。

土地收购储备是在社会主义市场经济进程中，发挥市场机制对资源配置基础性作用的一项重要的制度创新，也是为了贯彻我国国民经济可持续性发展中土地资源节约利用，及显化和发挥土地资源性资产价值的重要手段，其进一步的深入发展和体制创新，需要与金融（货币）资产（货币经济）结合，这是市场经济发展的内在统一要求。

从金融业金融深化，即金融工具创新和金融衍生产品发展角度来说，将金融资产和土地进行有机结合，使得金融资产的资本运营获得一个进一步发展的空间。从本质上来说，金融资本的投资过程可以描述成 G—W—G′变化过程，将其投资转移到土地，只不过是现代金融多元化投资组合的一种方式，是以贷款者的身份采取纯粹松散型的借贷融资的方式，还是以“参与者”角色，以与土地产业结合的方式，来融入土地市场化配置进程，抑或是采取金融主导型的土地导向的资本运营方式，是金融业从“分业经营”向“混业经营”过程中，我国金融业“金融深化”和“金融衍生产品”创新的客观必然趋势。

4.4.2.5 我国土地金融制度运行机制的趋势性特征

在中国经济转轨的发展过程中，土地资源在市场化进程中，由于中国经济社会生产力发展的不平衡，这在客观上要求多种形式生产关系与之相适应，也要求生产关系的具体实现形式多样化发展，于是作为生产关系总和的经济制度的运行体制及其机制也相应地要求有多样性、多层次的发展。就土地和金融相结合的具体形式而言，其多种形式的发展也是一种客观发展的必然趋势。因此，土地金融制度运行机制将会呈现出这样几个趋势性特征。

（1）体制转轨过程中政府向市场的转变。

就土地市场来说，其收购储备、资本运营和资源性资产管理，以及未来土地资产的证券化发展等，表明政府在总体上不仅会逐步加大市场调节的力度，而且更加关注土地市场秩序、土地相关立法等方面作用的发挥。在土地资产重组的过程中，我们发现一些地方的政府和学校等公共设施用地正越来越朝向城市的边缘区位迁移，这正是土地市场价值规律作用的一种必然趋势，是市场让一些未很好考虑土地潜在价值的公共划拨用地最终让位于更能够发挥其价值的市场配置用地。要进入市场就要求有更多的交换媒介来实现其市场交易和转换过程，因此，土地和金融结合的形式必将会随着我国土地市场不断发育和完善而趋向更加紧密和多样化的发展趋势。

（2）调控方式从直接向间接的转变。

中国经济是脱胎于计划经济模式的路径依赖，使得政府和市场的结合过程中“硬性”或“直接”介入的因素过重，而市场运行本身的“柔性”

和“间接”介入因素有待进一步增强。诚然经济的发展需要政府干预，但是怎样干预，干预政策的力度和出台时机等都值得研究。而且间接手段有利于减缓国民经济的波动。因此就土地市场而言，土地资源的配置介入市场的配置会比直接划拨配置更利于土地市场价值的充分发挥和资源的优化合理配置。间接的配置和国民经济生产中用迂回的生产方式来进行生产会提高生产效率的一样，因为分工会更加专业化，各个环节的市场评价功能会进一步地提高。

（3）调控手段由财政向金融的转变。

随着市场经济实践的发展，体制的转轨必将使得政府的财政政策逐步转移到公共财政的运行框架轨道上来，土地市场化建设过程中，鉴于一部分公益性基本建设的存在，加上土地的公有制度和政府作为所有权的代表等一系列关系的并呈，使得人们想当然地认为，要进行公益事业建设，划拨土地好像是一种必然趋势。实际上这种内在的逻辑关系随着市场经济的发展是经不住推敲的，公益设施也有一个机会成本问题，也需要进行价值评估，并且土地的所有权也可以与经营权分离。

（4）公益性向投资性比例的扩大。

随着土地潜在价值的显化和市值的增加，就其价值形态而言，用于公益性的比例和投资与资本运营的比例将会不断地下降。其显化并且积累资产价值也需要进一步经营，甚至用于更多的投资性目的。我们现在可能更多地面临着发展的问题（基本建设等），面临着解决经济发展过程中不平衡问题和公平问题等（再就业问题）。现在土地是投资的对象，但在未来大量的土地资产（资金）也会寻找自己的出路，各种股票和证券也许会进入其视野。

（5）单一或二元主体向多元投资主体的转变。

市场经济在本质上是要塑造一个公平竞争的环境，由于中国经济发展特殊的体制性和土地资源的自然和社会经济属性等因素决定了，在土地市场化的起始阶段，政府主导的土地与金融的结合占主流形式，无论是政府财政注入资金，政府主导收购储备机构银行贷款，甚至是个别的债券形式等公有制形式或国有资产形式几乎占有绝对垄断地位，这部分是因为土地瓶颈制约作用的日益重要性，其潜在价值收益的巨大性等客观因素的影响。但随着我国经济构成的发展变化，特别是民营经济的不断发展壮大，多种所有制的共同发展，在国有经济占控股地位的垄断行业，民营经济的介入只会形成共同发展力量且进一步壮大。土地和金融结合的股份制、债券甚至各种信托和投资基金将使得目前土地市场投资主体呈现出多元化的发展趋势。

4.4.3 货币供给扰动的影响

发挥土地收购储备对国民经济调控作用的另外一个途径就是，通过土地收购储备中银行信贷资金的扩张和紧缩来部分控制经济体系中的货币量，进而起到对经济增长的调控作用，因此，土地收购储备也可以成为货币传导的途径之一。

由于货币供给的增加，其对本国的价格、收入和利率会产生一定的影响，经济效应如下：

（1）价格效应。货币供给的扩张引起价格水平的上升，而价格水平的上升会削弱本国产品的国际竞争力，恶化贸易条件，致使进口增加，而出口减少，实物净流入增加，国际储备下降，因而本币汇率有贬值压力。

（2）收入效应。本国货币供给的扩张引起收入的增加，致使进口增加，实物净流入增加，国际储备下降，同样本币有贬值压力。

（3）利率效应。由于本国货币供给的扩张，使得利率水平下降，短期资本外流，但由于本币在资本项目下的不可兑换性，使得外币的流入容易，而流出则不容易。这就使得外汇市场上资本流动对本币的贬值压力减小。

4.4.4 货币供给扰动的短期效应（价格黏性假说）

尽管人们对货币政策的有效性问题存有一定的异议，但是就短期来说，一国货币供应的增加对实质经济会有一定的刺激作用。对此凯恩斯主义者是深信不疑的，松的货币政策可以在价格相对黏性（工资刚性）的条件下，增加实际货币余额，引起实际利率的下降，刺激私人投资的增加，实际有效需求增加，总供给会在较小引致成本增加的约束下相应扩张，推动实际产出增加。但从长期来说，由于总供给会发生调整，通过价格的“漏出效应”会逐渐明显，物价上涨抵消了各种总需求扩张对经济的“注入效应”，产出会稳定在充分就业产出水平。一般而言，当经济处于非充分就业状态时，需求的扩张会导致经济体充分吸收劳动就业，产出增加，工资相对刚性；当产出逐渐超出充分就业产出时，持续的需求扩张只会引起物价的上涨。除非是物价持续上涨时期，不然的话，货币政策的扩张（震动）在短期内（即使处于充分就业状态）对产出是有影响的。因为物价持续上涨时期，货币政策和物价水平几乎是连通的。

货币主义者也承认货币政策对经济的影响，但更注重货币政策的目标应该是货币量而不是利率，由此而认为一国货币政策应该实施单一规则，即应该稳定货币供应的增长率，保持经济增长应有一个适宜且宽松的货币环境，并稳定人们的预期，而不应该随意地去干预经济自由的成长。货币增长率是在预期的经济增长率基础上，加上货币注入经济体后可能的“损耗”。这时货币对经济的作用与其说是促进作用，倒不如说是一种便利作用，因为在货币主义理论中经济的增长是第一位的，货币供应率是第二位的，并非是货币供应导致经济增长，而是由经济增长率来限定货币供应率，但如果对经济增长率估计不足（前期需求扩张的时滞），货币供应率相对过低，则会阻碍经济增长，实质作用就会发生，但如果货币供应率相对过高，则会导致通货膨胀，这也就会为货币供应率的调整提供经济参考指标。从长期来说，按“试错法则”，货币供应率会逐渐适应经济增长，以至于从货币主义理论角度来看，货币供应似乎是游离于实质经济，并且从长期来说，这种倾向就越明显。短期来说，由于货币供应率同经济增长率之间的磨合需要一个过程，因而货币供应的震荡对实质经济具有一定的作用，特别是当货币供应率由低于经济增长率向适宜的货币供应率调整时，其对经济的作用十分明显。

因而在一定意义上，就货币政策的短期效应来说，由于价格是黏性的，其对经济具有实质性作用，因此两国货币供应率的相对变化会通过各自对实质经济的影响的差异来影响一国货币的实际汇率。货币对实际汇率影响的理论基础是基于著名的多恩布什“超调”模型。按照此模型，当一国国内货币供应的增长超过国外货币供应的增长时，由于价格变量的缓慢调整，即价格的黏性，名义汇率可能会偏离与购买力平价相对应的水平。价格的缓慢调整会增加实际货币余额，导致利率低于均衡水平。因而作为利率评价的条件需要汇率的超调，其结果是名义汇率的超调伴随着物价水平的缓慢调整而导致实际汇率的变化。这就说明了货币政策对实际汇率具有短期的影响，而非长期的影响，因为名义汇率的超调是暂时的，而且就长期来说价格是灵活的。当震荡过后，价格调整赶上后，实际汇率就会恢复原位（实物兑换率为 1）。最终这些货币震荡外在化为名义汇率与物价水平的对应调整。

4.4.5 货币供给扰动的长期效应（价格灵活假说）

经济理论中对货币政策的短期和长期作用效果的区分是明确的，在短期中，一些经济变量对相关变量的变动还来不及做出及时的调整，从长期来说，所有相关变量都会发生变化和调整。凯恩斯的著名论断："长期来说我们都死了"，是对政策干预手段就长期来说对经济无能为力的感叹。就货币政策而言，短期和长期的政策效应差别是明显的。一般来说，货币政策对经济的影响有一个传导过程，短期内货币政策的有效是因为它是对长期的偏离及回归，即货币政策导致的经济波动。货币政策是一个极容易"矫枉过正"的经济变量，其根本原因在于货币政策对经济作用的"间接性"，正如你可以牵马到河边，但你却不能够强迫马喝水的道理。为了加大刺激经济复苏的力度，一国政府往往采取财政和货币的双松政策，特别是经济处于低谷时，潜在的国民经济产出水平得不到实现时，双松的财政和货币政策的确能够很快地刺激经济增长，在IS—LM模型中放松的财政政策会导致IS曲线向右移动，均衡的产出和利率水平会上升，由于利率水平的上升会挤出一部分个人投资，而这时如果货币政策也同时放松的话，会阻止利率的上升，从而削弱"挤出效应"，产出的增加就会十分明显。但是我们也得注意到即使是财政和货币的双松政策，财政政策和货币政策的作用也是不一样的，在上述过程中放松的货币的作用旨在限制利率的上升，并且假定个人投资是受利率波动影响，因而货币政策是以利率为目标的。而财政政策是直接以收入为目标的。从两种政策手段之间的联系我们也可以看出：财政政策是通过收入来影响货币需求，进而影响利率；货币政策是通过利率来影响投资进而影响产出。现实生活中无数个个人投资对利率是不太敏感的，第一是因为市场还没有那么充分的竞争，直至迫使人们以利率作为考虑企业存亡的警戒线。第二是在过度经济中，传统以来企业是没有利率观念的，即使利率再高，能够得到多少银行贷款就贷款多少，利率对企业是没有约束的。并且如果价格是灵活的话，工资可以伸缩变动，就业则是充分的。上述IS—LM模型中再将价格这一条件放开的话，即使是扩张性财政政策，其效应也得大打折扣，因为还有物价水平的影响，而货币政策则更倾向于引起价格水平的变化。

就放松的货币政策来说，无论是通过公开市场业务，还是降低银行准备金率，降低贴现率等，也受到企业自身行为的约束，特别是银行的存款再创造过程中，再创造效应的大小直接取决于企业的生产和交换行为的链式反应，再创造过程随时会被个别企业中断。假定一笔存款是 M，银行的准备金率是 K。那么整个银行存款再创造的总额是：

$$M+(1-K)M+(1-K)^2M+\cdots+(1-K)^NM=M/K$$

即如果银行存款准备金率是10%的话，那么存款再创造将是10倍。但是它却取决于企业的链式交换行为。考虑到这种再创造过程随时中断的可能性，要想达到预期的货币供应规模，贷款规模必须增大，并且力度要加强（直接调节存款准备金率）。从这种货币供应的过程中我们也可以看出，货币政策对经济的刺激作用也仅限于便利交换的目的，并不是降低利率来刺激企业投资的扩大。货币政策的货币量目标可能要大于利率目标。对于一个企业来说这种情形可能会更加明显，对潜在市场投资风险的关注要大于利率一两个百分点的变动的关注。投资风险直接决定利润的有无，而利率只是一种对利润的扣除。并且人们对不确定风险的关注要大于对确定风险的考虑。因此我们也可以认为任何适度的货币供应量并非精确的货币供应量，而只是一种略加宽松的货币供应量。

从长期来说，无数的短期利率波动会趋于平衡，而货币供应都会以存量累计的形式数量化。短期的货币供应经过对经济体的注入之后，无论能否因便利交换而刺激经济增长，抑或直接以价格上涨的形式而漏出，从长期来说已经与价格的波动亦步亦趋。短期来说货币供应的变化会导致以下4种情形：①阻碍经济增长，物价下降。②便利（或协助）经济增长，同时物价稳定。③便利（或协助）经济增长，同时物价上涨。④通货膨胀。第一种情形是用于对经济过热的软着陆，或用于治理通货膨胀时所采取的措施。第二种是一国货币政策目标所致力于的，通常是一国经济处于低于潜在产出水平时所采取适度货币政策的结果。第三种是货币政策过于宽松，且经济已经接近充分就业产出。第四种是货币供应严重过量，且经济结构性矛盾十分突出。货币政策与财政政策对物价影响的方式是不一样的，一般来说，财政政策只会引起物价结构性变化，而货币政策只会引起物价水平的变化，因为财政扩张有一个投入方向问题，不可能全面拉动物价水平的上升。而货币政策对经济的结构性影响较弱，因而货币政策与价格水平的关联性较高，特别是从长期来说尤其如此。因而两国短期货币政策的长期累积性影响会通过一般物价水平的相对差异来影响名义汇率的变化。

4.5 银行贷款的微观经济效应

4.5.1 货币供给扰动下完全竞争型企业价格和产量的变化

在一国市场内部实际上广泛存在着垄断、寡头、垄断竞争及完全竞争这四种市场结构类型。为了分析问题的方便，现假定一国产品的市场结构有垄断竞争和完全竞争两种类型。在这种国内市场结构条件下，假定土地收购储备中银行贷款所导致一国的货币扩张，在一般情况下，就会产生一定的收入效应和价格效应。由于同在一国货币区域内，货币的扩张效应对行业和部门是中性的，但是由于垄断竞争行业对价格有一定的控制权，尤其是当一国国民经济中广泛存在不完全竞争的市场结构类型时，其对货币供给的价格水平效应产生一定的影响。

可以设想一下，由于通过土地收购储备中货币供给的增多，在完全竞争市场上，价格的变化与一般货币模型中的情况是一致的（图 4-1），因为在这个市场上众多的厂商和消费者只是受货币供给影响的价格的接受者。然而就一部分不完全竞争产品市场来说，它们可以按照受价格影响的边际成本（由于价格水平上升而推动成本的提高），与受收入影响（货币供给扩张的收入效应）的边际收益相等时所决定的产出水平来决定其价格水平。

其模型如下：

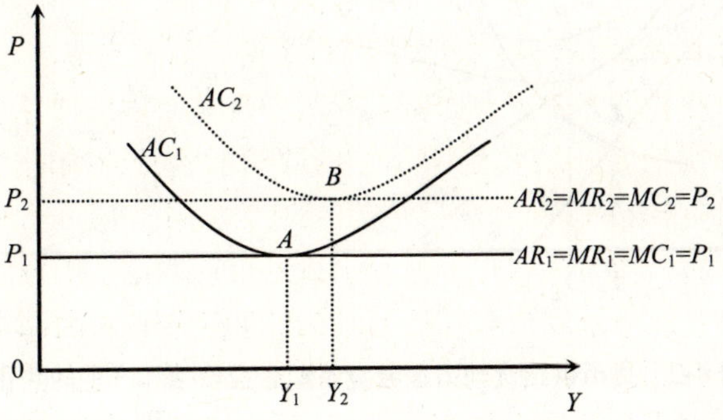

图 4-1 货币供给扰动下完全竞争型企业价格和产量的变化

从图 4-1 可以看出，货币供给的扩张便利了微观企业资金的周转，加速了产品的交换进程，使得企业的存货不断减少，进而引导了企业产出的增加，由于货币供给对行业和部门的中性特征，会使得交换同步扩大，但生产周期的限制使得产出滞后于交换的扩大，从而造成价格的相对上升伴随产出的逐步增加。

4.5.2 货币供给扰动下垄断竞争型企业价格和产量的变化

由于部分不完全竞争的企业有一定的价格控制权，其价格的变化会不同于完全竞争型企业，但鉴于产出的增加，对垄断竞争产品的需求扩大，需求曲线（平均收益曲线）和边际收益曲线分别从 D_1 和 MR_1 移动到 D_2 和 MR_2，由于价格上升形成成本上升的压力会导致平均成本曲线和边际成本曲线分别从 AC_1 和 MC_1 移动到 AC_2 和 MC_2，在利润最大化的作用下，垄断竞争企业的产出会从 Y_1 进一步增加到 Y_2，伴随着价格从 P_1 上升到 P_2。如果这种市场结构在一国国民经济中占有相当大的比重时，它对相对价格的继发影响效应是不可忽视的。因此，考虑到市场结构的不同，货币供给对相对价格的作用方式会有一定的变化，这种变化造成了土地收购储备的微观经济效应。

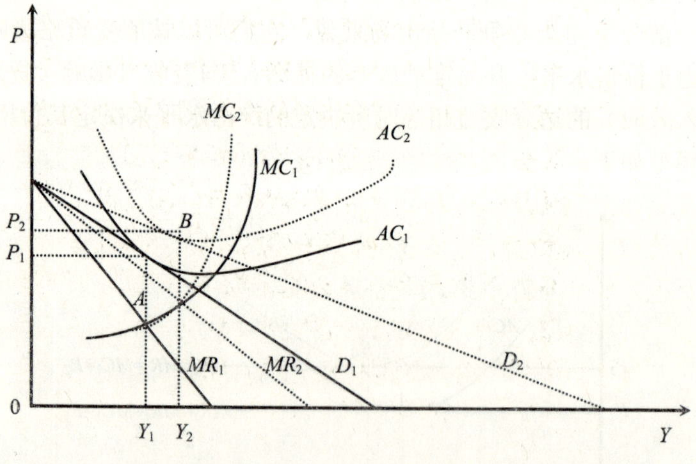

图 4-2 货币供给扰动下垄断竞争型企业价格和产量的变化

第5章

土地供应与宏观经济增长

5.1 土地与GDP增长

5.1.1 GDP的定义及内涵

我们从国内生产总值（GDP）[①]的分析开始。GDP是指一个特定时期内的产出。这个时期通常为一年或一年中的一个季度。它是在这一年中或一季度中新产出物品和劳务最终价值的总和。

有三种方法来考察和衡量GDP。第一，我们可以衡量不同主体——家庭、厂商、政府和外国人在商品和服务上的支出。第二，我们可以衡量不同行业：农业、矿业、制造业、服务业等的生产。第三，我们可以衡量生产GDP的不同经济主体所获得的总的工资和利润收入。这三种衡量方法中的每一种都有它自己的特殊目的，但是它们的总和全部相等。

GDP=C（消费）+I（投资）+G（政府开支）+NX（净出口）

① 我们在了解GDP的重要作用的同时，也必须了解它的局限性。第一，GDP不能反映经济发展对资源环境所造成的负面影响，资源和环境的破坏与透支能影响整个社会经济的协调、健康、可持续发展。第二，GDP不能准确反映一国财富的变化，不能反映一国经济增长的效率和质量，现在外资在我国的投资和出口中所占的比重不断增加，它们相当部分的资产会外流。第三，GDP不能全面反映人们的福利状况，不能反映人们收入状况的差异，在目前我国的经济结构中，投资比率明显高于消费比率，收入增加同GDP增长比率不同步。第四，不能全面反映一国的人文状况，即文化、教育、科技、文明和精神状况。

（1）消费（C）。

消费被定义为家庭支出。它包括对以下商品和服务的购买：①耐用品，例如洗衣机、音响系统和小汽车；②非耐用品，例如食物、衣服和汽油；③服务，例如理发、医疗和教育。购买新住宅的支出是唯一没有包括在消费中的一项家庭支出；相反，它被包括在固定投资里面。

（2）投资（I）。

投资是厂商在厂房、设备和存货上的支出和家庭在住宅上的支出之和。我们将总投资分为固定投资和存货投资。固定投资是对新厂房、机器设备和住宅的购买。存货投资是工商企业存货的变化。我们首先讨论固定投资。

固定投资。固定投资可分为非住宅固定投资和住宅固定投资。非住宅固定投资是指用于经营活动的建筑物和设备方面的投资。教学楼、办公楼和厂房是建筑物方面的例子。机器、车辆等是设备方面的例子。住宅固定投资是指用于新住房和公寓建筑的支出。“固定”这个术语意指这种类型的投资长期存在。这就同存货投资区别开来。我们下面将看到，存货投资存在的时间短得多。

投资是一年中增加到资本存量上的新的资本流量。资本存量是经济中生产性资本的物质总量，它包括所有的厂房、设备和住宅。资本存量从一年到下一年的增加是投资的结果。然而，由于资本存量不断地磨损消耗，统计所报告的每年GDP中的一部分投资实际上只是用来补偿已消耗掉的资本，而没有增加资本存量。GDP 中所报告的是总投资，这是叫作“总”产出的原因。统计学家有一系列的方法来估算现有资本存量的逐年磨损。这种磨损叫折旧。净投资可定义如下：

净投资=当年年终资本存量－上年年终资本存量

无论考察总投资还是分别考察非住宅投资和住宅投资，投资是厂商在厂房、设备和存货上的支出和家庭在住宅上的支出之和。

（3）政府开支（G）。

政府开支是指各级政府机构和部门购买商品和服务的总和。学校、道路建设和军事装备都是政府购买的例子。政府购买只是政府预算中政府总开支的一部分。政府购买不包括诸如福利支出和公债利息等项目。

（4）净出口（NX）。

一般而言，一国经济总是与世界其他国家或经济组织相联系的，开放性经济存在与世界上其他国家的贸易交往，因此计算 GDP 时必须考虑贸易额。出口是指本国向外国提供的商品和服务。进口是指从外国输入本国的商品和服务。更一般地说，如果商品从国外进口，并为本国消费者、厂商或政府所购买，那么在计算本国的产出时就不应当将其计算在内。因此，计算 GDP 时，应当从支出中减去进口，加上出口。换言之，在计算 GDP 时，只有净出口，即出口减进口，计入总支出。总的净出口代表了贸易平衡状况。当净出口为正时，存在贸易盈余；当净出口为负时，存在贸易赤字。

5.1.2 土地与 GDP 增长的关系

土地供应与经济增长呈正相关关系，但在不同发展阶段，经济增长对土地的依赖程度不同，在实现工业化和城市化之后，经济增长对土地的依赖程度会逐步降低。

作为资源的土地是与劳动力、资本等并列的生产要素，在经济发展过程中，增加或减少土地资源投入，会对生产或扩大再生产产生重大影响，从而影响 GDP 的增长。但对于各部门经济而言，土地资源投入的影响力是不同的。对于农业生产来说，在生产条件不变的情况下，增加的农用地面积越大，增加的农产品数量也就越多。对于工业来说，在工业化起步时期和发展中期，需要投入大量的土地资源，在工业化进程的后期和后工业化时期，需要投入的土地资源会逐步减少。此时的经济增长以内涵式发展为主。根据新古典经济学派马歇尔的要素替代理论，各要素之间是可以替代的，即当增加一种要素投入能够替代另一种要素，并且成本不变或有所降低的时候，这种替代总是要发生，这一理论对当前我国土地利用，特别是工业用地粗放利用比较普遍具有很大说服力。根据这一理论，在维持一定的经济增长速度的前提下，减少土地供应，必然会发生资本或劳动力对土地要素的替代。

作为资产的土地，其产生的租、税、费是 GDP 的组成部分，土地价格的增长和减少，影响到租、税、费收取的多少，进而影响 GDP 的增长。

作为自然物的土地，它又与我们所处的生态环境密切相关，如耕地大量流失、动物栖息地的破坏、生物多样性的减少等会造成环境损失，会在一定程度上减少实际的经济增长率。

5.1.2.1 土地价值（建设用地、农用地）在GDP之中的反映

土地价值在GDP中反映是一个资产价值的显化过程，并且能够逐步纳入国民收入核算体系，从而计入GDP之中。

根据我国现有的会计制度，土地使用权被计入无形资产，不折旧，不摊销。对于不同途径和不同方式取得的土地，其进入GDP中的途径不同。

农用土地的价值是通过土地作为一种生产资料的要素投入，直接进入农产品的市场价格构成之中。如果该产品是最终消费品，则直接进入GDP的核算之中，如果是作为原材料或中间产品则是逐步计入最终产品（商品）的市场价格之中，从而纳入国内生产总值的组成。

以划拨方式获得建设用地的分为两种情况，一类是已改制的企业使用的划拨土地，土地通过补办有偿使用手续作为企业长期投资，其投资收益直接被计入GDP当中；另一类是没有改制的划拨土地，在企业会计制度中作为无形资产管理，但没有入账，只是计入台账。但在实际操作中，企业要将相关费用计入当年的产品（或服务）之中，从而进入国内生产总值。

企业以出让方式获得建设用地的，其土地取得成本直接进入企业生产出的最终产品的市场价格构成而被纳入国内生产总值之中。房地产开发企业开发商品房时，将土地使用权的账面价值全部转入开发成本，在出售最终产品（房屋）时，进入房屋销售价格，纳入国内生产总值[①]。

5.1.2.2 土地供应规模与GDP增长及国家调控土地供应的主要政策手段

土地供应规模与GDP增长的关系比较复杂，一般而言，作为生产要素的投入，供应量越大，产出也就相应地增大。但是，由于土地资源有限，同时，大多数情况下，土地也只是作为一种中间产品，需要通过其他最终产品来直接体现在GDP的增长之中。土地供应超过有效需求，就会形成土

① 深圳市经济持续快速增长，土地集约利用程度在不断提高，每平方公里土地产出GDP从1996年的近0.5亿元，增加到2004年的1.72亿元，创全国之最。深圳市委、市政府为落实科学发展观，提出2008年万元GDP建设用地下降10%，到2010年万元GDP的建设用地不超过7.7m²。

地的闲置，而土地供应低于有效需求，地价[①]就会上升，相关产品成本就会提高，实际产出和名义产出都会增加。

调控土地供应的政策手段主要体现在以下几个方面。一是在总量上，通过实行土地用途管制，建设用地总量控制政策，限制耕地转为建设用地的数量，起到控制固定资产投资扩张的作用。二是在结构上，依据产业政策制定《限制行业用地目录》和《禁止行业用地目录》等土地供应政策，有助于优化行业结构，提高经济运行质量。三是对商业、旅游、娱乐和商

---

① 国土资源部公布了由国土资源部土地利用管理司和中国土地勘测规划院出具的《2004 年度我国重点地区和主要城市地价动态监测报告》。根据该报告对全国 51 个大中城市的地价监测结果显示，2004 年我国重点地区和主要城市的地价总体水平继续呈现稳中有升的态势，综合地价水平为 1 198 元/m²，与 2003 年相比增长了 6.08%。

从区域监测结果看，我国东南区域的地价水平最高，为 1 621 元/m²，西北区域的地价水平最低，只有 777 元/m²。中南、西南、东北区域地价增长率高于全国平均水平，分别为 9.24%、10.56%、7.25%。三大重点地区中，京津两市地价继续处于高位，综合地价为 2 009 元/m²，远高于全国平均的 1 198 元/m²，其中商业、住宅、工业用地地价分别为 3 875 元/m²、1 746 元/m²、520 元/m²，但京津两市综合地价增长率为 5.76%，基本与全国 6.08%的平均增长率持平。长江三角洲地区地价上涨幅度较大，增长率达到 6.9%。其中商业、住宅、工业用地的地价增长率分别为 7.33%、12.16%、2.24%，均大于全国各类用地平均增长率，其中住宅用地地价增长明显。

大部分城市尤其是经济较发达城市的地价增长相对比较平稳，如北京、上海、杭州、深圳、广州的地价增长率多在 2%左右，远低于全国平均 6.08%的增长率，但不同城市的不同用途地价增长情况有所不同。北京 2004 年综合地价只上涨了 2.26%，其中，商业、住宅、工业的增长率分别为 3.22%、3.37%、0.23%，远低于全国平均的 6.67%、8.94%、1.92%。与北京不同的是，上海市商业、住宅用地地价涨幅略高于全国平均水平，分别为 9.43%、12.31%，住宅用地地价上涨幅度较大，但工业用地地价增长率低于全国平均水平，仅有 0.80%。而广州、深圳除工业用地增长率略高于全国平均水平外，商业、住宅的地价增长率均低于全国平均增长率。相比之下，前几年地价涨幅较大的杭州市，在 2004 年地价涨幅减缓，商业、住宅用地地价增长率分别为 3.00%、1.00%，工业用地地价变化基本不大；报告显示，部分中西部城市地价增幅较大，如成都、贵阳、西安、呼和浩特，地价增长率分别为 13.51%、13.73%、14.76%、13.17%。

在不同用地类型中，住宅用地平均地价为 1 166 元/m²，增长幅度最大，地价增长率平均为 8.94%，商业用地平均地价为 1 988 元/m²，与 2003 年相比增长 6.67%，增长率上升了 0.15 个百分点；而工业用地的平均地价为 481 元/m²，增长率只有 1.92%，增长率下降了 0.47 个百分点。在三大重点区域中，长江三角洲住宅用地地价的增幅为 12.16%，其次是京津两市为 10.47%，其中天津增长率较高为 17.56%，远高于北京的 3.37%。珠江三角洲住宅用地地价增幅不大，增长率只有 2.31%。在监测的东南、中南、西南、华北、西北、东北六区中，对于商业用地，东北地区的增长率最高，为 10.22%，其次是中南和西南，皆为 8.61%；对于住宅用地，增长幅度最大的是西南地区，增长率为 16.98%，其次是中南地区，为 11.23%；对于工业用地，增长率最大的是中南和东北地区，分别为 4.08%和 3.74%，其次是西南和西北地区，分别为 2.58%和 2.15%。

报告表明，各季度的城市地价没有出现大的波动，环比增长率基本在 1.1%～1.3%，增长比较平稳。说明土地供应暂停后，社会对土地供应的预期发生改变，很大程度上抑制了土地的需求和投资，使土地价格的增幅开始回落，土地供应参与宏观调控的政策效应得以显现。该报告还显示，2004 年我国主要城市地价和房价均呈上升趋势，但地价上涨幅度小于房价上涨幅度，北京、上海等重点城市房地产市场需求强劲，房价涨幅较大，也带动了地价的不断上涨。2004 年，全国地价平均增长率为 6.08%，全国 GDP 增长率为 9.5%，固定资产投资增长率为 25.8%，地价与 GDP 增长率、固定投资增长基本同步，但增速低于 GDP 增长率和固定资产投资增长率。

品住宅等用地实行市场化配置，从内在机制上约束重复建设、过度投资。四是建立新的土地使用标准体系，主要包括：建立工业用地最低价标准、行业建设用地项目控制指标和土地节约集约利用评价指标等。

5.2 土地供应与固定资产投资

5.2.1 土地供应对固定资产投资的作用

在我国，土地制度安排的目标包括保护耕地和促进社会经济可持续发展两大目标。因此，现行的土地制度对固定资产投资是一把“双刃剑”，促进和控制作用并存。

5.2.1.1 土地供应政策始终服从于国家产业政策和政府投资决策

土地作为生产要素，对其需求是引致性需求。这一特点充分反映在政府管理固定资产的过程中，土地供应始终处于被动地位，无论在计划经济体制下还是在市场经济体制下都是如此。区别在于计划经济体制下，土地供应政策服从的是中央政府投资决策；而在市场经济体制中，由于投资决策的分散化，土地供应政策既要服从中央政府的投资决策，也要服从地方政府的投资决策。因此，在历史和现实中，土地供应政策必然要从属于产业政策。具体反映在供应总量的制定上，土地利用总体规划、年度计划编制的依据是国民经济和社会发展规划、国家产业政策、土地供给能力和各项建设用地需求；在土地供应方式上，法律规定对国家机关和军事用地，城市基础设施和公益事业用地，国家重点扶持的能源、交通、水利等基础设施用地等可以采取划拨方式使用，其他土地以有偿使用方式供应。

5.2.1.2 地方土地管理部门存在以服务地方政府的经济增长目标为主导的行为倾向

土地管理部门是政府的职能部门，主要承担着保护耕地和服务经济发展两重责任，但耕地保护的任务来自纵向的上级政府，而服务经济发展的任务主要来自横向的地方政府。在两个目标出现冲突的时候，当地的土地管理部门只能优先选择服务地方经济增长的目标。当前推动经济增长的主要因素是生产要素投入，尤其是资本要素投入的增加。为了吸引足够的资本在本地投资，地方政府将会调动本地区的一切可能的资源来服务于这个目的。优惠的税收政策和良好的基础设施是地方政府吸引外资的主要手段，而良好的基础设施需要政府有足够的财政投入能力，城市面貌的改善也需要有足够的财力。在当前普遍财政吃紧的情况下，地方政府必须尽快寻找其他能够增加财政收入的方法与途径，土地资源作为地方政府可以掌握的生产要素，自然而然成为地方政府达到其行为目标的重要工具。

5.2.1.3 土地收益为城市建设等固定资产投资提供了部分资金

土地既是资源，也是资产，在固定资产投资中发挥着重要作用。一方面，土地是各种固定资产投资的载体。政府通过土地供应政策和产业政策可以使土地市场在宏观调控下更好地发挥资源配置的基础性作用，可以引导投资方向，使投资行为符合国家产业政策，并且更为理性。另一方面，土地能为所有者和使用者带来巨大的资产收益。各级政府可获得巨额的土地资产收益，增加财政收入，并进行大规模城市建设；而土地使用者通过土地使用权流转可获得部分土地增值收益，进行更新改造和扩大再生产投资。

土地收益分配以地方为主，且地方政府有较大自主权。来自土地的收益主要有两种：一是土地或房地产转移阶段的一次性土地收益；二是土地或房地产持有阶段的土地收益。我国城市土地收益已经成为地方政府财政收入的重要来源。一方面，国家财政收入中的土地收益与城镇国有土地相关的税费收入逐年呈上升态势，特别在2002年开始出现了急剧上升的高峰（表5-1）；另一方面，在国家财政收入中，与土地增值收益直接相关的国有土地有偿出让收入占土地增值收益总额的比例从1999年的9%迅速上升到2002年的52%。不断增长的土地收益既为我国“还债性”的基础设施等固定资产投资创造了条件，也在一定程度上对固定资产投资的膨胀起到了促进作用。

表5-1　国家财政收入中部分土地收益统计　　单位：亿元

年份	城镇土地使用税	房产税	契税	耕地占用税	国有土地有偿出让收入			土地增值税
					合计	中央财政收入	地方财政收入	
1998	54.09	—	58.99	33.35	66.9	0	66.9	—
1999	59.06	183.36	95.96	33.03	79.55	1.89	79.55	6.81
2000	64.76	209.38	131.38	35.32	631.65	13.9	617.75	8.39
2001	66.15	228.42	157.08	38.33	887.92	19.53	868.39	10.33
2002	76.83	282.38	239.07	57.34	1 747.95	38.45	1 709.5	20.51
2003	—	—	—	—	3 323.39	67	3 256.39	—

资料来源：《中国经济统计年鉴》、《中国财政统计年鉴》。

5.2.1.4 土地使用权抵押贷款成为固定资产投融资的重要手段之一

用土地财产权抵押贷款是国际通用规则，我国也不例外。按照担保法的规定，有以下几种土地使用权可以抵押：一是以依法取得的国有土地上的房屋抵押，该房屋占用范围内的国有土地使用权同时抵押；二是以出让方式取得的土地使用权可以抵押；三是乡（镇）、村企业使用的土地不能单独抵押，以乡（镇）、村企业的厂房等建筑物抵押的，占用范围内的国有土地使用权同时抵押。以土地使用权作为抵押物向银行贷款，推动了固定资产投资的增加。2002 年，全国抵押土地的面积约为 433 万亩，抵押贷款总额约为 7 847 亿元，而当年固定资产投资总额为 43 202 亿元，抵押贷款总额为当年固定资产投资总额的 18%。

5.2.1.5 “最严格”的土地管理制度对固定资产投资膨胀和重复建设发挥着重要的控制作用

一是在总量上，土地用途管制和建设用地总量控制的实行，限制了耕地转为建设用地的数量，土地供应量成为一些地方经济发展的“瓶颈”，也起到控制固定资产投资的作用。二是在结构上，对于行业用地，依据产业政策制定的《限制行业用地目录》和《禁止行业用地目录》等土地供应政策的限制，直接对重复建设行业用地进行了控制。三是商业、旅游、娱乐和商品住宅等用地的市场配置，从内在机制上约束了重复建设和过度投资行为。

5.2.2 投资引致性土地供应的扩张

从 1982—2002 年[①]固定资产投资的增长率与建设占用耕地的比例的关系可以看出（图 5-1），固定资产投资一直是建设占用耕地的诱导因素，土地的引致性需求非常明显。固定资产投资增长的变动周期基本先导于建设占用耕地的周期，1984 年和 1992 年固定资产投资达到一个高峰期，相应的建设占用耕地在 1986 年和 1993 年达到高峰期；1989 年是固定资产投资周期的波谷，1990 年建设占用耕地也达到波谷。近年来固定资产投资的增长率呈增长趋势，建设占用耕地也呈上升趋势。从单位固定资产投资耗用的耕地比例[②]来看，1980 年为 82.51 hm^2/亿元，1990 年为 31.6 hm^2/亿元，2000—2003 年为 19.69 hm^2/亿元，呈递减趋势。所以近年来建设占用耕地数量的增加实际上是固定资产投资总量急剧扩张的结果。

---

① 数据经过三年平滑。

② 等于当年建设占用耕地数量/当年固定资产投资总额，其中固定资产投资总额按 1978 年可比价计算。

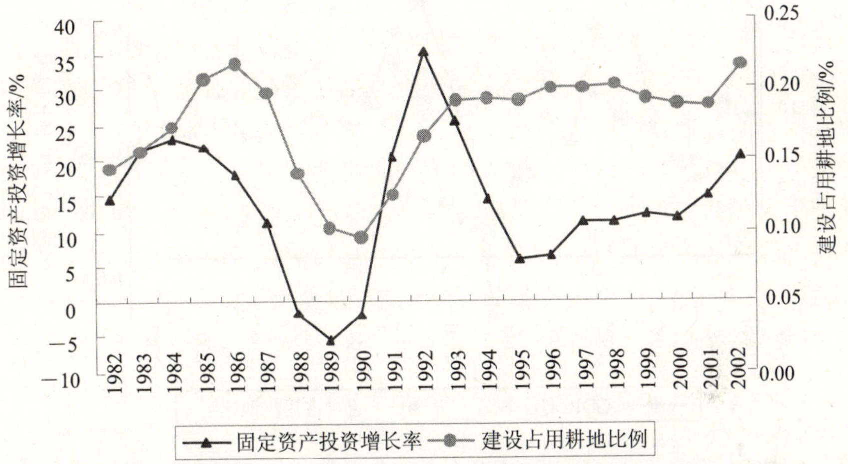

图 5-1　固定资产投资与建设占用耕地的比例关系

资料来源：建设占用耕地的数据：1978—1983 年的数据来自：中国农业科学院自然资源和农业区划研究所，中国耕地，中国农业科技出版社，1995；1985 年数据来自耕地问题研究组，中国耕地递减问题的数量经济分析，中国农业出版社，1988—1995 年的数据来自原国家土地管理局编，全国土地统计资料；1996 年数据来自张风荣主编，中国土地资源及其可持续利用，中国农业大学出版社，2000；1997—1998 年的数据来自国土资源部；1999—2002 年的数据来自国土资源部编，中国国土资源统计年鉴。固定资产投资的数据来自相应年份的中国统计年鉴。

5.3 土地供应与经济增长

5.3.1 土地供应与经济增长的时滞效应

1978—2002 年，耕地转为建设用地的数量与 GDP 增长一直保持正相关关系。从图 5-2 可以看出，在 1996 年经济软着陆之前，两者之间存在大起大落的趋势，经济增长带动了建设占用耕地数量的增加，土地要素投入服从于经济增长的需要。1996 年以后，两者的波幅同步缩减。同样，从图中也可以看出，在 1994 年全面清理整顿经济过热之前，经济增长与耕地建设转用存在着明显的时滞效应。

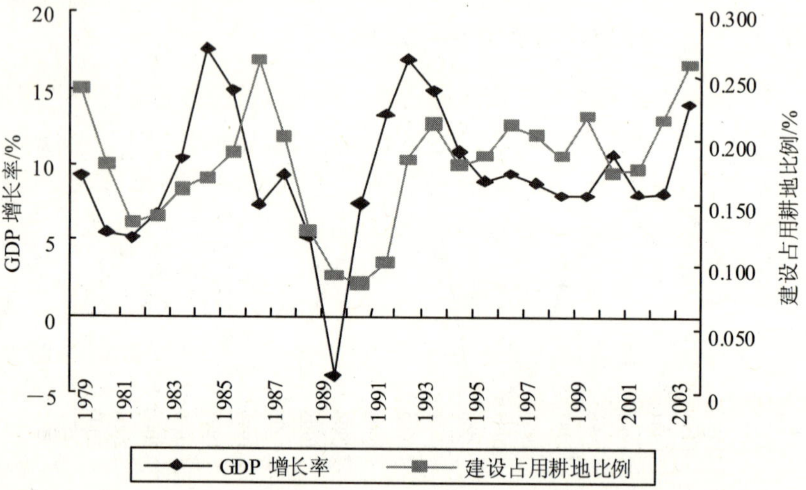

图 5-2　1978—2002 年建设占用耕地比例[①]与 GDP 增长率变动趋势图

资料来源：建设占用耕地的数据见图 5-1，GDP 增长率的数据来自相应年份的中国统计年鉴。

5.3.2 土地管理对经济增长中土地要素投入的作用

改革开放以来，我国经历了三次经济快速发展时期，相应地出现了三次占地高潮，每一次都伴随着耕地大量减少。国家采取了相应措施，改革土地制度，并取得了明显成效。

固定资产投资规模的三次扩展，造成三次耕地被各项建设大量占用，控制建设占用耕地的措施，对控制固定资产投资规模起到了一定作用，但时隔不久，固定资产投资规模又出现非理性扩张，这说明我国宏观经济运行确实缺乏内在约束机制，土地制度的安排确实太被动。

1978—1986 年建设占用耕地量为 186.47 万 hm^2，年均 20.71 万 hm^2；1987—2002 年建设占用耕地量为 260.95 万 hm^2，年均 17.4 万 hm^2。20 世纪 80 年代中期以后，我国的经济总量增长迅速，理论上应该比前一阶段耗用更多的耕地，但实际的用地量却在减少，这与我国国民经济市场化程度日益提高密切相关，也与我国的土地资源管理制度日趋完善，市场配置的比例日益提高有密切的关系。

① 指当年建设占用耕地占当年耕地总量的比例。

5.3.3 土地供应对经济增长贡献的度量

目前测算土地供应对于经济增长的贡献最成熟的方法是柯布－道格拉斯（Cobb－Douglas）生产函数，是在 20 世纪 20 年代末由美国数学家 C. W. Cobb 和经济学家 P. H. Dauglas 提出的。他们利用 1899—1922 年的生产数据资料，导出著名的 Cobb－Douglas 生产函数（简称 C-D 生产函数），基本的函数形式如下：

$$Y = AK^{\alpha} L^{\beta}$$

式中，A 是常数项，α、β 分别是资本投入 K 和劳动投入 L 的生产弹性。由于技术水平的提高，A 值在不断变化。

根据上面的基本公式，我们选用如下的柯布－道格拉斯生产函数式来测算非农建设用地对经济增长的贡献率：

$$Y = a_0 X_1^{a_1} X_2^{a_2} X_3^{a_3} X_4^{a_4}$$

式中，Y 为 GDP，X_1 表示资本投入额，X_2 为劳动力投入量，X_3 为技术进步贡献，X_4 为非农建设用地投入量，a_1、a_2、a_3、a_4 为生产弹性。

利用上述公式分别计算 1989—2001 年资本、劳动力、技术进步和土地供应对 GDP 增长的贡献，其中资本用资本存量表示，劳动力用当年绝对量来表示，不考虑人力资本的因素，技术进步用时间代替。

5.4 我国经济增长中土地供应的特点

5.4.1 固定资产投资引致土地供应总量扩张

从 1982—2002 年固定资产投资的增长率与建设占用耕地比例的关系来看，固定资产投资增长的变动周期基本先导于建设占用耕地的周期，1984 年、1992 年固定资产投资达到一个高峰期，相应的建设占用耕地在 1986 年、1993 年达到高峰期；1989 年是固定资产投资周期的波谷，1990 年建设占用耕地也跌至波谷。近年来固定资产投资呈增长的趋势，建设占用耕地也呈上升趋势。由此表明：建设占用耕地数量的增加是固定资产投资总量扩张的结果。

5.4.2 耕地转为建设用地与经济增长的周期波动密切相关

土地供应过程与经济发展进程紧密相关，特别是在经济增长还主要靠要素的投入来推动的时期，两者的发展趋势几乎同步变动。1978 年我国的改革逐步引进了资源配置的市场机制，成为世界上发展最快、增长最有活力的经济体之一。1978—2004 年中国 GDP 的年均增长率达到 9%，快速的经济增长引致了对土地供应的巨大需求。我国的土地供应具有周期波动的特征，与经济增长的周期基本一致。这说明在目前的经济发展还靠要素投入增加来推动的情况下，土地供应是经济发展的必然结果。从数量上看，我国的土地供应的区域差异明显，存在着从西部向东部递增的趋势，而且区域间的差距正在扩大。从时间趋势上看，随着经济的发展，我国的土地供应速度具有加快的趋势。随着经济发展水平的提高，城镇用地和工矿用地将成为耕地非农转用的主要占地对象，也就是说城市化和工业化将成为土地供应的主要推动力量。

5.4.3 经济增长中土地制度的改革

中国经济体制改革是以农村经济体制改革为突破口，而农村经济体制改革又是以土地使用制度改革为中心展开的，也就是说，以农村土地使用制度为核心的农业生产关系的调整，是中国经济体制改革的第一推动力，而随后进行的城市经济体制的改革也出现了逐步向土地使用制度改革的逼近过程。实际上，自改革开放以来，市场的因素、成分和作用处于不断的量变的积累和阶段性或部分性质变过程之中。我国市场体系的完善和市场化程度的提高过程，不仅是“市场”对“计划”的渐进式“浸润”的过程，而且也是由“商品”向“各种生产要素”的“逆向溯源”式的扩展过程。从土地制度的改革的演变过程中，这种静悄悄的趋势正在得以扩展和蔓延。

中国土地制度改革的历程：

（1）1986 年以前土地体制性特征：一是国有土地使用权不能买卖，二是企业可以无偿无限期地使用国有土地，三是城市土地仅以生产要素资源的形式来加以体现，只是作为一种资源来加以粗放性的利用和管理，四是土地管理主要是为国家建设服务。由此也造成了一系列问题，即在农村，耕地保护没有得到足够重视；在城市，土地不能够像其他要素资源通过市场配置到生产过程中去，从而成为企业的法人财产。

（2）1986—1998 年以城市土地使用制度改革为核心的土地制度的变迁：

一是城市土地为国家所有，但企业可以依法有偿得到一定年限的土地使用权，二是国家要求经营企业以有偿方式取得国有土地的使用权，但有偿使用的比例很低，三是初步建立土地使用权有偿转让的市场。但同时也存在着一些问题：其一，忽视了土地供应机制，开发过热，土地供应量大，市场无序，土地价格扭曲。其二，大量耕地被占，耕地资源浪费严重。其三，城市土地浪费和闲置严重。

（3）现阶段土地利用政策改革：加强耕地保护，集约利用城市土地。在耕地保护政策方面，建立基本农田保护区，建设占用耕地实行补偿制度，加强土地利用总体规划对建设占用耕地及保有量的控制，积极推进土地整理复垦，建设占用耕地管理力度加大；在加强土地资产管理方面，继续实行土地有偿使用制度，实行建设用地供应总量控制，利用市场机制配置土地，实行城市土地储备，加强城市土地集约利用，逐步推进土地收购储备和土地基金的建立。

随着我国土地制度的变革的不断深入，土地使用的相关理论和政策上开始有了重大突破，其具有里程碑性的阶段标志大体为：1987 年 4 月，国务院出台了“国有土地使用权可以有偿转让”的政策，并在上海、天津、广州、深圳四个城市开展了试点工作；1988 年修改的《宪法》和《土地管理法》中明确规定了土地的使用权可以依法转让，为我国实行土地使用权有偿出让和转让提供了法律依据；1994 年，我国制定了《城市房地产管理法》，又进一步明确规定“国家依法实行国有土地有偿、有期限使用制度”；1996 年在上海、杭州、深圳等地广泛兴起了土地收购储备的实践与制度创新。

2001 年为了加强国有土地资产的管理，国务院颁布了《国务院关于加强国有土地资产管理的通知》（国发[2001]15 号）。严格控制建设用地供应总量是规范土地市场的基本前提，只有在严格控制土地供应总量的前提下，才能有效发挥市场配置土地资源的基础性作用，充分实现土地资产价值，提高土地资源利用效率。为增强政府对土地市场的调控能力，有条件的地方政府要对建设用地试行收购储备制度。市、县人民政府可划出部分土地收益用于收购土地，金融部门要依法提供信贷支持。

2003 年 7 月，国务院召开全国进一步治理整顿土地市场秩序电视电话会议，就清理整顿各类开发区用地，加强土地管理做出了部署，这是继 2003 年年初土地市场秩序电视电话会议之后又一次有重点的重要举措。土地市场秩序的问题之一就是土地市场供给环节中的各类开发区圈地问题；而问题之二就是土地市场交易过程中的土地"价格发现机制"的建立问题。这两类问题的产生及其解决是与政府行为分不开的。同时也表明，中国经济在历经25年的改革开放，从计划经济向市场经济体制转轨过程中，整体纵深推进和社会主义市场经济体系完善进程中，所再次面临着的一个有关"政府"这只"有形的手"和"市场"这只"无形的手"在经济实践过程中调节手段的功能分工和组合选择问题，这是一种经济发展规律的客观必然。

建立和完善社会主义市场经济体制的一项重要内容，就是构建规范的市场经济新秩序。由于路径依赖所决定的旧体制的延续和经济行为主体的思维习惯问题，及其与新体制之间的"磨合"过程使得市场秩序问题不可回避。而市场秩序问题在土地市场上表现得尤为突出。就全国整体而言，土地市场秩序还存在着一些相对混乱和无序状态，为什么土地市场秩序难以持久地廓清，一个较为重要的原因就是，实际工作中，我们在出台的相关政策中不能够很好地按照社会主义市场经济的原则来正确处理好各方面的利益分配关系，尤其是对于这种还处于市场化进程之中的土地资源性资产来说，任务十分艰巨。资源性资产收益与分配构成了中国土地市场秩序问题背后深刻的背景基础。我们就是要通过市场来对各种资源配置起基础性作用，就是要通过市场来显化土地资源的资产价值，并将其资产收益在中央与各级地方政府之间，在政府与企业及个人业主之间合理分配，也只有通过市场价格发现机制，即利益分配机制来从根本上确立一个健康有序的市场经济新秩序，只有这样才能物尽其用，财尽其力。

简要回顾我国土地制度的演变历程表明，通过我国土地制度在社会主义市场经济体制下逐渐演变过程中的制度变迁，特别是土地市场秩序和土地市场建设，以及土地资源性资产收益与分配管理，进一步表明存在一个通过资源向资产转变来强化土地制度创新向土地金融资产管理的逻辑演变趋势，通过土地资源性资产管理来进一步加强土地资源管理的体制创新，使土地的金融实践有了一定的基础。与此同时，土地使用制度的改革也为土地金融创新提供了良好的环境。伴随着土地改革的深化，以土地为信用保证而获得资金融通的金融业务得到进一步发展，如房产、地产抵押贷款等形式逐渐完善，使我国土地金融实践呈现出进一步发展的趋势。

从本质上来说，在市场经济条件下，土地资源的市场化配置，就是使得"土地"像其他"商品"一样，完成一种"W—G—W"的变化过程，"土地"必须在与"货币"等金融资产的结合和媒介下才能够完成市场交易和配置过程。无论从"土地"以货币来显化和计量资产价值来看，还是从必须以货币为媒介交换来看，其在市场经济的进程中不可回避地要实现“实物经济”向“货币经济”的转变，借以在一定程度上克服土地自然属性在市场化进程中的障碍，适应土地在市场配置作用下从资源向资产转变，通过土地资产化的管理，是进一步加强土地资源管理的客观需要的一种必然趋势。

第6章

土地投入与宏观经济周期波动

6.1 经济周期理论

6.1.1 经济周期的含义

经济周期，是指经济活动水平的一种波动（通常以国民收入来代表），它形成一种规律性模式，即先是经济活动的扩展，随后是收缩，接下来是进一步的扩张。这类周期随着产量的长期趋势进程而出现。从美国著名经济学家萨缪尔森对资本主义经济的发展过程中出现的周期描述可以看出，经济周期就是国民收入及经济活动的周期性波动。它包含以下几方面内容：①经济周期的中心是国民收入的波动，由于这种波动而引起了失业率、物价水平、利率和对外贸易等活动的波动。所以研究经济周期的关键是研究国民收入波动的规律和根源。②经济周期是经济中不可避免的波动。③虽然每次经济周期并不完全相同，但它们却有共同之处，即每个周期都是繁荣与萧条的交替。

经济周期可以划分为两个阶段：扩张阶段与收缩阶段。收缩阶段常常短于扩张阶段，如果更细一些，则把经济周期分为四个阶段：繁荣、衰退、萧条、复苏。其中繁荣与萧条是两个主要阶段，衰退与复苏是两个过渡性阶段。

6.1.2 我国经济的周期性变化

改革开放以来中国经济已经经历了四次景气循环，目前正处于第五次循环之中。1978 年以来中国经济的扩张与收缩表现为经济增长速度的加快与减慢，从未出现过负增长现象，表明中国自改革开放以来的景气循环是典型的具有现代经济的增长循环模式。

表 6-1　中国经济周期变化情况

时间/（年/月）	波谷	波峰	波谷	周期长度/月
第一次循环	1978/1	1980/9	1984/3	64
第二次循环	1984/3	1985/2	1986/2	23
第三次循环	1986/2	1988/9	1991/6	64
第四次循环	1991/6	1994/10	1998/10	88
第五次循环	1998/10	2003/5		

从 1978 年年底到 1991 年，中国经济经历来了三次景气循环，这三次景气循环波动中，经济循环主要表现为经济自身固有机制和政策干预的交互作用的过程。政府对经济的调控方式主要以直接调控为主，多采取的是行政手段。因此，“瓶颈”行业的周期性短缺，基本建设投资的膨胀与压缩，是导致中国经济周期性波动的最主要原因。从 1991 年年中到 1998 年年底，中国经济经历了第四次景气循环，由于 1992 年邓小平“南巡讲话”触发了第四次经济增长的“发动机”，在此背景之下，市场对土地的需求巨大。因此，1992 年及时地冻结建设用地审批，有利于此次周期后期宏观经济的“软着陆”。1998 年以来，国民经济在“软着陆”之后，经历“通货紧缩”的状况下，“扩大内需”在积极的财政政策和稳健的货币政策的作用之下，国民经济保持着较快增长速度。这种高增长主要是来自有竞争实力企业的活力，跨区域的资产重组、收购兼并等经济活动的快速发展，以及充满活力的中小民营企业的快速成长。因此，对土地需求的加大，也导致自 1998 年 10 月以来对建设用地需求更猛烈的一个原因，但是不是必须要以土地的数量型和粗放性的提供使用才能够保持一定的经济增长呢？我们认为它充其量只是充分条件，而非必要条件，更不是唯一的条件。

6.2 土地供应的周期性变化

6.2.1 土地供应周期性特点

（1）我国的土地供应具有周期波动的特征，它与经济增长的周期基本一致。这说明在经济的发展还靠要素投入增加来推动的情况下，土地供应是经济发展的必然结果。我国经济持续保持快速增长的势头，按目前的趋势判断，我国的土地供应仍会维持在一个较高的水平上。

（2）比较 1986 年前后土地供应的数量，可以发现我国土地资源管理措施对于控制土地供应的作用十分明显。20 世纪 80 年代中期以后，我国的经济总量增长迅速，理论上应该比前一阶段耗用更多的耕地，但实际的用地量却在减少，这与我国的土地资源管理制度日趋完善有密切的关系。

（3）随着土地价值的日益显现，地方政府逐步成为主动供给方，1992 年的开发区热充分地说明了这一点。地方政府通过土地供应获得大量的预算外收益成了我国土地过度供给的主要根源。

6.2.2 周期变化中耕地减少量的变化情况

自 1978 年以来，我国的经济增长总量呈现拉长的 S 形曲线发展（图 6-1），保持着持续稳定增长态势。特别是 20 世纪 90 年代，我国经济进入了快速增长时期，迄今为止，势头不减。而全国耕地面积则不断减少（图 6-2），减少的速度也有急有缓，快速减少的时间段主要集中在 1985 年和 1993 年左右，这不仅与我国当时的经济发展背景有关，还与我国经济体制转轨期间的土地制度改革息息相关。

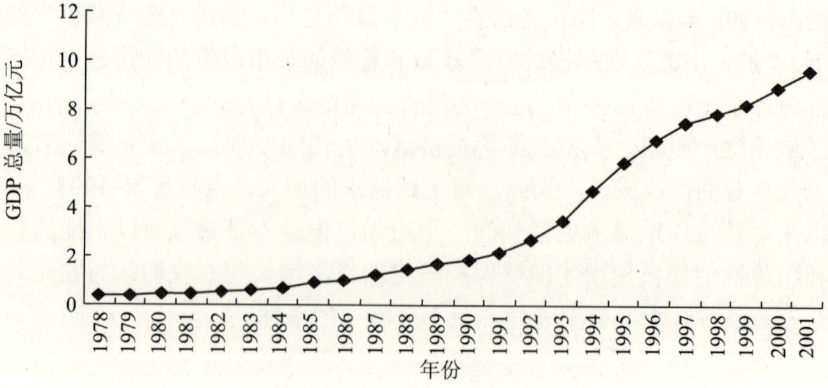

图 6-1　我国经济发展状况

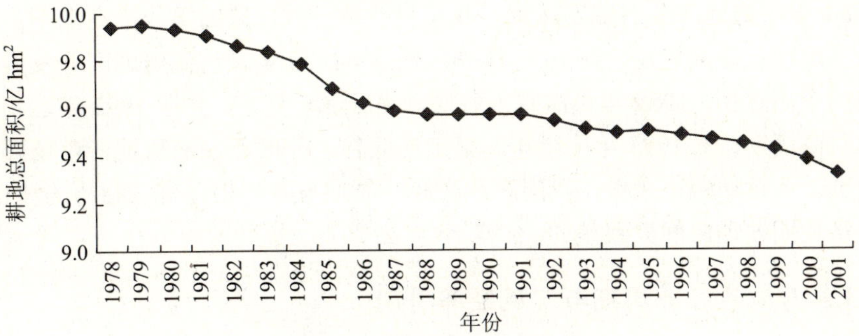

图 6-2　我国耕地总面积情况

在经济总量扩张和耕地面积减少的发展趋势中，国民经济从全面短缺转变为供给过剩。我国过剩生产能力过早过快地形成，肯定有其特殊的制度根源，而从土地制度变革角度出发，我国过剩经济的提早出现和重复建设与我国正在进行的土地制度改革背景密不可分。在我国经济体制转型时期，由短缺经济向买方市场经济转变过程中，土地使用从无偿无期限到有偿有期限的转变，这种适应性的体制变革，以及土地的资产专用性和作为资源的先期介入和退出的滞后性使得其在产业结构优化和资源配置过程中效率较低，从而导致了产业和公共物品等的重复建设，且涉及的行业越来越多，从 1978 年前的重工业，到改革开放初期的日常生活用品，再到最近时期的资源和能源行业（钢铁、电解铝、玻璃、建材等），不合理的重复建设在一些行业和地区广泛蔓延和扩散。

6.3 房地产经济周期与宏观经济周期

改革开放以来，我国房地产业的兴起、城市化进程的加快和国民经济的持续快速发展成就，都与我国的土地使用制度改革和土地资产的运作有关。我国房地产经济存在着明显的周期性波动（何国钊，曹振良，等，1996），这种周期性的波动带动了土地需求的变化。

6.3.1 我国房地产经济的周期性波动

伴随着我国宏观经济的周期性波动，房地产经济也呈现出比较明显的周期性变化。可以看出，我国房地产经济存在着十分明显的周期波动的特点。从 1978 年以来，我国房地产经济出现过三次高涨期和三次萧条期。在

1984 年，房地产业的发展达到了我国自改革开放以来的第一个高潮期。此后房地产业逐渐衰退，到 1987 年跌入低谷。1988 年又达到房地产业发展的第二个高潮期，1989 年再次跌入谷底。此后逐渐复苏，并在 1992 年达到第三次高潮期，从 1993 年下半年起又走向低谷，1998 年左右房地产市场开始复苏。从运动轨迹来看，我国房地产经济周期与海外相比有着独特的波长，经济周期波动时间大致是 4～5 年。

6.3.2 房地产经济周期与宏观经济周期

从整体来说，一个国家和地区房地产经济周期和宏观经济周期是一种正相关关系，波长也大体一致，在我国两者的周期大致都是 4～5 年。但宏观经济周期和房地产经济周期的复苏、繁荣、衰退和萧条四个阶段在时间上不一致。一般来说，房地产的复苏、萧条期滞后，而繁荣、萧条期超前。研究这种差别，不仅有理论意义，更重要的是，在实践中，我们可以根据宏观经济走势，预测房地产市场的发展趋势，通过控制土地供应，结合财政税收政策，平抑房地产周期性波动，降低投资者的风险，实现房地产市场的协调运行。

接下来我们分别来看看房地产经济周期的四个阶段的表现及其原因。

从复苏阶段来看，尽管房地产业是基础性和先导性产业，但由于产品价值大，耗费资金多，生产周期长，所以，当经济复苏时，房地产企业需要经过较长时间的筹备和计划才能投入生产，特别现阶段我国房地产开发立项时间较长，预售又受到种种限制（如房地产管理法规定，企业需投入工程建设投资总额的 25%以上才能进行商品房预售），因此房地产业的复苏要稍微滞后于宏观经济，当然时间不会很长。

从高涨期来看，房地产业的高涨期要比宏观经济来得迅速。因为对房地产的需求有两种：①直接需求，主要是直接用于居住目的住宅需求，在目前我国住宅市场需求主要以社会集团购买力为主的时候，宏观经济高涨和国家货币政策的放松（银根放松）以及对集团购买力的控制放松，对住宅市场的推动作用是十分明显的；②间接需求，主要指生产类和商业商务类房地产的需求，这种需求是一种间接的需求，源于整个经济的运行，如果经济高涨，对这类房地产的需求就增加。所以，房地产业经过复苏阶段的准备，其先导型产业的作用就会充分体现出来。一是有市场，经济的高速发展、居民收入和集团购买力的增加，银行信贷的放松，全社会对各种商业用房、工业用房、写字楼、各类住宅别墅的需求扩张，都会拉动房地产业迅速发展；二是有充裕的资金，在房地产业高速发展并有市场的情况下，房地产企业不仅可以加速自有资金的周转，还可获得更多的贷款，保证了房地产业迅速发展对资金的需求；三是价格刺激，尽管市场需求很旺，但由于房地产开发周期长，供给弹性小，短期内供给量不能一下子满足市场需求，出现房地产市场供不应求的局面，加剧了房价的进一步上扬，这样势必将进一步刺激房地产投资，加速房地产业的发展。

从衰退期来看，房地产业要早于和快于宏观经济。房地产业之所以提前衰退，主要原因是其供给弹性小。特别在我国，宏观经济的衰退和人为因素有关，往往是由于政府为了克服市场过热过乱而采取严厉的计划统制手段引起的，比如银根紧缩，严格控制集团购买力，提高银行利率等，这样一来，全社会对房地产的需求就会急剧下降（不管是住宅需求还是非住宅需求，当然首当其冲的是高档住宅和非住宅类房地产）。但是房地产企业很难像其他行业（如服装业）一样，能对瞬息万变的市场作出灵活的反应。如服装生产在市场萎缩时，服装企业就能马上进行减产甚至转产，市场供给量相对于需求量同时减少，减缓了价格的下降；但房地产项目一旦上马或者竣工，就将难以调整，在市场需求下降而供给量变化不大的情况下，房价的下跌就在所难免了。1993 年下半年南方城市房价地价大跌的现象就是因为这个原因。所以房地产经济衰退期要比宏观经济衰退期来得迅速。

从萧条期来看，房地产经济萧条期滞后于宏观经济萧条期。因为当宏观经济出现萧条时，各行各业的发展都处于停滞不前的状态，失业率高、投资回报率低，而房地产却由于具有保值增值功能，在其他行业十分萧条时，人们会放弃其他投资，转向房地产投资或直接购买房地产，从而维持房地产市场一定的供给和需求，推迟了房地产市场的萧条。

6.3.3 房地产经济周期的成因

前面我们描述了房地产经济周期的轨迹以及每一周期内各阶段的表现（何国钊，曹振良，等，1996）。现实中的情况和这种理论分析是基本一致的。那么究竟是什么原因造成房地产经济的周期性波动呢？

房地产经济周期是一个十分复杂的经济现象。其成因是多方面的，当然主要的原因有以下几个方面。

（1）房地产本身的特性。房地产是一个生产周期长、耗资巨大、对金融市场依赖性极强的行业，而且，房地产既是生产资料又是生活资料，是消费需求和投资需求扩张的良好的载体。而我国的宏观经济波动主要是由消费需求和投资需求共同扩张与收缩造成的。因此，宏观经济波动必然会带来房地产经济波动。

（2）房地产市场是一个信息不充分的市场。这种信息不充分往往会造成房地产投资者和需求者的错误预期和运作。当房地产市场景气繁荣的时候，投资者受到这种经济环境的感染，自然产生乐观的预期，进而对未来房地产市场作出过度的评价，投资意愿增加，投资额上升，强化了房地产市场复苏期向高涨期转化上升的力度和速度。一旦经济事实与预期状况发生背离，投资者转成悲观的错误预期，投资意愿迅速下降，加剧了房地产市场“向下摆动”的趋势，造成衰退期快于宏观经济的衰退。在经济生活中，人们对未来经济的预期和评价是十分重要的。

（3）政策因素。政策因素作为经济周期的外部冲击力量，对我国房地产经济周期波动产生的影响尤其值得注意。中国房地产经济政策存在着明显的周期性特点，经济扩张和经济紧缩政策的交替。可以说，我国房地产经济周期波动的主要根源来源于外部冲击——政策周期。

房地产经济的周期性波动无疑会带来社会资源的浪费，增加投资风险。

第7章

土地政策参与宏观调控的政策与体系创新

运用土地政策参与国民经济宏观调控是中国社会主义土地制度的独特优势。中国实行城市土地国家所有、土地用途管制、农地转用、建设用地统一供应制度，使政府可以通过调节土地供应总量、安排不同的土地用途来抑制或鼓励市场需求，有效地引导投资的方向和水平，实现调控经济运行的目标。土地不仅仅是调控的对象，而且成为宏观调控的新手段，也就是说，政府通过土地收回的操作，可以把不合理投资排挤出去，再通过有步骤、有选择地释放出土地，可以引导社会投资方向，一收一放，达到对宏观经济的调节作用。

土地参与宏观调控，需要通过建立国土资源管理的长效机制，用体制的、机制的和法制的手段，根据国家产业政策等的动态要求，用计划和规划指标、土地价格、土地管理法规等手段，引导和改变企业的用地需求预期，从而调控国民经济的平稳运行。

7.1 政府宏观调控政策手段差异性分析

7.1.1 财政货币政策与土地政策差异性分析

在经济发展过程中，国家为了实现促进经济增长、增加就业、稳定物价和保持国际收支平衡等宏观经济目标，需要采取财政政策、货币政策等手段对国民经济进行宏观调控。

财政政策是国家为力求经济增长与稳定，缓和经济波动所运用的一种重要的政策工具。财政政策的实施主要是通过税收政策、预算政策和部门支持政策的各种措施来影响经济增长的稳定。政府可运用财政政策来对经济进行调节，意味着不平衡的预算或者说赤字财政是允许的。所谓赤字财政就是政府依据实际的经济情况，为了执行某些任务，由于收入的不足，可以用卖出债券的办法来获得支配资源的能力，并利用这些资源来完成它所想要达到的目标。若社会上的确存在着相当的未被利用的资源，这时政府通过发行债券将其吸收来使之变成有效的社会需求，这就对经济的活跃起到一定的推动作用。比如，一国经济正处在衰退中，有相当的资源未被私营部门利用，这时政府把这些资源吸收来予以生产性的运用，就会对经济的增长与稳定起到较好的作用。

货币政策是国家为求经济稳定运行而对经济进行宏观调节的重要手段之一。所谓货币政策就是一国的货币与金融当局运用扩大或收缩货币供应，进而提高或降低利率的办法来影响经济活动，从而达到经济的稳定和较顺畅的发展。货币政策的理论依据是货币数量说。古典的货币数量说认为，货币供应的变化会直接地影响价格的水平，而后通过价格的机制，影响经济的活动。凯恩斯学派的货币数量说认为，货币供应量变动的直接影响是对利息率的影响，而后通过利息率的变动来影响投资的比率，并再通过乘数过程影响国民收入。

货币政策的一个重要优点是它具有较大的灵活性。它在采取某种行动时，不需要事先用法规来确定。这在公共市场业务上尤其表现得明显。公开市场业务的冲击影响可以把利差伸展到任何范围而不需要法律的或公告的任何变更。再者，其政策的实施相对比较容易。

中国经济在“摸着石头过河”的实践过程中不断总结经验和教训，政府实行宏观调控的能力和技巧不断提高，调控手段日趋多元化，各项调控政策的出台时机和力度的把握明显改善。就宏观调控手段来说，从过去以直接手段为主转变为以间接手段为主，由过去的以行政手段为主转变为以经济手段和法律手段为主。在调控手段多元化的同时，调控手段随着经济的发展会出现新的变化。按照公共政策思路，政府财政应当逐步转到公共财政，财政手段也会因公共财政政策的改革而选择性地“淡出”；货币政策的一大特征就是通过货币传导机制有一个对经济的“平和稳健”的调控作用，比较适用于对经济运行进行“微调”；行业政策除了有关国计民生的重要领域和行业及产业政策之外，多带有指导性的作用和性质。

土地的“瓶颈”制约作用使其能够成为政府调控经济的一种手段，因为，无论任何工业项目，最终都要落在土地上，这就决定了运用土地政策对经济进行宏观调控的可行性和有效性。再者，由于我国实行了土地公有的基本经济制度，使得政府能够通过土地供应来调节国民经济的运行。2004年中央政府针对信贷投资增长过快、部分行业过热、煤电油紧张等突出问题，中央政府决定采取措施加大宏观调控，把国土资源部定位为宏观调控部门，土地手段首次成为与货币、财政手段并列的宏观调控工具。事实证明，2004 年国土资源部运用土地政策为宏观经济“加油门”、“点刹车”，适时调整供地政策，对土地供应实行“有保有压”、“有张有弛”的调控，为保障国民经济平稳运行作出了很大贡献。

7.1.2 土地政策参与宏观调控的必要性

自 1985 年我国《土地管理法》颁布实施，尤其是自 1997 年实施土地用途管制这一世界上“最严格的土地管理制度”以来，我国土地管理制度不断完善，但是由于当前正处于工业化、城市化的快速发展时期，土地管理问题也层出不穷，尤其是近年来耕地减少过快、开发区失控、征用土地过多、土地生态环境恶化、市地价格上涨过快以及由此带来的社会问题，使得土地管理问题引起了社会各界的关注。于是，中央政府提出要强化土地宏观调控功能。土地宏观调控功能的增强，不仅对于提高土地管理工作的效率具有积极意义，而且由于土地管理问题涉及社会经济的方方面面，因此，这对于实现统筹城乡发展、统筹区域发展、统筹经济社会发展、统筹人与自然和谐发展、统筹国内发展和对外开放也具有十分重要的意义。当前我国经济从总体上步入了新一轮经济周期的加速扩张阶段，生产要素与资源供给不足成为了当前经济发展的最大约束。土地作为基础性资源，土地供给更是面临着诸多矛盾。因此，必须进一步深化土地管理制度改革，强化土地资源的宏观调控功能。

当前土地管理工作中也还存在一些需要宏观和战略层面研究解决的问题，主要表现为以下几方面。

（1）科学发展和土地节约集约利用的观念尚未根本转变，用土地换发展的冲动仍较强劲。即便是在东部沿海经济发达省份，一些地方仍然存在片面追求 GDP 增长的现象。一些政府领导对如何保持 GDP 稳健增长仍感压力较大，未能正确处理好经济发展用地与土地资源节约集约利用的关系，重经济增长，轻土地资源的节约集约利用和管理，片面认为不多占土地经济发展就上不去。新上项目用地仍然把目光盯在新增建设用地，甚至耕地和基本农田上[①]，没有有效形成开源节流、节约集约利用土地的观念。在这种情况下城乡建设盲目扩张，摊饼式发展，土地利用粗放。主要原因在于发展观念和意识的转变需要一个过程，调整经济结构和转变经济增长方式也需要一个过程，树立和落实科学发展观也是如此。一些地方领导迫于种种原因，习惯于外延扩张的发展模式，习惯于利用土地资源这一有效的杠杆作用，以达到追求招商引资和服务于地方经济利益的目的。

（2）规划控制弱化，土地利用结构不合理。土地利用总体规划从节约用地上注重的是耕地的保护、建设用地规模的控制，遏制耕地面积过快减少，从集约用地上注重的是功能分区、区域布局。土地利用总体规划与城市规划在实施中往往是相互矛盾的，且在一定情况下，其矛盾还是十分突出和尖锐的。在追求 GDP 和财政收入的政绩利益驱使下一些地方不经法定程序，未经专家论证，随意调整、修改土地利用总体规划，甚至违法批地用地，随意扩张新增建设用地规模，造成土地低效利用，产业结构趋同，浪费土地资源。

（3）土地利用效率偏低，违法违规用地比较严重。土地开源节流应坚持开源与节流并重，以节约集约利用为先，而土地节约集约利用重在以用为先，效率为重。各地土地利用效率还有很大的提升空间。如广东每新增亿元 GDP 新增建设用地近五年比上五年下降 62%，单位土地 GDP 产出 2007 年达到 1 702 万元/km^2，比 2002 年提高了 1.27 倍，但与上海市、江苏省和浙江省相比还是低的。2007 年，广东新增亿元 GDP 新增建设用地 84 亩，上海只需 52 亩。一些地区在城镇新城区、新厂房大量建设的同时，旧城区、旧厂房越来越多。在农村，农民富裕后大量异地建设新房或搬迁到城镇居住，而原有旧房、破屋被遗弃，“空心村”问题较为突出，造成大量土地浪费。一些地方政府依法行政和用地单位及个人依法办事观念不强，片面追求经济增长，忽视依法批地用地，在对土地的审批和使用上存在急功近利、规避法律甚至违反法律使用土地的问题较为突出。

（4）土地市场机制不完善，土地资源市场化配置程度不高，用地成本约束不强。当前，工业化、城镇化与城市扩张导致土地的粗放利用，市场机制尚未发挥配置土地资源作用，土地取得、保有成本低是重要原因之一。

① 目前我国人均耕地仅为 1.43 亩，1997—2003 年耕地共减少 12 594 万亩，其中建设占用、生态退耕、灾毁、农业结构调整分别减少耕地达到 1 973 万亩、8 625 万亩、810 万亩、1 786 万亩。在未来建设小康社会过程中，耕地对国民的经济运行将发挥更高的支撑作用，耕地资源面临着更大的人口增长与城镇化的压力，粮食安全问题将进一步突出。因此，耕地供给不足将是今后国民经济运行中的长期矛盾，耕地保护的任务依然艰巨。

主要表现在：征地补偿标准偏低；供地机制和财税体制不完善。由于前几年大量工业用地、基础设施用地等供应主要通过非市场化方式配置，未能有效建立起土地价格的市场形成机制，直接导致市场主体的用地成本意识低下，造成了当前包括相当部分有功工业用地在内的建设用地的低效利用、隐性闲置和粗放利用[①]。同时由于缺少市场退出机制，土地保有成本较低，有限土地资源初始配置效率不高，再配置障碍较大。

（5）国民经济运行中的“热点”给土地供给带来新的挑战。自2004年，我国钢材、水泥、电解铝等部分行业和固定资产投资出现过热现象，2005年2月的资产投资增长更是达到53%。在固定资产投资增长的推动下，我国经济综合警情指数趋向过热。土地供应作为宏观调控手段对产业调整能够发挥很大作用，但土地调控往往是一种事后调控，土地供给的过紧收缩容易使经济出现“硬着陆”，破坏性较大。因此，如何利用土地杠杆对固定资产投资过热进行调控，必须全面慎重地考虑研究，应注意从整个产业链上进行全面“温和”调控，实现“软着陆”，尤其要研究如何根据经济运行的周期规律进行事前调控。

（6）相关法律和政策不完善，缺乏建立土地开源节流机制和节约集约利用的系统保障体系。当前节约集约利用的相关法律制度和政策体系尚不完善，如闲置土地处置政策过于刚性，缺乏可操作性，特别是无偿收回执行力度不大；农村集体建设用地流转政策导向不明确，以致大量农村集体建设用地不能够高效配置和利用。与此同时，尽管土地管理政策中各项具体政策在客观上发挥着作用，各有侧重，但在政策组合，发挥相协调的系统性保障作用有待进一步增强。

---

① 根据有关预测，我国城镇化水平在2005年将达到35%，2010年将达到42%，根据《全国土地利用总体规划纲要（1997—2010年）》专题研究预测，按从严控制的方针，到2010年城镇建设用地将达574万～598万hm^2，供地存在较大缺口。同时在城镇内部用地结构不合理的问题也很突出，具体表现为道路广场用地、绿地、市政公用设施用地不足，大部分城镇存在住房紧张、交通拥堵、环境脏乱、各项设施不完善，工业用地等生产性用地普遍偏大等方面的问题。各类园区建设用地供给数量与结构超出国民经济运行需求。工业开发区建设与运行存在严重的恶性竞争，不仅促进了工业用地投机行为的滋生，降低了工业投资的运行效率，影响了工业产业的合理布局，而且由于经济越发达，财政补贴或税收减免的支持力度越大，客观上拉大了不同区域间的差距。据开发区治理整顿时的统计，全国共有各类开发区3 837家，据不完全统计，各类开发区的面积达3.6万km^2，超过了现有城镇建设的总面积。有些开发区、高新区、科技园存在着起点低、产业结构趋同严重、缺乏技术创新、过分依赖领导计划和政策的推动，没有形成产业网络和集群的特点，社会资源配置效率低且浪费严重。同时，在开发区中普遍存在着土地资源粗放利用问题。

7.2 土地政策参与宏观调控作用与成效

7.2.1 土地在我国市场经济中的调控作用

无论任何经济活动行为最终都要落在土地上，这就决定了运用土地政策对经济进行宏观调控的可行性和有效性。概括地说：在社会生产的物质运动中，政府通过控制土地利用即人们所说的土地资源管理，来调控生产要素的配置；在社会生产的价值运动中，政府通过合理分配土地收益即人们常说的土地资产管理，来调节生产、交换与消费关系。

7.2.1.1 土地利用状况制约或促进经济发展

市场经济的物质基础是社会化大生产，社会化大生产的特点是分工越来越细。在分工发达条件下，各部类、部门、产业、行业、企业等之间的比例关系如何，决定着经济发展是否协调、顺利。表现在实际工作中，就是要不断调整产业结构，而调整产业结构，就必须改变土地利用状况。土地利用状况既是经济社会发展的结果，又反过来制约或促进结构调整。例如保护耕地，实质是保护农业特别是保护粮食生产，使之在产业结构中占有恰当的比例，充分发挥在国民经济中的基础作用。又如调整农业结构，就必须调整土地用途，粮食生产需要使用大量土地。因此，从社会生产的物质运动和生产要素配置角度看，土地确实具有重要的调控作用。

7.2.1.2 地租是调控市场经济关系的重要杠杆

市场经济条件下的社会生产是物质运动与价值运动的统一，物质交换（物质比例）通过价值交换（价值比例）实现。在社会价值运动中，土地也扮演十分重要的角色。这个角色，就是地租的分配。地租是土地所有权在经济上的实现形式。在实际生活中，土地所有权可以分解为一系列具体的权利，如使用权、经营权、处置权、抵押权等。这些权利的主体可以是合一的，也可以是相对分离的。在相对分离状况下，每一项具体的权利都可能参与地租的分配。地租也具有调节生产与交换的重要的积极作用。在市场经济中，商品价格围绕生产价格波动，等量资本获得等量利润，有利于资本投向有机构成高的部门、行业，优化产业结构，推动技术进步。在存在土地所有权垄断的情况下，生产价格的这种调节作用，离不开地租关系的配合。因此，在市场经济中无论是物质运动还是价值运动，土地都有重要的作用。社会主义实行土地公有，国家有可能自觉运用土地的作用，对经济社会发展进行宏观调控。

7.2.2 土地宏观调控的成效

在对国民经济宏观调控中，我国已经把土地定位为国家最重要的宏观经济管理手段，把国土资源部定位为宏观管理部门，充分发挥了土地对国民经济重要的“杠杆”调节作用，自2004年以来取得了显著成效。

7.2.2.1 清理整顿了各类开发区

土地问题直接关系到国家粮食安全，关系到经济社会可持续发展，关系到社会长期稳定。然而，近年来，盲目投资、低水平重复建设，圈占土地、乱占滥用耕地等问题一度相当严重，不仅浪费了资源，影响了经济健康发展，也损害了人民群众的根本利益。从2003年下半年开始，为加强宏观调控、切实保护耕地，中央出台了一系列严格土地管理的措施。各地区、各部门认真贯彻落实中央部署，进一步加大了土地市场治理整顿力度。2004年共清理出6 866个各类开发区，目前已核减4 813个，占原有总数的70%；规划面积压缩了2.49万km^2，占原有面积的64.5%。通过治理整顿，乱占滥用耕地的势头得到遏制，部分行业过度投资和重复建设得到抑制。

7.2.2.2 严把土地闸门控制了投资增长

根据宏观调控的需要，2004年国土资源部会同有关部委部署了以新上项目用地清理为重点的“六项清理整顿”。全国共清查近8.2万个新上项目的用地，涉及面积近80万hm^2。清理出的违法占用土地项目7 184个，涉及面积36 501hm^2；对停建、暂停并限期整改及取消立项的7 077个项目，分别采取了停止办理用地手续、停止后续供地、停止发放土地证等处置措施。各级政府、有关部门坚决落实国务院关于农用地转用审批等“三个暂停”的要求，严把土地闸门，坚决停止不符合国家产业政策和市场准入条件的钢铁等项目、高档别墅等的土地供应，有力地遏制了部分行业的过度投资和滥用土地，促进了用地结构调整，提高了集约利用水平。

7.2.2.3 保障了重点急需建设项目用地

贯彻并坚持宏观调控“有保有压”的原则，认真落实国家明确的重点急需项目的用地政策，为能源、交通、水利、城市重点基础设施和教育、卫生、国防等重点急需建设项目做好用地审查报批工作，重点支持西部大开发和振兴东北等老工业基地战略的实施，及时提供用地保障。在2004年半年“暂停”期间，配合发展改革委确认重点急需项目2 256个，涉及农用地面积12万hm^2。2004年年末，部分恢复了农用地转用审批工作，各省（区、市）开始办理经国家发展和改革委员会和国土资源部确认纳入2004年度农用地转用计划的重点急需建设项目的用地报批。

7.2.2.4 促进了市场对资源配置基础性作用的发挥

注重发挥市场对资源配置的基础性作用，是我国宏观调控的趋势性特征。在加强土地管理和调控过程中，中央多次强调，要充分发挥市场配置土地资源的基础性作用，运用价格机制抑制多占、滥占和浪费土地的行为。国土资源部门全面推行并不断完善经营性用地出让的招标、拍卖、挂牌出让制度，充分发挥了宏观调控下的市场对资源配置的基础性作用。2004年，全国已追缴土地出让金175.5亿元，查处经营性土地使用权出让违规违纪行为330件，自查中发现应该进行招拍挂出让而进行协议出让的土地行为2 254件，涉及金额42亿元。经营性用地"招拍挂"出让制度得到全面推行，市场对资源配置的基础性作用得到充分发挥。

7.2.2.5 调控了地价的平稳运行

地价平稳最主要是源于政策调整。

（1）国土资源部门通过采取从严从紧的土地供应政策，对制止部分行业盲目投资，产生了明显的釜底抽薪作用。并通过对开发区的清理整顿，使一些地区盲目设立开发区、乱占滥用土地的势头得到有效遏制，使土地市场和宏观经济运行中的一些不稳定、不健康、不合理因素慢慢消除，抑制了土地的无序供应，土地市场和房地产市场渐趋规范，有力地配合了国家宏观调控整体战略部署的实施，保障了国民经济的协调发展，从而防止了地价的大起大落，为地价的平稳增长提供了良好的政策保障。

（2）通过全面清理整顿工作，土地市场不断规范，地价的市场形成机制逐步完善，从而为地价的平稳上涨及杠杆作用的发挥提供了良好的市场环境。2004年我国采用金融政策和土地政策对宏观经济进行调控的过程中，对土地市场进行了大规模的清理整顿。通过全面清理整顿，遏制了土地虚假需求，使土地市场逐步规范。此外，由于国土资源管理部门多年来一直推行经营性用地的招、拍、挂出让方式，地价的市场形成机制和市场环境不断完善，房地产及固定资产投资逐渐趋于理性，初步形成了一个公开、公平、公正的土地市场，为促进地价的平稳上涨提供了良好的市场环境。

（3）国家对产业结构和投资结构的调整，使工业用地价格增长平缓。为控制固定资产投资规模过快增长，防止某些行业无序建设、过度扩张，2004年国家加快制定完善并严格实施能耗、物耗、环保、安全等市场准入标准；严格控制钢铁、水泥、电解铝、电石、焦炭等行业投资。这些措施也抑制了对工业用地的需求，从而使工业用地价格增长平缓，2004 年全国工业用地平均地价为 478 元/m^2，与 2003 年相比增长 1.92%，增长率下降了 0.47%。

7.3 强化土地政策参与宏观调控机制与体系创新

7.3.1 土地宏观调控的机制创新

土地宏观调控的基本原则是：协调政府、企业和农民土地收益分配关系，切实保障农民利益；增加区域内及区域间土地利用的协调性，以土地可持续利用，保障社会经济的可持续发展；以产业政策为导向，建立产业间土地利用的协调机制，保障经济建设。具体如下。

7.3.1.1 改革农村土地产权制度，增强农民土地保护能力

（1）改革土地承包制度，建立农村土地永佃制度。

（2）积极推进土地征用制度改革，将土地征用控制在公益事业范畴内，并实行征用土地的市场价格制度。

（3）农村非农用地直接进入建设用地市场制度。只要符合城市建设总体规划和土地利用总体规划的要求，农村土地就可以由农民直接出让用于工业生产及房地产开发经营等活动。

（4）建立基本农田的产权补偿机制，适当显化基本农田土地利用的社会效益和生态效益。

（5）建立耕地储备制度，即为确保国家粮食安全，以及实现农产品安全、农产品市场平稳运行，储备具有一定产出能力的耕地资源。

7.3.1.2 完善土地资源配置的经济约束机制

由于我国现行的行政管理体制和土地资源配置的特征，土地资源配置或分配还在相当程度上依赖于计划管理方式，在这一阶段，直接管制对于土地资源配置仍然起着十分重要的作用。

随着我国土地税费制度的不断完善以及土地市场制度体系的建立，土地税费制度和许可证制度将在土地用途管制中起到更重要的作用。如为了实施耕地总量动态平衡，可以建立不同区域之间耕地占补充指标的直接交易体系，这种交易的适度开展，既不妨碍经济发达区域的经济持续发展，也为经济相对欠发达区域的经济发展尤其是农业发展提供了一定的资金积累。

同时，要通过建立有效的土地价格和税费体系，促进产业结构的调整。例如，针对高档住宅、别墅等开发过热，通过降低普通商品房用地的土地税率，促进普通商品房的开发建设，实现楼市结构的合理化。

7.3.1.3 完善土地供应机制

（1）强化规划约束。增强土地利用总体规划的严肃性，杜绝通过园区开发等方式调整土地利用规划，并通过土地供应信息公开化，严格执行土地供应计划，为开发商进行土地购买的时机决策提供依据，并进一步推进土地供应的公平化和公正性。

（2）依据区域经济景气变化，及时调整土地供应计划。就当前楼市平稳发展而言，有必要增加经济适用住房的土地供应，以满足中低收入者对于住房的需求。同时，低价位住房的供应，不仅体现了政府的人文关怀，而且也有利于平抑一些地区出现的过高房价。

（3）增加租赁性住房尤其是廉租房的土地供应。当前我国住房以出售为主，不仅在一定程度上影响了住房的合理流转，而且也加重了人们的购房负担，这种负担也在一定程度上转嫁于金融机构，增加了潜在的金融风险。因此，通过增加租赁性房屋的土地供应量，有利于提高符合社会支付能力的住房水平。

（4）创新城市土地储备制度。改革当前单一的以实现土地收益最大化为目的的商业性土地储备制度，建立商业性与公益性并重的新型城市土地储备制度体系。通过商业性储备为高档商品房及经营性房地产提供土地，通过公益性储备为经济适用住房、普通住房、廉租房以及城市经营体制改革中的基础设施建设提供土地，从而确保社会效率与公平的统一。

7.3.2 建立土地政策参与宏观调控创新体系

从近年来我国土地参与宏观调控的政策来看，连续出台的系列土地调控政策为经济平稳增长提供了重要保障，土地宏观调控体系初步成型，大体可以分为三个阶段：

第一阶段从 2002 年下半年到 2004 年上半年，土地宏观调控侧重于规范土地出让制度并开展土地市场整顿，有力地遏制了一些地方的固定资产投资过热的情况。全国土地市场秩序治理整顿工作也成果显著。据中国国土资源公报统计数字显示，到 2003 年年底，各地停止审批设立新的开发区和开发区扩区；全国原有各类开发区 6 015 个，已撤销了 3 763 个；各地发现土地违法行为 17 万多件，立案查处了近 13 万件，结案 12 万多件，罚没款超过12亿元，收回土地面积近6 000hm^2。在此一系列政策的调控下，违法占地猖獗等势头得到初步遏制，公开、公平、公正的土地使用制度开始得到初步建立。

第二阶段从2004年下半年到2006年上半年，针对部分行业投资的快速上涨，土地宏观调控侧重于严格耕地资源保护、调整土地供应以及稳定住房价格等方面。“十五”期间全国耕地面积净减少9 240万亩，耕地资源保护形势十分严峻。一系列关于加大土地供应力度、优化土地供给结构、调整土地供应方式的政策相继出台，别墅类用地遭到了停止供应，高档住房用地供应也得到了严格控制，并且开始着手土地市场信息监测及披露制度等机制建设。2004年，中央政府对土地管理部门定位作出重大调整，国土资源部成为宏观经济调控的重要部门。利用土地政策进行宏观调控，实质上是中央政府通过对土地资源的总量和结构干预，对经济总体运行进行引导和调节。

第三阶段从2006年下半年开始一直持续到现在及将来的一段时间内，国家开始从土地利用规划和计划、土地出让、土地审批、土地征用、土地收益分配、土地监管、耕地保护、土地管理责任制度等方面来全方位构建土地调控网，虽然具中部分内容还有待于深入研究，但足以表明中央政府运用土地政策参与国家宏观调控的决心和信心，我国的土地宏观调控体系基本完成了初步构建。

通过近几年土地政策的回顾分析，可以看出，工业化和城市化浪潮推动了中国经济新一轮过热，土地和资金成为经济发展的两大重要因素。因此，控制土地、管好信贷是此轮宏观调控的两大着力点。中央政府按照宏观调控总体部署，通过实施一系列严格供地政策，有效遏制了投资过热倾向。中央及有关部门通过经济、法律和行政性紧缩供地的政策，有力遏制了投资过热以及圈占、乱占滥用耕地现象。政策特点表现为：强化土地的依法管理，初步形成中央政府对用地总量的宏观调控权，一定程度上明确了中央与地方权力和责任；加强土地储备体系管理，抑制了土地囤积与炒作；初步建立了经营性开发用地招标、拍卖、挂牌公开交易的体制，发挥市场配置土地资源的基础性作用；将耕地保有和基本农田保护纳入省长考核指标，建立了“行政首长负责制”；从土地供应源头出发，有效地调控了过热的房产市场；完善城乡用地行政裁决与补偿安置听证制度，保障了居民合法权益。同时，在宏观调控中，地方政府对土地的调节带有很大的地域性差异，决定了中央政府不可能对土地实施集中统一的管理，在宏观调控具体实施中，地方政府起着举足轻重的作用。

坚决守住18亿亩耕地这条红线，是党中央做出的重大战略决策，是保证粮食安全和农民群众根本利益，走中国特色农业现代化道路的关键所在。保障工业化、城镇化健康发展，走中国特色新型工业化道路，是促进我国经济社会可持续发展的基础，也是关系民族生存根基的全局性重大问题。在我国人多地少的现实国情和当前新阶段新形势下，随着工业化、城镇化快速发展和人口绝对增长，保护耕地与保障发展用地的矛盾日趋紧张，经济发展对资源需求的压力日益凸显，创新土地管理制度，构建土地参与宏观调控政策体系面临着严峻挑战。

应该说国土资源管理工作是空前严格的，但由于当前我国经济运行中一些长期积累的突出矛盾和问题还没有得到根本解决，同时还出现了一些值得注意的新情况新问题。同时由于发展与改革并存，使得一些问题越来越突出，土地问题已经愈加社会化，并且与宏观经济运行与调控更加紧密，甚至事关全局。

长期以来，土地管理工作具有几方面的特点。一是长期以来土地管理政策始终服从于国家产业政策和政府投资决策。土地作为生产要素，对其需求是引致性的。这一特点充分反映在政府管理固定资产的过程中，土地管理和土地供应始终处于被动地位，无论在计划经济体制下还是在当前的市场经济体制下都是如此。二是地方土地管理部门存在以服务地方政府的经济增长目标为主导的行为倾向。三是土地收益为城市建设等固定资产投资提供了部分资金。我国城市土地收益已经成为地方政府财政收入的重要来源。近年来，财政收入中的土地收益和与城镇国有土地相关的税费收入呈逐年上升态势。四是土地与金融两个闸门有联动机制。土地使用权抵押贷款成为固定资产投融资的重要手段之一。以土地使用权作为抵押物向银行贷款，增加了固定资产投资的资金来源。五是土地管理相关政策落实和执行需要进一步加强。需要通过行政、经济、法律等手段坚决遏制各类违规违法用地，加大对小产权房的管理工作。

在当前尤其要注重并且切实研究土地相关政策对宏观经济总量的作用机理。在对外开放的一国宏观经济总量模型分析中，一般都会从消费、投资、政府开支和净出口四个方面来把握国民经济的变化趋势。所有的宏观调控政策和措施也都是直接或间接地作用于这四个总量的扩张和收缩来驾驭经济的增长变化。因此，要深入研究土地供应对企业投资和房地产业发展，土地收益分配对居民消费收入，国家财政收入，土地优惠政策对国际资本流动影响的分析。

在此形势下，要进一步加强研究土地政策参与宏观调控的政策问题。①加强土地供应政策与产业政策的协调。在宏观上，国家通过土地利用总体规划将区域经济布局和产业结构布局在空间上予以落实，并通过投资、财税体制改革和监察制度保障土地利用总体规划实施。②改革土地收益分配制度，建立土地基金，减少地方政府供地和投资冲动。土地既是资源又是资产，土地的资源化管理和资产化管理是实现土地管理总体目标不可缺少的两个方面。我们必须坚持土地资源管理与土地资产管理并重的原则。借鉴我国香港、澳门（地区）在过渡时期，专门成立了特区政府土地基金，将土地增值收入的一半纳入土地基金，供未来特区政府控制使用这一成功经验，尝试在市、县级政府建立土地基金。同时，开展建立中央土地基金的研究工作，通过基金参股或控股等方式来影响、调节和控制各级政府使用土地收益的规模，建立起地方政府在任期内对土地资源合理利用和配置的经济约束机制。③要改变目前只有计划（土地利用计划、规划）、法律（土地执法监察、督察）和行政干预手段，而欠缺有效经济调节手段的不利局面。同时，改革土地调查统计制度，摸清和掌握行业用地的底数和动态，及时预警、调控。按照土地政策参与宏观调控的职能要求，细化建设用地调查，掌握产业用地的现状、区域分布和发展趋势，进一步夯实利用土地政策参与宏观调控的决策依据，提高科学决策水平。同时要加强部际之间的信息沟通，建立行业发展和用地的预警系统，根据产业发展、用地的变化制定相应的产业政策和土地供应政策。④加强土地资源管理与土地经济基础理论研究工作。一是建议开展构建保障科学发展新机制过程中，土地资源战略利用研究，广泛吸收土地管理专家和宏观经济专家，建立一支有一定研究力量的稳定的专门人才队伍，开展一些前瞻性研究，切实提供创新政策建议。二是定期召开高层次智囊专家务虚会，要及时掌握和了解国土资源管理现状和宏观经济运行状况，打破条块分割局面，建立互通、互信和协调联动的部门沟通新机制。

参考文献

[1] 陈东琪，陶晓龙，等. 新政府干预论[G]//中国当代青年经济学家文库论丛. 北京：首都经济贸易大学出版社，2000.

[2] 陈东琪，陶晓龙，等. 微调论[G]//中国经济发展研究论丛第二辑. 上海：上海远东出版社，1999.

[3] 王万茂. 市场经济条件下土地资源配置的目标、原则和评价标准[J]. 资源科学，1996（1）.

[4] 黄小虎. 土地在社会主义市场经济中的宏观调控作用[N]. 中国经济时报，2004-07-02.

[5] 陈江龙. 我国经济快速增长过程中的农地非农化[D]. 南京农业大学，2002.

[6] 夏汛鸽. 如何看待当前的土地宏观调控政策[N]. 中国经济时报，2004-07-09.

[7] 梁小民. 西方经济学教程[M]. 北京：中国统计出版社，1995.

[8] 刘树成. 比较分析五次宏观调控[N]. 国际金融报，2004-08-06.

[9] 包明宝. 基金管理人的绩效与报酬的确定[J]. 南京航空航天大学学报：社会科学版，2000（1）.

[10] 高波. 适应企业改制的城市土地资产运营与管理体制改革[J]. 南京大学学报：社会科学版，2000（3）.

[11] 夏明文. 土地与经济发展[M]. 上海：复旦大学出版社，2000.

[12] 刘文弟. 走近开放式基金[N]. 财经时报，2001-03-28.

[13] 陈红，等. 开放式基金——我国21世纪证券投资基金发展的必然选择[J]. 技术经济与管理研究，2000（6）.

[14] 常智军. 世界三只著名基金兴衰的经验与教训[J]. 金融理论与实践，2000.